Thomas Baumer

Handbuch Interkulturelle Kompetenz

Thomas Baumer

Handbuch Interkulturelle Kompetenz

orell füssli Verlag AG

www.ofv.ch

Umschlagabbildung: Hugh Sitton und James Strachan (Stone)
Umschlaggestaltung: cosmic Werbeagentur, Bern
Druck: fgb • freiburger graphische betriebe
Printed in Germany
ISBN 3-280-02691-1

Die Deutsche Bibliothek – CIP-Einheitsaufnahme
Baumer, Thomas:
Handbuch Interkulturelle Kompetenz / Thomas Baumer. - Zürich : Orell Füssli, 2002
ISBN 3-280-02691-1

Inhalt

Vorwort

Ausgangspunkt für dieses Buch war eine Diplomarbeit im Jahre 1998 mit dem Titel «Handbuch Interkulturelle Kompetenz» während meines berufsbegleitenden Betriebswirtschaftsstudiums. Der vollständig überarbeitete Text entstand aus Anlass der Gründung des «CICB Center of Intercultural Competence», das ich Mitte 2000 gegründet hatte.

Die Wahl des Themas liegt begründet im weltweit wachsenden Bedürfnis nach mehr Kenntnis über interkulturelle Kompetenz und deren Beurteilungsmöglichkeiten in Beruf, Forschung und Privatleben. Da noch wenige Informationen über Bewertungs- resp. Beurteilungsmöglichkeiten interkultureller Kompetenz bekannt sind, decke ich diesen Bereich in der vorliegenden Arbeit ab: Einerseits fasse ich vorhandene Informationen zu diesem Thema zusammen, andererseits gebe ich einen Überblick sowie einige Empfehlungen zu Vorgehensmöglichkeiten.

Das Thema selbst gewinnt vor allem vor dem Hintergrund der Tatsache an Bedeutung, dass es sich in der Frage der internationalen wirtschaftlichen Kontakte nicht mehr allein darum dreht, in Mitteleuropa oder mit den angelsächsischen Ländern Geschäfte zu machen. Längst haben das angelsächsisch geprägte Wirtschaftsmodell und seine Qualifikationskriterien das internationale Geschäftsleben geprägt. Aber wer erinnert sich bewusst, dass eigentlich Chinesisch und nicht Englisch die meistgesprochene Sprache der Welt ist? Wer denkt daran, dass wahrscheinlich Spanisch die nächste große Sprachgruppe ist? Außerdem deutet der Begriff der «Tigerstaaten» darauf hin, dass offensichtlich ein weiteres großes Wirtschaftsgebiet in Südostasien existiert, das nicht einfach nach europäischen Verhaltensmustern und Reflexen agiert.

Denk- und Verhaltensweisen können in jedem Land in verschiedener Ausprägung sehr unterschiedlich sein. Auch der europäische Kontinent hat eine derartige Vielfalt an kultureller Tradition, Sprachen, Umgangs- und Geschäftsgebaren, dass eine größere Sensibilität für eine andere als die eigene Kultur zu einer unbedingten Voraussetzung wird, um auch in einem erschwerten wirtschaftlichen Umfeld erfolgreich zu sein.

Die Migrationswellen aus Deutschland und der Schweiz im 18. und 19. Jahrhundert beweisen es: Ein starkes Gefälle zwischen Arm und Reich oder drückende politische Verhältnisse führen zwangsläufig zur Auswanderung, zur Suche nach einem besseren Leben. Europa, jahrhundertelang ein Kontinent, aus dem ausgewandert wurde, ist plötzlich selbst mit diesem Phänomen konfrontiert, dass Menschen aus anderen Kontinenten aus ihrer Heimat fliehen und einen neuen Ort zum Leben suchen. Dieser Vorgang ist unumkehrbar, und wir tun gut daran, ihn als Bereicherung unseres Lebens zu begreifen. Das setzt auch einen neuen Umgang mit anderen Kulturen voraus, damit die damit zwangsläufig auftretenden Reibungen nicht zu permanenten Konfliktherden werden.

Dies betrifft genauso Kontakte im Ausland, bei geschäftlichen und privaten Reisen, bei Verhandlungen und im Umgang mit politischen Veränderungen, religiösen Einflüssen usw. Das Buch soll helfen, diese Sensibilität zu entwickeln und die Voraussetzungen dafür abzuklären.

Ich möchte hier allen, die mich bei dieser Arbeit unterstützt haben, in den vielen unkomplizierten und hilfreichen Kontakten mit Fachleuten aus Unternehmen, Hochschulen und anderen Organisationen sowie des Verlags Orell Füssli, ganz herzlich danken.

Kloten, im Januar 2002
Thomas Baumer

Teil I

Kulturunterschiede

1.1 Der internationale gesellschaftliche Wandel

Das Thema «Interkulturelle Kompetenz» gewann in den letzten Jahren sehr stark an Bedeutung, vor allem da die Globalisierung (weltumspannende Kontakte von Unternehmen, Institutionen, Lehranstalten sowie Privatpersonen) immer wichtiger wird und die Fähigkeit, miteinander erfolgreich zu kommunizieren, immer mehr gefragt ist. Mit zunehmender Internationalisierung des Wirtschaftslebens ist der Bedarf an grenzüberschreitend einsetzbaren Mitarbeitern rasch gestiegen. So entstand auch an verschiedenen Unternehmen und Lehranstalten das Bedürfnis, diese Fähigkeit als internationalen Wettbewerbsvorteil zu erkennen und zu fördern.

Es gibt vielschichtige Gründe für die fortschreitende Globalisierung:

- Versagen der Planwirtschaft: Deregulierung, Hyperwettbewerb,
- GATT: Abbau Handelshemmnisse (tarifäre sowie nichttarifäre),
- Handelsblöcke: EU, EFTA, EWR, NAFTA, ASEAN,
- Standortwettbewerb: Niederlassungen, Fusionen, Akquisitionen, Kooperationen mit Partnern innerhalb Blöcken gegen Protektionismus,
- Märkte: Sättigung nationaler Märkte, neue Wachstumsmärkte,
- Kapazitäten: economies of scale, Erfahrungskurveneffekte,
- Kosten: Stückkostendegression, gemeinsame Nutzung zentraler Dienste,
- Arbeitskosten: Ausnutzung des weltweiten Gefälles,
- Informationstechnologie: weltweite Steuerung und Kontrolle, Kundennähe, weniger Transport, «real-time information» an Finanzmärkten.

Wie jede wirtschaftliche Entwicklung hat auch der Globalisierungsprozess Anpassungsvorgänge ausgelöst, die in jüngster Zeit vor allem auf die wachsende Bedeutung des Wissens als entscheidenden Wettbewerbsvorteil zurückzuführen sind. Kennzeichen sind die vielfältigen Entwicklungen, welche unter anderem durch die wachsenden Einflüsse der Informations- und Kommunikationstechnologien ausgelöst und begünstigt werden.

Die Globalisierung verschärft und expandiert den Wettbewerb von der Konkurrenz zwischen Unternehmungen auf die institutionelle Konkurrenz zwischen Staaten als Wirtschaftsstandorten. Konkurrenz und Kooperation müssen jedoch nicht gegensätzliche Kräfte darstellen.

Diese Entwicklung hat für international tätige Unternehmen nachhaltige Konsequenzen. Unternehmens- und Ertragsziele, die bisher im nationalen oder bestenfalls kontinentalen Maßstab definiert wurden, müssen jetzt größeren Rahmenbedingungen genügen.

Zu den wichtigsten Unternehmensmaßnahmen, die mit der Auslandsentsendung von Fach- und Führungskräften stattfinden, gehören der Transfer von Know-how, die Personalentwicklung und die Durchsetzung einer einheitlichen Unternehmenspolitik.

Langsam beginnt man, mit spezifischen Lehrprogrammen die Voraussetzungen zu schaffen, die Führungskräfte dazu befähigen, sich in fremden Kulturen zurechtzufinden. Zielpublikum an Unternehmen sind daher in erster Linie Führungskräfte und Verhandlungsbeauftragte, an Lehranstalten die Studenten oder eingeschriebenen Kursteilnehmer.

Alledings muss berücksichtigt werden, dass bei vielen Projekten kein Weltmarkt im eigentlichen Sinne besteht, da in den einzelnen Kontinenten und Ländern unterschiedliche Spielregeln herrschen; multinationale Teams sind daher eher die Ausnahme. In der Praxis sind meist binationale resp. bikulturelle Projekte die Regel.

Für eine internationale Tätigkeit können vier Hauptstoßrichtungen unterschieden werden:[1]

- ethnozentrisch (Auslandaktivitäten bleiben am Stammland orientiert),
- multinational (Aktivitäten werden am Zielland ausgerichtet),

- global (standardisierte Aktivitäten auf globalen, oft homogenen Weltmarkt ausgerichtet),
- transnational (sowohl länderspezifische als auch globale Ausrichtung bei geringerer Homogenität des Marktes).

1.2 Kulturunterschiede

1.2.1 Vier Dimensionen

Kulturunterschiede lassen sich in vier Dimensionen darstellen, die mittels Indexwerten in unterschiedlichen Kulturkreisen durch charakteristische Profile darstellbar sind. Anhand dieser Kulturprofile lassen sich zu erwartende Reibungspunkte erkennen:[2]

- *Machtdistanz:* autokratische Führung (große Machtdistanz zum Beispiel in Indien, Singapur, Frankreich; geringe Machtdistanz zum Beispiel in Großbritannien und Deutschland). Anhand der Machtdistanz lassen sich Kulturunterschiede sehr ausgeprägt erfassen: Die kleinste Machtdistanz wurde in Deutschland und Großbritannien ermittelt; eine etwas größere Machtdistanz wurde in Kanada und USA festgestellt; große Machtdistanz in Italien und Japan; am meisten ausgeprägt in Frankreich.
- *Individualismus versus Kollektivismus:* individuelle Führung und Anreize (zum Beispiel in USA, Australien, Großbritannien) oder Gruppen- und Kollektivführung mit Gefahr von Gesichtsverlust Einzelner (zum Beispiel in Singapur und Südkorea).
- *Femininität versus Maskulinität:* In maskulinen Gesellschaften (zum Beispiel Japan, Österreich, Venezuela, Italien) werden Konflikte durch fairen Kampf gelöst, es gilt das Leistungsprinzip. In femininen Kulturen (zum Beispiel Schweden, Norwegen, Niederlande) werden Kompromisslösungen nach dem Gleichheitsprinzip angestrebt, es gelten gegenseitige Hilfe und soziale Kontakte.
- *Unsicherheitsvermeidung:* In Ländern mit schwacher Unsicherheitsvermei-

dung (zum Beispiel Singapur, Jamaika, Dänemark) scheint es emotionalen Widerwillen gegen formelle Regeln zu geben, Angst existiert weniger, Innovationen werden gefördert, doch werden sie nur schwer umgesetzt, da der Sinn fürs Detail fehlt. Starke Unsicherheitsvermeidung (zum Beispiel in Griechenland, Belgien) drückt sich im Bedürfnis nach Regeln sowie Präzision und Pünktlichkeit aus.[3,4]

Maskulinität und Femininität

feminine Kulturen	**maskuline Kulturen**
Männer müssen sich nicht behaupten und können auch pflegende und erzieherische Rollen einnehmen	Männer müssen sich ständig behaupten. Frauen übernehmen die pflegende und erzieherische Rolle
die Geschlechterrollen innerhalb der Gesellschaft verschwimmern eher	die Geschlechterrollen innerhalb der Gesellschaft dominieren
Gleichheit der Geschlechter wird angestrebt	Männer sollten innerhalb der Gesellschaft dominieren
Lebensqualität ist sehr wichtig	quantitative Wohlstandsorientierung herrscht vor
Ziel der Arbeit ist es, zu leben	Ziel des Lebens ist es, zu arbeiten
Menschen und Umwelt sind wichtig	Geld und Gegenstände sind wichtig
Zusammenleben wird angestrebt	Unabhängigkeit wird angestrebt
Hilfestellung zu geben ist motivierend	Ambitionen und Ziele wirken motivativ
Sympathien sind häufig mit dem Unterlegenen	nur der Beste steht im Rampenlicht und wird bewundert
klein und langsam ist schön	gross und schnell ist schön
Androgynität wird angestrebt	prahlerische Männlichkeit ist ideal

Quelle: Hasenstab, M.: Interkulturelles Management; Verlag Wissenschaft & Praxis, D-Sternenfels, 2000, S. 102; in Anlehnung an Hofstede, G.: Kultur und Organisation; in: Grochia, E. (Hrsg.): Handwörterbuch der Organisation, D-Stuttgart, 1980, S. 1168–1182

1.2.2 Drei Gruppen von Kulturen

Menschen aus unterschiedlichen Kulturen teilen bestimmte soziale Grundkonzepte, betrachten sie aber aus unterschiedlichen Blickwinkeln und Perspektiven. Die Kulturen der Welt lassen sich in drei große Gruppen unterteilen:[5]

- *linear-aktive Kulturen:* Aufeinander folgende Handlungsschritte werden geplant und organisiert; es wird ein Schritt nach dem anderen erledigt. Die Informationsbeschaffung stützt sich hauptsächlich auf Daten (zum Beispiel Deutschland und Schweden).
- *multi-aktive Kulturen:* lebhafte, redselige Völker, die viele Dinge gleichzeitig tun. Prioritätensetzung nicht nach festem Zeitplan, sondern nach relativer Unterhaltsamkeit oder Bedeutung der einzelnen Verabredung. Hier stützt sich die Informationsbeschaffung vorwiegend auf persönliche Begegnungen und Gespräche (zum Beispiel Italien, Lateinamerika, Arabien und Schwarzafrika).
- *reaktive Kulturen:* Es wird großer Wert auf Höflichkeit und Respekt gelegt; man hört aufmerksam zu und geht einfühlsam auf Vorschläge der anderen Seite ein; Informationen werden sowohl datengestützt als auch gesprächsorientiert eingeholt (zum Beispiel China, Japan und Finnland).

1.2.3 Wertauffassungen

Offensichtlich sind die Wertauffassungen kulturell sehr verschieden; selbst Grundwerte wie Wahrheit werden verschieden interpretiert: Für einen Deutschen, Finnen und Australier ist die Wahrheit die «effektive Wahrheit» und klar definiert; in Japan und Großbritannien ist die Wahrheit eine feine Sache, solange sie keinen unnötigen Aufruhr verursacht, und in China gibt es keine absolute Wahrheit; in Italien ist sie Verhandlungssache …

Im geschäftlichen Umgang hat auch ein Vertrag verschiedene Bedeutungen: Während ein Deutscher, Schweizer, Skandinavier, US-Amerikaner oder Brite einen Vertrag unterschreibt, damit sich alle in Zukunft daran halten, betrachtet ein Japaner den Vertrag als Anfangsdokument, das immer wieder umgeschrieben und abgeändert werden kann und soll, wenn es die Umstände erfordern.

1.2.4 Art und Wesen des Umgangs miteinander

Interessant sind unter anderem auch Art und Zeit der Einführung bei Meetings:

- *2–3 Minuten:* Deutschland: förmliche Einführung, hinsetzen, anfangen; Finnland: förmliche Einführung, Tasse Kaffee, hinsetzen, anfangen; USA: lockere Einführung, Tasse Kaffee, Witzelei, anfangen;
- *10 Minuten:* England: förmliche Einführung, Kaffee und Kekse, Smalltalk (Wetter, Komfort, Sport), anfangen;
- *12–13 Minuten:* Frankreich: förmliche Einführung, Smalltalk (Politik, Skandale etc.), anfangen;
- *15 Minuten:* Japan: förmliche Einführung, vorgeschriebene Sitzordnung, grüner Tee, Smalltalk (Harmonie fördernde Höflichkeiten); abruptes Signal von ranghöchster Führungskraft, anfangen;
- *20–30 Minuten:* Spanien, Italien: Smalltalk (Fußball, Familienangelegenheiten), während weitere Teilnehmer eintrudeln; anfangen, wenn alle da sind.

Die Führungsstile unterscheiden sich folgendermaßen:

- England: lockere Führung, eher flache, konsensorientierte Hierarchie;
- USA: strukturierter Individualismus, Geschwindigkeit, Energie, klare Hierarchie;
- Frankreich: autokratisch, stark hierarchisch geprägt;
- Schweden: Ranghöchster ist «primus inter pares»;
- Deutschland: Hierarchie und Konsens; Ranghöchster auch für Rangniedrigste erreichbar;
- Asien: Konsensregel; hohes Verantwortungsbewusstsein der Führung für Belegschaft, absolute Gefolgschaft der Mitarbeiter;

- romanische und arabische Länder: Nepotismus (Beziehungsnetz), klare Hierarchie.

Ebenso unterscheidet sich die Priorisierung bei Verhandlungen sehr stark:

- *USA:*
  1. anstehendes Geschäft
  2. kurzfristige Gewinne und schnelles Wachstum
  3. beständiger Profit
  4. Beziehungen mit Partner
- *Japan:*
  1. harmonische Beziehungen und «Richtung einschlagen»
  2. Sicherung des Marktanteils
  3. langfristiger Profit
  4. anstehendes Geschäft
- *Lateinamerika:*
  1. «Ehre»
  2. persönliches Prestige des Chefunterhändlers
  3. langfristige Beziehung
  4. anstehendes Geschäft

Kulturen mit verschiedenartigen Lebensauffassungen und verschiedenartigen demographischen Strukturen haben auch unterschiedliche Denk- und Verhaltensweisen, so z. B. im Stimm- oder Kaufverhalten. Untersuchungen haben in den USA 62 verschiedene Gruppen festgestellt und analysiert, in Frankreich 52, in Deutschland 38, in Großbritannien 52, in Spanien 37, in Japan 39 und in Südafrika 38. Schlüsselkriterien sind meist der sozioökonomische Status, das Alter und Lebensbedingungen. Die Gruppen weisen zwar Parallelen in einzelnen Bereichen auf, doch müssen sie sowohl im persönlichen als auch im geschäftlichen Bereich unterschiedlich angesprochen resp. behandelt werden, wenn beidseitig erfolgreiche Beziehungen aufgebaut und unterhalten werden sollen. Ein Erkennen und Beurteilen von Trends (Strömungen) bedingt zumindest die Sensibilität, Eigenheiten sehen und differenzieren zu können.

1.3 Strukturmerkmale von Kulturen

1.3.1 Nationalcharakter, Basispersönlichkeit, Sozialcharakter

Da Kulturen und Nationalitäten oft nicht identisch sind, wird eher von Basispersönlichkeit oder Sozialcharakter gesprochen; dennoch lassen sich Gemeinsamkeiten innerhalb einer Nationalität (Nationalcharakter) feststellen. Das Konzept der Basispersönlichkeit betrachtet aus einer psychoanalytischen Position die frühkindliche Prägung kultureller Einflüsse auf psychologische Gemeinsamkeiten einer sozialen Gruppierung.[6] Unter Sozialcharakter (der Basispersönlichkeit sehr ähnlich) wird der Kern der Charakterstruktur, der bei den meisten Mitgliedern einer Kultur gleichermaßen anzutreffen ist, verstanden.[7] Das soll im Folgenden an einigen Kulturkreisen dargestellt werden.

China

Das Herzstück der chinesischen Ethik ist kindliche Ehrfurcht, aus der sich ein ganzer Komplex von Pflichten, Verpflichtungen und Attitüden der Kinder gegenüber ihren Eltern ergibt, weil diese – ihrerseits aus einer Verpflichtung heraus – die Kinder aufgezogen und zur Reife geführt haben. Da die Verwandtschaftsstruktur, mag sie noch so weit reichen, auf blutsmäßigen Beziehungen aufgebaut ist, die sich in der Dreiheit von Eltern und Kind repräsentiert, sind in dieser Struktur sämtliche Mitglieder entweder Nehmende oder Gebende in einem Netz wechselseitiger Abhängigkeit.

Das Individuum, verflochten in dieses Beziehungsnetz, wird die Welt vornehmlich als behaglich und wohl geordnet erleben; behaglich, weil der Mensch dabei einen sicheren und unangefochtenen Platz in seiner Gruppe innehat, und wohl geordnet, weil er gelernt hat, die äußere Welt von der inneren klar zu unterscheiden. Denn das, was innerhalb der Gruppe gilt, hat für ihn eine ganz andere Bedeutung als alles, was ihm «draußen» begegnet. Dabei ist die äußere Situation für ihn so gewichtig, dass im Laufe seiner Lebenserfahrungen verschiedene Situationen verschiedene «Wahrheiten» bedeuten.

Der situationszentrierte Chinese, die Chinesin, lebt in der Tat nach mehrfachen Standards: Der Standard des Gefangenen ist nicht der seines Aufsehers, und der des Mannes ist ein anderer als der einer Frau. Da der Chinese innerhalb seiner Primärgruppe eine Sicherheit, Kontinuität und Dauerhaftigkeit genießt, wie er sie außerhalb nicht findet, fühlt er sich im Hinblick auf das Leben insgesamt sicher und folglich behaglicher und selbstzufriedener als das Durchschnittsindividuum in vielen anderen Gesellschaften. Da doppelte oder mehrfache Moral- und Verhaltensmaßstäbe durchaus normal sind, geben sie dem Individuum keinen Anlass für innere Konflikte. Der Mensch findet es problemlos, sich konformistisch zu verhalten, und er spürt keine Gewissensbisse, wenn er sich unter verschiedenen Situationsbedingungen höchst unterschiedlich verhält.

Erste Lebensregel für das Verhalten ist der Standort seiner Primärgruppe mitsamt ihrer Weltsicht, und der Mensch weiß auch, dass und wie sich dieser Standort verändern lässt; aber er hat keinen Sinn für Gerechtigkeit oder Ungerechtigkeit in den Beziehungen ganzer Gruppen zueinander, und er sieht keinen Anlass, in diesen Beziehungen irgendetwas zu ändern. Als Folge davon hat sich im Verlaufe der Geschichte die chinesische Gesellschaft als bemerkenswert statisch erwiesen, denn es fehlte ihr der Impetus für Veränderungen.[8]

Arabische Länder

In arabischen Ländern fällt eine deutliche Unterscheidung von Denken und Handeln auf. Denkprozessen und verbalen Äußerungen kommt ein hohes Maß an Eigenständigkeit zu, woraus eine große Diskrepanz zwischen Worten und Handeln entstehen kann. Eine bestimmende Haltung ist hier, unter allen Umständen «das Gesicht wahren» zu müssen, also Fehleinschätzungen oder Fehler entweder nicht zuzugeben, die Wahrheit so weit notwendig und möglich zu «biegen», und/oder mit einer entsprechenden Gegenmaßnahme (Vergeltung, Rache) das «Gleichgewicht» wiederherzustellen. Diese große Schwierigkeit, eigene Niederlagen auch befreundeten Menschen, Gruppen oder Staaten eingestehen zu können, kann insbesondere in kriegerischen Auseinandersetzungen (zum Beispiel Bündnis zwischen Ägypten und Jordanien gegen Israel im

Sechstage-Krieg 1967) gravierende strategische Fehleinschätzungen zur Folge haben.[9]

Spanien und Lateinamerika

In Spanien und Lateinamerika wird ein Gesetz oft streng beachtet und auf technische Weise durchgesetzt, aber durch Familienbeziehungen vermittelt; Das Gewicht der Familie wiegt meist stärker als staatliche Instanzen. Freisprüche sind daher bei familiären Beziehungen statistisch häufiger. Ein Gesetzesbruch, und sei er auch noch so klein, muss zwangsläufig in eine Festnahme münden, doch danach steht ein ganzes System von Möglichkeiten und Vermittlungen zur Verfügung, während in der Auffassung beispielsweise der USA Kulanz bei Gesetzesübertretungen gewünscht wird, jedoch die weiteren, auch strengen Maßnahmen als gegeben akzeptiert werden.[10]

Nordamerika

Mit Ausnahme der Ureinwohner stammt die gesamte Bevölkerung Nordamerikas von Immigranten und – im Fall der Schwarzen – von Verschleppten ab. Anfang des zwanzigsten Jahrhunderts galt Amerika als «melting pot», in dem die neuen Minderheiten ihre eigene Identität zugunsten der amerikanischen aufgeben. Seit den sechziger Jahren hat sich der Diskurs geändert: «salad bowl» meint ein multikulturelles Amerika, in dem die ethnischen Minderheiten ihre Eigenheiten bewahren und pflegen. Weitere Metaphern sind Mosaik oder Kaleidoskop, die alle darauf abzielen, dass die einzelnen Teile nicht zur Unkenntlichkeit verschmelzen, sondern Form und Farbe behalten, ebenfalls ein größeres Ganzes bilden und so das weiße Amerika selbst zu einer Minderheit wird, wie das Beispiel Kalifornien zeigt.

Der Kontakt verschiedener Volksgruppen untereinander gehört in Amerika zum Alltag. Man kommt bestens miteinander aus, solange man sich an die Etikette der politischen Korrektheit hält. Denn so reibungslos der Kontakt an der Oberfläche funktioniert, so schwierig wird es, soll eine Beziehung über den unverbindlichen Alltag hinausgehen.

Auf Einwanderungswellen folgten regelmäßig Restriktionen, deren treibende Kräfte ironischerweise die zuvor Eingewanderten waren. Auf vielen amtlichen Formularen muss in den USA in der Rubrik «Race» eine der folgenden Kategorien angekreuzt werden: White, Black, Non-White Hispanic, Asian, Native American, Other. White und Black bezieht sich auf die Hautfarbe, Hispanic auf eine Sprachgemeinschaft (wobei europäischstämmige Argentinier und Chilenen als Weiße gelten), Asian auf einen Kontinent, und die Native Americans werden nach ihrem (negativen) Einwanderungsstatus bestimmt. Auch der Begriff «minority» meint nicht zu allen Zeiten dasselbe: In den fünfziger Jahren dachte man dabei an Schwarze und Indianer. Seit den Siebzigern sind Asiaten und Latinos dazugestoßen, und seit der multikulturellen Welle der Neunziger gehören auch Schwule, Lesben, Frauen (statistisch eine Mehrheit!) dazu, ebenso viele weitere Untergruppen. Eine Minderheit (drei Prozent der Bevölkerung), die dagegen kaum mehr als solche wahrgenommen wird, sind die Juden: Sie sind in vielen Elitepositionen proportional übervertreten, und ihr Durchschnittseinkommen ist doppelt so hoch wie das nationale Mittel.

Als Schmelztiegel der Kulturen gelten, ähnlich wie Hongkong, auch Los Angeles (in dessen Großraum gegen 140 Sprachen gesprochen werden), New York und Toronto, aber auch kleinere Städte, die ihre kulturelle Vielfalt entweder eher voneinander getrennt (Chinatown, indisches Viertel etc.) oder stark vermischt (wie Hongkong, Macau, Singapur) aufzeigen.

1.3.2 Wahrnehmung

Beim Wahrnehmen geht der Mensch – in individuell sehr unterschiedlicher Weise – selektiv vor: Bestimmte Gegenstände werden bewusst erlebt (wach, aufmerksam) und oft hochgradig ausdifferenziert. Andere Objekte werden dagegen nur umrisshaft oder gar nicht wahrgenommen. Gesteuert werden diese Prozesse von der – individuell und kulturell unterschiedlichen – Bedeutsamkeit der Objekte für den Wahrnehmenden.

Die Begriffe «Schnee» oder «grün» existieren in unserer Sprache nur in einer Variante, die wir allenfalls mit beschreibenden oder vergleichenden Zusätzen ergänzen können – die Eskimos kennen für «Schnee» 16 verschiedenartige Bezeichnungen (in einem Wort); für alle möglichen Erfahrungen mit Schnee und Eis gar über 100; die Zulus kennen für Arten und Ausdrucksformen von «grün» 39 verschiedene Worte. Bei den Navajo-Indianern finden wir Farbnamen, die ungefähr unserem Weiß, Rot und Gelb entsprechen, dagegen keine einheitlichen Namen für unser Schwarz, Grau, Blau und Grün; das Schwarz der Dunkelheit wird anders bezeichnet als das Schwarz der Kohle. Grau gilt in den meisten Kulturen als trübe Farbe; bei den Indianern in den trockenen Gegenden Nordamerikas jedoch als regenverheißend und somit schön und freudig stimmend. Das Farben-, aber auch Formensehen kann also von Kultur zu Kultur stark unterschiedlich ausgeprägt sein. Das gilt auch für andere Bereiche:

- Physiognomische Unterschiede (Kopf- und Gesichtsformen) werden innerhalb von Kulturen und Rassen sehr differenziert wahrgenommen, während kulturübergreifend oft große Schwierigkeiten herrschen, einzelne Menschen voneinander zu unterscheiden.
- Eine ausgeprägte Wahrnehmung für Muster haben beispielsweise die Schotten, während Menschen außerhalb Schottlands die Unterscheidungsmerkmale ihrer Muster kaum auffallen.
- Auch der Tastsinn wird kulturspezifisch verschieden wahrgenommen und interpretiert; darunter fallen sowohl Körperkontakte wie Händeschütteln, «Nasenreiben» bei Eskimos, Fluchtdistanz als auch das Fühlen von Gegenständen resp. deren Oberflächenbeschaffenheit.
- Interessante Kulturunterschiede sind auch in der olfaktorischen Perzeption (Geruchssinn) festzustellen: Während in den USA die Tendenz besteht, möglichst viele Gerüche zu unterdrücken oder mit Sprays zu überdecken, erleben Araber, Inder, Italiener und Franzosen die breite Palette von Gerüchen sehr viel intensiver: Kaffee, Gewürze, Gemüse, Geflügel usw.

  Verschiedene Gerüche von Schnee, Wind und Meer werden von den Eskimos als zuverlässige Orientierungshilfe genutzt: In einer für die meisten Menschen orientierungslosen Eiswüste finden sie genügend natürliche Bezugspunkte (Richtung des Windes, Gefühl für Eis und Schnee), um über größte Distanzen den richtigen Weg zu finden. Die Aivilik (ein Eskimo-Stamm) kennen allein für den Wind zwölf verschiedene Begriffe. Sie integrieren Raum und Zeit als ein und dasselbe und leben mehr in einem akustisch-olfaktorischen denn in einem visuellen Raum.

1.3.3 Zeit

Die Wahrnehmung der Zeit lässt sich in folgende Komponenten unterteilen:[11]

- *Linearität:* Zeit läuft ab;
- *Monotonie:* der Zeitablauf ist immer gleich;
- *Nichtumkehrbarkeit:* «was weg ist, ist weg»;
- *Kontinuität und Kausalität:* das Frühere bestimmt das Nachfolgende;
- *Gerichtetheit:* der Zeitablauf hat einen impliziten Sinn einer Entwicklung;
- *Synchronität:* für alle Bereiche gesellschaftlichen Handelns soll gewissermaßen die gleiche Zeit gelten;
- *Kumulativität:* in der Zeit sammelt sich etwas an, das immer mehr wird.

Im Zeitbegriff unterscheiden sich Kulturen vor allem darin voneinander, dass sie sich schwerpunktmäßig stärker an der Vergangenheit (Vorfahrenkult in China), der Gegenwart (Lateinamerika, Mittelmeerraum) oder der Zukunft (Westeuropa, USA) orientieren. Entsprechend ausgeprägt ist der verschiedenartige Umgang mit der Zeit, was zu wesentlichen Teilen durch den Grad der Technisierung und Industrialisierung (Präzision, Pünktlichkeit, Zuverlässigkeit) mitbestimmt wird: Je höher eine Gesellschaft industrialisiert ist, desto bewusster, rationaler und sparsamer denken und handeln die Menschen in der zeitlichen Dimension. Die Zukunftsorientierung industrialisierter (meist «westlicher») Länder zeigt sich in unzähligen Konzepten und Begriffen wie Sich-Vorbereiten, Disponieren, Planen, Investieren, Organisieren. Interkulturelle Einflüsse wie Technisierung, Entwicklungshilfe und vieles mehr bedeuten daher oft eine grundlegende Umorientierung auch in den Zeitkonzepten. Asiatische Sprachen kannten früher keinen positiven Begriff für Zukunft oder Fortschritt, da Veränderung sehr oft mit Verfall gleichgesetzt wurde.

1.3.4 Raum

Es gibt auch kulturspezifische Varianten in der Wahrnehmung von Raum: Im Westen nehmen die Menschen Objekte wahr, nicht aber die Räume dazwischen. In Japan werden die Zwischenräume wahrgenommen, benannt und als das «ma» (dazwischen liegendes Intervall) benannt. Europäer und Nordamerikaner möblieren ihre Räume meist an den Wänden, betonen eine starke Gliederung mit Kanten und Begrenzungen, während Chinesen und Japaner halbfeste Wände bevorzugen, Räume für verschiedene Zwecke nutzen und Möbel sowie Gegenstände meist in Zwischenräume stellen, um nicht Begrenzungen, sondern den Raum (zwischen den Objekten) zu betonen. Die Hopi-Indianer kennen keinen Vorstellungsraum, sondern nur reale Gegenstände; ein leerer Raum ist nicht als Objekt bekannt, sondern nur die Gebrauchsgegenstände in ihm.[12] Die Bewohner von Bali richten ihr Alltagsleben sehr stark auf räumliche Orientierung aus: Berge bedeuten Heiligkeit (man schläft mit dem Kopf zu den Bergen), die See ist eine Zone von Gefahr und bösen Geistern, Höhe wird mit Reinheit assoziiert.

In der interkulturellen Kommunikation spielt die räumliche Distanz zwischen Interaktionspartnern eine große Rolle. Man unterscheidet zwischen:

- *intimate distance:* Sexualität und enge körperliche Berührungen;
- *personal distance:* Körperkontakte ohne Intimitäten (Schulterklopfen, Händeschütteln);
- *social distance:* unpersönliche (Geschäfts-)Gespräche;
- *public distance:* Kontakte mit höher gestellten oder öffentlichen Persönlichkeiten.

In Lateinamerika, den Mittelmeerländern und einigen arabischen Ländern ist die Interaktionsdistanz weitaus geringer als in Westeuropa, Nordamerika und Australien; in asiatischen Ländern, England und Nordeuropa dagegen weitaus größer. In Brasilien werden Gespräche oftmals nur dann als angenehm empfunden, wenn sich ein Westeuropäer oder Nordamerikaner schon äußerst irritiert fühlt (entweder sexuelle oder feindliche Gefühle empfindet) und fortlaufend zurückweicht oder sich gar hinter Stühlen oder Tischen «verbarrikadiert», während der Brasilianer immer wieder nachrückt und über diese Gegenstände hinwegsteigt, um die ihm angenehme Nähe zu finden. Gute Geschäftspartner oder Freunde zeigen sich gern Hand in Hand oder Arm in Arm in der Öffentlichkeit; die «social distance» in Lateinamerika kann so, zumindest teilweise, der «intimate distance» eines Nordamerikaners entsprechen. In asiatischen Kulturen kann dagegen ein Händeschütteln bei Begrüßung oder Verabschiedung als Affront empfunden werden. In Indien hängt die persönliche Distanz stark von der Kaste, im Fernen Osten (Thailand, Malaysia, China, Japan, vermehrt noch in Burma, Pakistan, Vietnam und Nepal) von der sozialen Stellung der Person ab. Höher Gestellte (Vorgesetzte, Lehrer, Priester etc.) wahren immer einen gewissen Abstand gegenüber «Niedrigeren»; je größer der soziale Unterschied, desto größer die Distanz.

Besonders im Berufsleben sind die kulturbedingten Unterschiede bei Sitzordnungen zu beachten; hier spielen sowohl die Distanz zwischen den Beteiligten als auch die räumliche Anordnung der Personen eine Rolle. Vor allem in asiatischen Ländern – am deutlichsten in Japan – liegt der Ordnung das Prinzip von Rang und Würde zugrunde; die Platzverteilung erfolgt zumeist abgestuft vom Ranghöchsten bis zum Niedrigsten oder Jüngsten.

1.3.5 Denken

Im Denken gibt es kulturspezifische Eigenheiten nicht nur in dessen Inhalten, sondern auch in der Form und Art des Denkens. Vereinfacht lassen sich die Denkformen typologisch auf vier Gegensatzpaare reduzieren, wie G. Maletzke in seinem Buch «Interkulturelle Kommunikation» darstellt:

- logisch (analytisch-linear-rational) oder prälogisch (ganzheitlich, assoziativ, affektiv);
- induktiv (von Konkretem ausgehend, übergehend zu allgemeineren, abstrakten, theoretischen Konzepten; meist in westlichen Kulturen) oder deduktiv (Konstruktion von übergreifenden Konzepten oder Theorien, um sie dann anhand empirischer Befunde zu überprüfen; vorwiegend in Russland, Lateinamerika und arabischen Ländern);

- abstrakt (auch objektiv-neutral, eher auf Gegenstände denn Personen bezogen; oft in westlichen Kulturen) oder konkret (auch subjektiv-emotional; afrikanische Kulturen);
- alphabetisch (Lesen und Schreiben nicht nur als Fertigkeit, sondern mit Einfluss auf eigene, kritische Weltsicht, veränderte Erlebens- und Verhaltensweisen sowie bestimmte eigene Merkmale von Denkmustern und Persönlichkeit) oder analphabetisch (stark auf Konkretes, Personen, Situationen, Raum/Zeit und den Augenblick bezogen).

In weiten Regionen haben Aberglaube, Magie, Zauberei oder Hexerei einen hohen Stellenwert. In Schwarzafrika schreibt man bestimmten Menschen die Fähigkeit zu, mit Hilfe bestimmter Techniken und Rituale besondere Kräfte von Wesen der unsichtbaren Welt im guten oder bösen Sinne gezielt nutzbar zu machen.[13] Dass die Schamanen der Sanema-Indianer fliegen können, muss in ihrem Glauben und ihrer Sprache verstanden werden – es kann nicht «gesehen» werden: Fliegen bedeutet in ihrem Verständnis nicht nur das Fliegen eines Vogels, sondern auch das «über der Erde sein» im nichtsichtbaren Sinne.

Im Unterschied zu Magie, Hexerei oder Zauberei, bei denen Menschen das Geschehen aktiv beeinflussen, ist der Aberglaube durch eine eher passive Haltung gekennzeichnet, durch eine Einstellung, die an das Betroffensein durch höhere Gewalten glaubt und den Gefahren dadurch zu entgehen sucht, dass man die guten wie die bösen Bedingungen herausfindet, um sich danach zu richten. Aberglaube besteht also wesentlich aus dem Vermeiden des potenziell «Bösen». So ist in den meisten Kulturen Asiens eine Katze am frühen Morgen ein Anzeichen für einen schlechten Tag. Böse Folgen hat auch das Schneiden der Fingernägel nach Sonnenuntergang. Bestimmte Zahlen bedeuten in Japan Glück, Erfolg und Reichtum, andere dagegen Unglück, Misserfolge, Pleiten oder gar Tod – gute Telefonnummern werden in Japan daher zu hohen Preisen gehandelt; ein (ausländischer) Geschäftspartner mit einer Unglück bringenden Telefonnummer kann somit nicht auf große Geschäfte hoffen.

1.3.6 Sprache

Genauso wie das Denken steht auch die Sprache in engem Zusammenhang mit der Weltsicht einer kulturellen Gruppe: Sprache ist nicht nur ein Instrument für Kommunikation und für das Erregen von Emotionen; jede Sprache ist auch ein Mittel, um die Erfahrungswelt zu kategorisieren. Die vergleichende Linguistik zeigt auf, dass jedes Reden vom Sprecher eine Selektion verlangt. Weil aber diese linguistischen Prozesse normalerweise nicht hinterfragt werden, neigt jede Sprachgemeinschaft dazu, ihre eigenen Kategorien als gegeben und allgemein-menschlich zu betrachten.[14] Somit ist die gemeinsame Sprache sowohl Ausdruck als auch Determinante der gemeinsamen Weltsicht: Sprache strukturiert die Erfahrung mit der Umwelt, und die Erfahrung mit der Umwelt strukturiert Sprache.

Vor wenigen Jahrzehnten gab es im klassischen Arabisch mehr als sechstausend Wörter, die sich allein auf das Kamel bezogen (Farbe, Körperform, Geschlecht, Alter, Bewegung, Kondition, Ausrüstung usw.). Viele dieser Begriffe sind inzwischen verschwunden, einfach weil das Kamel an Bedeutung verloren hat.[15] Japaner sind dafür bekannt, dass sie großen Wert auf harmonische Beziehungen legen. Deshalb kommt für sie ein klares und direktes Nein nicht in Betracht; so haben sie eine ganze Reihe von Wörtern und Ausdrucksformen entwickelt, die (mit gewissen Bedeutungsunterschieden) dazu dienen, ein Nein zu vermeiden. Wenn man sich nicht auf Japanisch mit ihnen unterhalten kann und keine deutliche Zustimmung erfährt, sollte man somit von einem (vorläufigen, ggf. auch endgültigen) Nein ausgehen. Auch auf den Seychellen gilt ein direktes Nein als unhöflich. In arabischen Ländern sollte ein Nein verständnisvoll und mit einem Lächeln ausgesprochen werden, um nicht die Ehre des Gesprächspartners zu verletzen.

Ebenso wie in Kulturbereichen existieren auch in Subkulturen Sprachen oder Sprachformen, die mit spezifischen Weltsichten verbunden sind und in bestimmten, besonders bedeutsamen Bereichen stark ausdifferenziert (und für Außenstehende oft unverständlich) sind: Interessengruppen (zum Beispiel Musikfans, Spieler, Bücherliebhaber), Berufe (zum Beispiel Wissenschaftler, Pädagogen, Techniker, Informatiker, Seeleute), politische Gruppierungen etc.

Eigene Sprachcodes gibt es auch bei bestimmten Tätigkeiten oder Aufgaben wie in Arbeitszeugnissen[16] (zum Beispiel: «Er war ein guter Mitarbeiter»), Protokollen, Urteilsbegründungen usw. Somit braucht es also Kenntnisse der betreffenden Gruppe oder Tätigkeit, um einerseits überhaupt verstehen, andererseits aber auch richtig interpretieren zu können.

Die Mexikaner sind in den Vereinigten Staaten quantitativ gesehen die größte Minderheit; eindrücklich ist in deren Umgangssprache die Vermischung zwischen dem Englischen und Spanischen, wie unzählige Wortkreationen zeigen. Einem Uneingeweihten ist es oft unmöglich, diesen Sprachmix zu verstehen (selbst wenn er sowohl Englisch als auch Spanisch spricht): Der spanische «Diccionario de la Real Academia» erwähnt gerade mal 3600 Mexikanismen, während der «Indice de mexicanismos» der mexikanischen Sprachakademie mit 69 566 Einträgen aufwartet. Dies ähnlich dem «Senglish» in Singapur (einer Mischung zwischen Englisch und Chinesisch), dem Frankokanadischen (englisch-französisch) oder auch dem Elsässer Dialekt (französisch-deutsch) in Ostfrankreich. Es gibt unzählige weitere Beispiele sprachlicher Beeinflussung in Mischungen aus zwei oder mehreren Sprachen. Bedauernswert ist in diesem Zusammenhang, dass in vielen Ländern nur in der offiziellen Landessprache unterrichtet werden darf (wie beispielsweise 1998 in Kalifornien in einer Volksabstimmung beschlossen), was einerseits Minderheiten weiter ausgrenzt und andererseits sprachliche Subkulturen fördert. Allerdings sollte nicht nur in der Zweitsprache unterrichtet werden dürfen; die offizielle Landessprache resp. Sprache der Mehrheit muss mit unterrichtet werden, um Akzeptanz zu fördern sowie weitere Ausgrenzung zu verhindern.

Die vom Europarat verabschiedete Charta der Minderheiten- und Regionalsprachen stipuliert unter anderem das Recht der Minderheiten auf den Gebrauch der Muttersprache im Umgang mit den Behörden und der Justiz in Gebieten, wo der Anteil der Volksgruppe zumindest 20 Prozent erreicht. Sie schreibt die Publizierung der wichtigen Gesetze auch in den Minderheitensprachen vor, und sie hält die Notwendigkeit fest, die Medien der Minoritäten staatlich zu unterstützen.

Bedeutungsunterschiede

Ein und dasselbe Wort kann in verschiedenen Zusammenhängen sehr unterschiedliche Bedeutungen haben: Das Wort «Blatt» hat bei Botanikern, Pianisten, Grafikern und Skatspielern sehr verschiedenartige Bedeutungen – dies nur in einer Sprache: im interkulturellen Begegnungsfeld nehmen die Bedeutungen und Interpretationsmöglichkeiten natürlich zu. So wird ersichtlich, dass das Denken in hohem Maße durch den jeweiligen Bezugsrahmen bestimmt wird.

Das Wort «compromise» bedeutet in England etwas Gutes (man betrachtet eine Übereinkunft, einen Kompromiss, als etwas Positives, das beiden Seiten zugute kommt), in den USA dagegen sieht man darin eine Lösung, bei der beide Seiten verlieren. In der ehemaligen Sowjetunion war dieser Begriff annähernd unbekannt, da im Umfeld von Absolutismus, Dogmatismus, Zentralismus und Ideologie wenig Raum für Kompromisse war: Wo es ein absolutes «Richtig» gibt, verliert ein Kompromiss seinen Sinn. Diese Ansicht ist selbstredend weltweit in religiös-fanatischen Gruppen maßgeblich verbreitet.

Die Übersetzung eines italienischen Textes über Kapuzinermönche hatte große Aufregung zur Folge, als der «Honolulu Advertiser» im Mai 1974 den Satz, ein Drittel der Mönche wünschte in einem bestimmten Zusammenhang offiziell einen «intimo rapporto» mit Frauen (was ein Gespräch unter vier Augen meint), ins Englische übersetzte als: «Sie wünschten sexuelle Beziehungen.»[17]

Auch weltweit bekannte Begriffe wie Demokratie, Kultur, Kapitalismus, Profit usw. können in verschiedenen Ländern, Völkern und Kulturen je nach Bezugsrahmen sehr unterschiedlich verstanden und gedeutet werden.

1.3.7 Nonverbale Kommunikation

Von außergewöhnlicher Wichtigkeit in jeder Form der Interaktion ist die nonverbale Kommunikation. Folgende Formen können unterschieden werden:[18]

- Kinesics (Körpersprache);
- Proxemics (Raum, Distanz);
- Orientierungswinkel (Winkel, in dem man zu einer anderen Person steht);
- äußere Erscheinung (einschließlich Kleidung und Schmuck);
- Haltung, Stehen, Sitzen u. Ä. (englisch: posture);
- Kopfbewegungen;
- Gesichtsausdruck (Mimik);
- Gestik;
- Blickkontakte;
- Paralinguistik (Sprechintensität, Sprachweise, Lautstärke etc.).

Die Erscheinungsformen nonverbaler Kommunikation sind in hohem Maße kulturell geprägt und überformt – eine identische Form kann in verschiedenen Kulturen etwas Verschiedenes, manchmal sogar Gegensätzliches bedeuten. Beispielsweise das Lachen wird in den meisten westeuropäischen Ländern mit Witz und Fröhlichkeit gedeutet, während es in Japan oft Anzeichen von Verwirrung, Unsicherheit oder Verlegenheit ist (das japanische Lächeln nach dem amerikanischen Zornausbruch dürfte so zu unbeabsichtigten Missverständnissen führen).

Verhaltensweisen

Ebenso verbietet es der Respekt in asiatischen Kulturen (insbesondere den Frauen), anderen direkt in die Augen zu sehen, während der Blickkontakt in westlichen Kulturen als Grundwert des Anstandes empfunden wird. Ein intensiver, starker Blickkontakt ist in arabischen Ländern, im Mittelmeerraum, im romanischen Europa und in Lateinamerika üblich; ein fester bis gemäßigter Blickkontakt in West- und Nordeuropa, Korea und Thailand; ein indirekter Blickkontakt im größten Teil Asiens.

Wenn ein Japaner auf seine Nase zeigt, meint er sich selbst, analog der entsprechenden Handbewegung des «Westlers» auf seine Brust. Auf jemanden mit dem Zeigefinger zu zeigen, gilt in ganz Ost- und Südostasien als sehr unhöflich – stattdessen benutze man die offene Hand: flach mit der Handfläche nach unten in Japan, zusammengezogen mit dem Daumen nach oben in den meisten anderen asiatischen Ländern. Man kann auch mit dem Kinn in die gewünschte Richtung deuten, oder am einfachsten in die Richtung blicken, in die man weisen will. Mit dem Zeigefinger heranwinken – in Europa und Nordamerika durchaus üblich – wird in ganz Asien nur gegenüber Hunden und Prostituierten verwendet; höflicher ist ein wiederholtes Fächeln mit der rechten Hand. Das Tippen mit dem Zeigefinger an den eigenen Kopf bedeutet in Frankreich, Italien und Deutschland «Sie sind ein Idiot», in Spanien «Ich bin doch clever». In den Niederlanden bedeutet es – wenn mit hochgestelltem Zeigefinger die rechte Seite des Kopfes angetippt wird – «Sie sind sehr klug», jedoch wenn der horizontale Finger die Stirn berührt, «Sie sind ein Idiot».

Zeichensprache

Der Daumen nach oben bedeutet in Lateinamerika, vor allem in Brasilien «Alles klar» und wird dort oft und gern gezeigt. In Mitteleuropa bedeutet dies einfach die Zahl «eins», während es für Muslime ein grobes sexuelles Zeichen darstellt (Geschlechtsverkehr, Vergewaltigung).

Das «Victory»- oder «Peace»-Zeichen (Zeige- und Mittelfinger nach oben) hat diese Bedeutung nur, wenn die Handfläche nach außen (von sich weg) zeigt. Das gleiche Zeichen mit der Handfläche nach innen entspricht dem Mittelfinger nach oben und gilt fast überall als vulgär (Aufforderung zum Geschlechtsverkehr, Betrogener resp. «gehörnter» Sexualpartner oder Ausdruck stärkster Geringschätzung, ähnlich wie das Schlagen mit der rechten Hand auf den erhobenen linken Unterarm).

Große Vorsicht ist auch beim «alles OK»-Zeichen (die zu einem Kreis zusammengehaltenen Daumen und Zeigefinger) geboten: Während es bei Piloten und Tauchern als «alles klar» gilt, bedeutet es für Japaner «jetzt können wir über Geld reden», im Süden Frankreichs das Gegenteil davon, nämlich «nichts, wertlos» – auf der Iberischen Halbinsel, in weiten Teilen Lateinamerikas, in Osteuropa und Russland bedeutet es jedoch teilweise eine sehr vulgäre sexuelle Geste (Aufforderung zum Analverkehr).

Das Händeschütteln hat sich mittlerweile weltweit als Zeichen des Begrüßens und Abschieds durchgesetzt, außer in China, wo es, wenn überhaupt, nur sehr zögerlich und kurz, oft von einem eher unangenehmen Gefühl begleitet, «gewährt» wird. Als «Kontakt-Kulturen» im asiatischen Raum gelten dafür Inder und Pakistani, die einander relativ häufig berühren, dichter beieinander stehen, Blickkontakt suchen und auch lauter miteinander sprechen. Wenig solche Kontakte wünschen dagegen die Nordeuropäer.

Sprechgewohnheiten

US-Amerikaner sprechen gerne lauter und stören sich nicht, wenn andere mithören (da sie auch nichts verbergen möchten), während Engländer es sehr gut verstehen, ihr Sprechen akustisch direkt auf den Partner auszurichten. Im europäischen Raum differiert die Sprechgeschwindigkeit stark zwischen den Finnen (bedächtig) und romanischen Völkern. Vielreden (USA, arabischer Sprachraum) steht der Wortkargheit bis hin zum Schweigen gegenüber in Japan, wo dem Schweigen zwischen den Wörtern entscheidende, sogar im den Worten entgegengesetzten Sinne, Bedeutung zukommen kann. Langes Schweigen wird dort durchaus als behaglich empfunden, während dies in Europa und Nordamerika bald zu Unsicherheit und Verlegenheit führt.

Ausdrucksformen

- In Indien bedeutet das Kopfschütteln «ja», ganz im Gegensatz zur entsprechenden westlichen Interpretation, und die Stimme geht am Ende einer Frage (in der Hindi-Sprache) nach unten – wenn ein Inder also Englisch spricht und analog seiner Muttersprache intoniert, erscheint die Frage dem Engländer sehr rüde (was natürlich absolut nicht so gemeint war).
- Kopfnicken bedeutet im europäischen Kulturkreis generell «ja», doch im Vorderen Orient wird unterschieden zwischen Kopfnicken nach unten, was Zustimmung bedeutet, und Kopfnicken nach oben, was Verneinung oder Ablehnung bedeutet.
- Das Hochziehen der Augenbrauen bedeutet für Nordamerikaner Interesse und Überraschung, für Briten Skepsis, für Deutsche «Sie sind aber clever», für Filipinos «Hallo», für Araber «Nein» und für Chinesen Ablehnung.

- «Blau sein» bedeutet für einen Engländer, dass er melancholisch ist, und für einen Deutschen, dass er betrunken ist, während das Betrunkensein vom Amerikaner als «black» bezeichnet wird.
- Im arabischen Kulturkreis sitzt man viel auf dem Boden; dem Gesprächspartner die Schuhsohlen zu zeigen, ist jedoch nicht nur eine Unhöflichkeit, sondern geradezu eine Beleidigung.
- Die linke Hand gilt bei Muslimen, Hindus und Buddhisten als unrein (Toiletten sind oft nur mit einem Wasserhahn, nicht aber Toilettenpapier ausgerüstet), daher ist es zu vermeiden, jemanden mit der linken Hand zu berühren oder etwas mit der linken Hand zu übergeben. Das Dilemma, dass im asiatischen Raum ein Geschenk oder die Visitenkarte immer mit beiden Händen übergeben werden muss, kann im hinduistischen und buddhistischen Kulturkreis damit umgangen werden, indem das jeweilige Objekt mit der rechten Hand übergeben wird, während die linke Hand den rechten Ellbogen stützt: auf diese Weise sind beide Arme beteiligt – und zeigen den Respekt –, während nur die rechte (saubere) Hand das zu übergebende Objekt berührt.
- In buddhistischen Kulturen sollte einem Kind nicht über den Kopf gestrichen werden, da nach der dortigen Glaubensauffassung die Seele eines Kindes im Kopf sitzt; diesen zu berühren, könnte die Seele beschädigen.

Menschen, die in zwei oder mehreren Kulturkreisen leben oder lebten, passen ihre Körpersprache oft auch der verbalen Sprache an, verhalten sich also unterschiedlich, je nachdem, welche Sprache sie sprechen. Diese Einfühlungs- resp. Assimilationsfähigkeit kann im interkulturellen Kontakt erlernt werden.

1.3.8 Wertorientierungen

In allen Kulturen liegen dem Denken, Erleben und Handeln Wertorientierungen zugrunde. Sie werden im Prozess der Sozialisation bewusst oder unbewusst erlernt und weitergegeben, wobei auch Veränderungen im Rahmen eines sozialen Wandels möglich sind. Die Wichtigkeit und Bestimmungskraft der verschiedenen Werte sind von Kultur zu Kultur verschieden. In der anthropologischen Lehre der Wertorientierungen bilden drei Thesen den Ausgangspunkt:[19]

- Menschen aller Zeiten und Völker sehen sich mit einer begrenzten Anzahl von Problemen konfrontiert, für die sie Lösungen finden müssen.
- Für jedes Grundproblem gibt es nur eine begrenzte Zahl von Lösungsmöglichkeiten.
- Für jedes Problem stehen allen Gesellschaften sämtliche Lösungsmöglichkeiten zur Verfügung, doch gibt jede Gesellschaft den Lösungen eine eigene Gewichtung. So entstehen kulturspezifische Rangordnungen der Werte; jede Gesellschaft weist ein eigenes Profil in den Wertorientierungen auf. Bei sozialem und kulturellem Wandel ändern sich nicht die Werte als solche, sondern es ändert sich deren Rangfolge. Genau genommen handelt es sich also nicht um einen Wertewandel, sondern um einen Wertorientierungswandel.

Qualitative Beurteilung

Die qualitative Beurteilung der Wertorientierungen lässt sich in fünf Grundprobleme unterteilen:

- *human nature orientation:* Wie ist der Mensch beschaffen; was ist die Eigenart, das Wesen der menschlichen Natur? Einflüsse sind hier beispielsweise die in der christlichen Religion gelehrte Erbsünde oder die durch den Puritanismus vielfach in Nordamerika verbreitete Meinung, Menschen seien grundsätzlich «schlecht» und können nur durch ausgeprägte Selbstkontrolle «gut» werden.
- *man-nature orientation:* Welche Beziehungen bestehen zwischen dem Menschen und der Natur? Grundsätzlich kann hier unterschieden werden zwischen «Unterwerfung unter die Natur» (in Gegenden mit starken Naturgewalten wie Südwesten der USA, Überschwemmungsgebiete in Entwicklungsländern etc.), «Harmonie mit der Natur» (in asiatischen Ländern) und «Beherrschung der Natur» (in den meisten westlichen Kulturkreisen).
- *time orientation:* Was bedeutet die Zeit im Leben der Menschen? Vergangenheits-, Gegenwarts- und Zukunftsorientierung.

- *activity orientation:* Welche Arten oder Formen von «Aktivität» lassen sich unterscheiden? Maßgebend ist die Orientierung auf «Sein» (Spontaneität in der Persönlichkeit), «Sein im Werden» (Entwicklungsstreben, Suche nach Harmonie ohne materielle Ausrichtung, Gottesfürchtigkeit) oder «Tun» (Handlungsorientierung, Wettbewerbsdenken; Betrachtung des «Anpackens» als nicht minderwertig).
- *relational orientation:* Welche Arten oder Formen gibt es in den Beziehungen zwischen Menschen? Unterscheidung zwischen linearer Orientierung (Betonung biologisch-sozialer Gegebenheiten wie Familie, Sippe, Stamm, Generation; zum Beispiel die englische Aristokratie), kollateralem Prinzip (Einbettung in vielfältige soziale Systeme; zum Beispiel bei den Navajo-Indianern) und individualistischer Richtung (Autonomie der Person; vielfach in Industrieländern).

Selbstredend stehen diese Wertorientierungen nicht unverbunden nebeneinander, sondern hängen auf vielfältige Weise miteinander zusammen. Einzelne Kulturen können nach entsprechender Analyse in einem allgemeinen Werteprofil dargestellt werden, wobei vor Augen gehalten werden muss, dass diese nie allgemeingültig sein können, sondern nur gemeinsame Merkmale aufzeigen, die individuell sehr unterschiedlich ausgeprägt sein können.

Beispiele

Nordamerika ist in den vorherrschenden Wertorientierungen gekennzeichnet durch Individualismus, Zukunftsbetonung, Glauben an die Herrschaft des Menschen über die Natur, durch Tun (Handeln, Aktivität), das Bild vom Menschen als schlechtem, aber verbesserungsfähigen Wesen und hoher Einschätzung von Beruf, Technologie, Wirtschaft, Sport und Wettbewerb; der Status einer Person wird primär durch die berufliche Stellung bestimmt. Unterschiedlich dazu fällt das Profil der hispano-amerikanischen Kultur im Südwesten der USA aus: Gegenwartsdenken, Leben im Sein, Unterwerfung unter die Natur, Hochschätzung des Religiösen und Unterhaltsamen.

In den Industrieländern ist es durchaus gern gesehen, wenn ein höherer

Vorgesetzter ab und zu auch bei manueller Arbeit «mit anpackt» – in manchen Großbetrieben wird dies dem höheren Kader sogar nahe gelegt, um Interesse und Identifikation zu demonstrieren – in vielen Ländern der Dritten Welt würde er dabei aber sein Gesicht verlieren, also Status und Prestige einbüßen.

Vorschriften und Regelungen lassen sich sowohl streng formal als auch praktisch und pragmatisch auslegen. Dies wird insbesondere bei der Problematik der Korruption deutlich: Gute Beziehungen sind fast überall mit gegenseitigen Aufmerksamkeiten verbunden, und ein «Ausscheren» aus allgemein üblichem Vorgehen kann, trotz offiziell korrekter Einstellung, einen (geschäftlichen) Misserfolg nach sich ziehen. Die Situation eines Polizeioffiziers in Peru oder Kolumbien, der vielleicht 200 US-Dollar monatlich verdient, seine vielköpfige Familie nicht ernähren kann und für kleinere Gefälligkeiten («Augen zudrücken») den zehnfachen Betrag bekommt, kann nachvollzogen werden. Diesem Problem kann nachhaltig nur begegnet werden, wenn unter supranationaler Kontrolle die Korruption auf hoher und höchster Ebene bekämpft wird sowie langfristige Konzepte im rechtlichen und sozialen Bereich entworfen und angewandt werden. Betreffend Bestechungsgelder ist es oft möglich, diese mit richtigem Verhalten zu vermeiden:

- prinzipiell nicht davon ausgehen, dass es notwendig ist; andere Wege suchen;
- entsprechende Forderungen ablehnen mit dem Hinweis, dass kein Handlungsspielraum oder Verbote der Firma oder des Staates bestehen;
- andere, ethisch vertretbare Mittel suchen, um Anerkennung zu zeigen (Besuche oder Betriebsbesichtigungen mit Spesenvergütung, offizielle Spenden oder einen Gefallen anbieten);
- nach kreativen Lösungen suchen, um die Ziele ohne Lüge zu erreichen;
- Informationen über die jeweilige Kultur und rechtliche Aspekte einholen.

Manchmal wird man beispielsweise bei Einreiseformalitäten aufgefordert, einen unerwarteten Betrag zu bezahlen. In den Pässen der Personen, die sich hier einschüchtern lassen, kann vom Beamten dann mit Bleistift auf dem Visum ein kleines Zeichen angebracht werden, das anderen Beamten (zum Beispiel bei einer späteren Einreise) signalisiert, dass der Reisende «zahlungswillig» ist. Ebenso kann es hilfreich sein, ein Gespräch mit dem höchsten Vorgesetzten zu fordern (besonders hilfreich, wenn man dessen Namen schon ausfindig gemacht hat); z. B. wenn die bestätigten Flugsitze nicht mehr verfügbar sein sollten und der Beamte auf ein Schmiergeld hofft: In vielen Ländern, besonders im asiatischen Raum, herrscht große Scheu vor höheren Vorgesetzten.

In den meisten asiatischen Kulturkreisen ist das Hierarchieverständnis, und damit auch das Einhalten von Dienstwegen, von hoher Wichtigkeit, was oft mit der Überwindung mühsamer bürokratischer Hindernisse einhergeht. Beamte, Mönche, aber auch Bedienstete hoch gestellter Persönlichkeiten genießen ein weit höheres Ansehen als Kaufleute, sogar Bauern liegen im Ansehen oft höher.[20]

1.3.9 Verhaltensmuster, Sitten und Normen

Daneben gibt es auch kulturspezifische Verhaltensmuster: unterschiedliche, aber auch sehr ähnliche Verhaltensweisen, die in verschiedenen Kulturen Verschiedenes bedeuten können. Sitten und Normen sind Regeln, die festlegen, wie sich die Menschen einer Kultur zu verhalten haben. Im Gegensatz zur eher abstrakten Werteorientierung finden sie sich auf der konkreten Ebene des Alltagsverhaltens.

- Heiratssitten sind in industrialisierten Ländern meist sehr einfach (individuell gestaltbar, ohne viele Vorschriften), während in vielen Kulturen ein Vertrag über die Heirat von Familienoberhäuptern gemacht wird – teilweise (in China und streng islamischen Ländern) kennt sich das Brautpaar vorher noch gar nicht. In westlichen Gesellschaften wäre ein Mädchen entsetzt beim Gedanken, an ihren künftigen Mann verkauft zu werden, während es in Indien und in einigen afrikanischen Ländern stolz auf den Preis ist, den die andere Seite zu bezahlen bereit ist.
- Ebenso herrschen im Sexualverhalten sehr unterschiedliche Normen: von großer Freizügigkeit (zum Beispiel auf Samoa, den Trobriand-Inseln, im is-

raelischen Kibbuz) bis zum Ausschluss fast jeglichen Kontaktes zwischen Männern und Frauen (bei strenggläubigen Juden oder im Islam, wo zwischengeschlechtliche Kontakte jeglicher Art, außer unter Verheirateten, nur im Beisein mindestens eines männlichen oder zwei weiblicher Verwandten erlaubt sind); ebenso ist der Ablauf der Verhaltensformen vom Kennenlernen bis zu Intimitäten zwar in den einzelnen Schritten ähnlich, kann aber in deren Ablauf sehr verschieden sein.

- Bei Spielen ist es interessant festzustellen, dass diese in westlichen Ländern meist auf Wettbewerbsdenken (Gewinner und Verlierer) ausgerichtet sind, während in anderen Kulturen Kreativität oder einfach die gemeinsame Freude im Vordergrund steht.
- Das Kaufen ist in Industrieländern auf feste Preise und ein unpersönliches Verhältnis zwischen Käufer und Verkäufer festgelegt, und die in orientalischen Ländern übliche unterhaltsame, oft spannende und manchmal amüsante Begegnung im Aushandeln der Preise wird abschätzig als «Feilschen» bezeichnet. In Irland werden Schulden selten vollständig zurückbezahlt, da dies als Wunsch des Abbruchs einer Beziehung gedeutet würde.[21]
- Auch beim Essen sind die Sitten sehr verschieden: In England spricht beim Frühstück der Vater, während Mutter und Kinder zuhören; in den USA führt die Mutter die Gespräche am Familientisch und achtet darauf, dass auch alle Kinder zu Wort kommen.[22] In zahlreichen Ländern Asiens verabschiedet man sich, wenn man bei einer anderen Familie zum Essen eingeladen war, sofort nach dem Ende der Mahlzeit – wer nicht gleich geht, signalisiert, dass er nicht satt geworden ist. Wer dagegen in Nordamerika gleich geht, erscheint rüde und unhöflich, denn dort bedeutet dieses Verhalten, dass es dem Gast nur ums Essen ging, nicht aber um die Gesellschaft mit den Gastgebern.
- Spazierengehen erscheint einem Nordamerikaner oder Westeuropäer die unverfänglichste Sache der Welt, doch in Afghanistan wird das Begehen fremder Grundstücke (die sehr groß sein können) als tiefer Eingriff in die Privatsphäre empfunden: Die Frauen arbeiten dort, in ihrer engsten Umgebung, unverschleiert.
- Die Japaner kleiden sich fast durchwegs in westlicher Mode, was insbeson-

dere bei den Frauen auffällt, wo der Kimono im Gegensatz etwa zum Sari in Indien zum Gewand für besondere Gelegenheiten oder Zeremonien marginalisiert worden ist. Die westliche Kultur genießt in Japan somit sehr hohe Wertschätzung, doch die eigenen, traditionellen Sitten und Bräuche haben sich, selbst bei großstädtischen Mittel- und Oberschichten, nur teilweise – wenn überhaupt – «verwestlicht»: Im Umgang unter Freunden oder Bekannten, auch mit ausländischen Gästen oder Geschäftspartnern, lassen sich Verhaltensweisen beobachten, die sich nur aus einem Hierarchiedenken erklären lassen, das weit vor die in der Meiji-Zeit (ab 1868) einsetzende Öffnung des Landes zurückreicht.

Geben und Nehmen

Geschenke und Gaben sind im kulturellen Kontext nicht einfach Gaben, sondern spiegeln das außerordentlich komplexe Verhältnis der Geschenkevergabe im sozialen Leben einer Kultur. In Indien wird der Geldwert von Geschenken auch unter Familienmitgliedern genau notiert und vor der Erwiderung konsultiert, damit die Richtgrößen bei Geschenken (bei Hochzeit oder zum hinduistischen Neujahrsfest usw.) innerhalb eines Clans, mit Abstufungen gemäß Verwandtschafts- oder Bekanntschaftsgrad, korrekt eingehalten werden können. Angestrebt wird das völlige Gleichgewicht, das, auch wenn sich die Reziprozitäten über viele Jahre erstrecken, sorgfältig im Auge behalten wird.

Anders sieht dies beispielsweise in Hongkong (etwas weniger ausgeprägt in Singapur) aus, wo es zum guten Ton gehört, bei Gelegenheiten wie dem chinesischen Neujahr sich gegenseitig mit protzigen Geschenken zu übertrumpfen – nichts wäre ein größerer Gesichtsverlust, als vor den Augen des Clans oder der Geschäftsfreunde als buchhalterischer Kleingeist bloßgestellt zu werden. Hier wird nicht das Gleichgewicht, sondern das Prestige angestrebt. Dabei liegt selbstverständlich, dem geschäftstüchtigen Naturell der Hongkonger Chinesen entsprechend, die Erwartung des Profits nie fern.

In Japan wiederum ist man streng darauf bedacht, die komplexen Regeln zwischen Geben und Nehmen nicht zu verletzen, indem bei jedem Geschenk oder Freundschaftsdienst das angebrachte Verhalten und das richtige Maß der

Verdankung zuerkannt wird. Dieselbe schwierige Suche nach dem Angemessenen ist fast omnipräsent beim Erhalt eines Geschenkes oder Freundschaftsdienstes, wodurch die japanische Seite in den Status der Verpflichtung gesetzt wird – insbesondere muss es ihr möglich sein, die erhaltene Gunstbezeugung so rasch wie möglich und mit der für die Wiederherstellung des früheren Ungleichgewichts nötigen Überkompensation abzutragen. Ist die eingegangene Verpflichtung dafür zu hoch, so wird der japanischen Seite die Wahrung des Gesichts verunmöglicht. Fehlverhalten, auch ein scheinbar belangloser Fauxpas, kann dazu führen, dass ohne jede Angabe von Gründen die Beziehungen sistiert oder wieder auf das viel tiefere Niveau des Umgangs mit Fremden heruntergestuft werden, von denen eben nicht erwartet werden kann, dass sie das korrekte Benehmen kennen.

Dasselbe Streben nicht nach Gleichgewicht, sondern nach genau definierten Abhängigkeiten, besteht auch beim Umgang der Japaner untereinander. Maßgeblich dafür, auf welcher Seite Verpflichtungen schwerer zu wiegen haben, ist in diesem Fall die Stellung in der komplexen sozialen Hierarchie. Die hohe Kunst des Gebens und Nehmens ist Teil des Pflichtethos, das die Beziehungen innerhalb der Familie und unter Freunden und Nachbarn ebenso prägt wie das Verhältnis zwischen Obrigkeit und Bürger oder zwischen Arbeitgeber und Arbeitnehmer. Auch wenn die Prägung dieser Verpflichtungen in der letzten Zeit etwas abgenommen hat, mag es einem an Rechten eher denn Pflichten orientierten Westen zuweilen schwer verständlich sein, dass auch für das moderne Japan die Fokussierung auf die allgegenwärtige Verpflichtung (durch eine die staatliche Rechtsordnung transzendierende Wertehierarchie bestimmt) ein konstitutives Element der Bürgergesellschaft ist. Auf ihr ruhen eine Sicherheit und Solidarität unter Freunden, Bekannten und Verwandten, die, sofern die Regeln beachtet werden, an Verlässlichkeit alles übertreffen, was man aus dem Westen oder aus anderen asiatischen Zivilisationen kennt.[23]

Als Zeichen der Sympathie und Wertschätzung sowie zur Begrüßung und zum Abschied ist der Kuss in seinen verschiedenen Ausdrucksformen weltweit bekannt – allerdings in sehr unterschiedlichem Maße: Der soziale Wange-an-Wange-Kuss ist mit großem Erfolg aus den romanischen Ländern, vor allem

Frankreich, in den Rest Europas exportiert worden. Ursprünglich war es ein herzhafter Kuss, mit dem französische Bauern ihre Zuneigung ausdrückten, indem sie einander gleichzeitig an die Schultern fassten. Während die Südeuropäer den Wangenkuss im Freundes- und Bekanntenkreis austauschen, küssen die männlichen Briten, Nordeuropäer und Amerikaner nur ihre eigene Frau auf die Wange.

Ein Kuss symbolisiert nicht nur Liebe und Erotik, sondern auch Verehrung, Freundschaft und Respekt. Einem Priester oder Bischof wird, vor allem in der Ostkirche, der Ring an seinem Finger geküsst, ebenso werden heilige Schriften mit einem Kuss verehrt. Seltener geworden ist der Handkuss, die ehrerbietige Begrüßung einer Dame durch einen Herrn (vom spanischen Hofzeremoniell Ende des 16. Jahrhunderts am Wiener Hof übernommen). Es gibt den Friedenskuss, den politischen Bruderkuss, den Judaskuss, den Freundschaftskuss, den zärtlichen Mutter- oder Vaterkuss, und natürlich den erotischen Kuss, der seit je die stärkste Faszination auf die Menschen ausübt.[24]

Rollenverhalten

Von Mitmenschen wird erwartet, dass sie sich in bestimmten Situationen auf eine bestimmte Art und Weise verhalten, also eine Rolle (Muster von Verhaltenserwartungen) übernehmen, welche unter Umständen auf das Individuum einen großen Druck ausüben können. Ein sehr stark ausgeprägtes Rollenverständnis herrscht in Japan vor: In verschiedenen Rollen (in Beruf, Familie, als Soldat, Gefangener etc.) ist das Verhalten absolut unterschiedlich – wer von einer Rolle in eine andere hinüberwechselt, ändert damit schlagartig seine Einstellungen und Erlebensweisen, so dass der außenstehende Beobachter meinen könnte, er hätte auf einmal einen anderen Menschen vor sich. Andererseits ist der Betrieb eng mit dem gesamten Leben seiner Mitarbeiter verknüpft; er bildet das Zentrum des sozialen und wirtschaftlichen Lebens; der «Rollentausch» zwischen Betrieb und Familie im direkten Kontakt ist somit weniger stark ausgeprägt als beispielsweise in der Armee. Beim Besuch bei der Familie eines japanischen oder auch indischen Geschäftspartners muss trotzdem damit gerechnet werden, dass sich der Geschäftspartner innerhalb der Familie sehr anders verhält als im Rahmen der Geschäftstätigkeit. Niemals vor den Augen des Besuchers werden jedoch Ehestreitigkeiten ausgetragen – diese dürften in den eigenen vier Wänden zu den wenigen und (im Vergleich zu anderen Kulturen) seltenen Gelegenheiten zählen, wo das Bedürfnis nach Harmonie und auch Selbstbeherrschung schwinden können.

In jeder Kultur gibt es auch Tabus, also strikte Verbote, die man nicht ungestraft verletzen darf: Gegenstände, die man nicht berührt, Orte, die man nicht betritt, Wörter, die man nicht ausspricht. Die Verletzung von Tabus wiegt in fast allen Kulturen so schwer, dass ein Nichtwissen nicht als Entschuldigung akzeptiert wird!

Ein besonderes Rollenverhalten kommt den Eunuchen zu. Indien zählt Tausende von Eunuchen; ihrem Beisein bei Entbindungen oder Hauseinweihungen wird magische Wirkung zugeschrieben. Im wirtschaftlichen und politischen Leben jedoch sind die Hijras, wie sie dort genannt werden, wenig akzeptiert; kürzlich aber wurde ein Hijra ins Amt des Stadtpräsidenten von Gorakhpur gewählt – sicher ein Zeichen vermehrter Toleranz und Akzeptanz einer Minderheit, doch viele wählten den Hijra nicht als Zeichen der Emanzipation und Toleranz, sondern aus Enttäuschung über Korruption und Unzuverlässigkeit bisheriger Amtsinhaber.

Eunuchen treten oft als Transvestiten auf; ihre Rolle als Geburtshelfer bezieht sich vor allem auf die Kontrolle, ob ein Neugeborenes mit gesunden Geschlechtsmerkmalen ausgestattet ist. Ist dies nicht der Fall, beanspruchen sie das Kind und nehmen sich das Recht heraus, es zu adoptieren. In den meisten Fällen geht es aber darum, von den Eltern einen Obolus zu erhalten, den die meisten auch leisten, um eine Verwünschung zu vermeiden. Denn, so behauptet der Aberglaube, die Eunuchen haben so etwas wie ein «drittes Auge», das ihnen dunkle Kräfte gibt. Dasselbe gilt seit einiger Zeit auch für Neubauten, wo die Eunuchen jeweils bei der Puja-Zeremonie zum Hauseinzug auftauchen, zum Rhythmus von Trommeln ihre Hüften schwingen und Handküsschen verteilen – und dann mit dem Segensgeld davonziehen. Gerade in den indischen Großstädten hat dieser neue Brauch der häuslichen Glückwünsche Eunuchen reich gemacht.[25]

Verhaltensänderungen

Eine freiwillige, auf Einsicht beruhende Verhaltensänderung vollzieht sich in sechs Stufen: Aufmerksamkeit finden — Inhalte verstehen — Botschaften behalten — Akzeptieren von Positionen — Änderung von Einstellungen — Änderung von Verhalten.

Jede dieser Stufen ist stark abhängig von der, den kulturellen Einflüssen resp. Unterschieden sowie der zwischenmenschlichen Sensibilität, im weiteren Sinne der emotionalen Kompetenz aller Beteiligten.

Veränderungen auch in Betrieben, Organisationen, der Unternehmenskultur basieren immer auf der Veränderungsbereitschaft einzelner Personen, die andere «anstecken» können: man kann die Vergangenheit mit einem trägen Flusspferd vergleichen, das gern viel schläft und bei Störungen aggressiv reagiert – die Zukunft sollte aber einem Delphin gleichen: verspielt, lernbegierig und einsatzbereit für das Team, für neue Ideen und Herausforderungen.

1.3.10 Soziale Gruppierungen und Beziehungen

Stark kulturspezifisch geprägt sind auch soziale Gruppierungen. Die Familie hat in den Industrieländern in den vergangenen zwei Jahrhunderten ihre Struktur und Funktion stark verändert: Die Großfamilie, in der oft mehrere Generationen gemeinsam unter einem Dach lebten, wurde durch die Kleinfamilie abgelöst, die ihren Mitgliedern relativ viel Handlungs- und Entscheidungsfreiheit bietet.

In weiten Teilen der Erde dominiert jedoch nach wie vor die Großfamilie mit ihrem starken Einfluss auf das Denken, Erleben und Verhalten der Mitglieder: Das Familienoberhaupt übt eine beträchtliche Kontrolle aus über die jüngeren Angehörigen, oft auch dann noch, wenn diese schon verheiratet sind; die wirtschaftliche Verantwortung wird von der ganzen Gruppe getragen. In Japan bereitet man die Kinder nicht auf das Leben außerhalb der Familie vor, sondern betrachtet die Familie selbst als Grundlage aller sozialen Ordnung. Die Struktur der Verwandtschaftsbeziehungen ist, vor allem in ursprünglichen («primitiven») Kulturen, anders als nach westlichem Muster geprägt: Auch entfernte Cousinen können als «Schwestern», ein Onkel als «Vater», Nichten und Neffen als «Kinder» bezeichnet werden. «Aus der Rolle fallen» gibt es in Japan (zumindest offiziell) praktisch nicht – selbst Linkshänder werden (im weltweiten Vergleich am striktesten) dazu angehalten, Rechtshänder zu «sein».

Eine Unterteilung in Klassen wird auch in westlichen Ländern noch oft vorgenommen, zum Beispiel wenn Bedienstete als nicht gleichwertig behandelt werden. Sehr ausgeprägt ist dieses System im Kastenwesen in Indien – offiziell zwar abgeschafft, de facto aber liegt ihm dort nach wie vor das gesamte Gesellschaftssystem zugrunde. Eine hierarchische Gliederung nach Status lässt sich wiederum in fast allen Kulturen und Ländern beobachten: nach Alter, Herkommen, Bildungsstand, beruflicher oder gesellschaftlicher Stellung, besonderen Kenntnissen, Familiennamen, Geschlecht oder physischer Attraktivität. In Japan ist das Statusdenken sehr ausgeprägt nach Alter, Dienstalter oder hierarchischer Stellung; selbst Ehefrauen beachten untereinander die Rangordnung ihrer Gatten.[26]

Die Funktion von Eliten (Besuch von Eliteschulen) ist in Frankreich, England und den USA stark ausgeprägt; Angehörige dieser Klasse befinden sich oft in einer zwiespältigen Situation, da sie sich einerseits dem Volk und seiner Kultur zugehörig fühlen, aber zugleich von ihm entfremdet sind.

Sowohl innerhalb als auch zwischen Gruppen laufen ständig mannigfaltige soziale Beziehungen ab. Individuum und Gruppe sind wechselseitig aufeinander bezogen. In westlichen Kulturkreisen liegt der Akzent beim Individuum (Kapitalismus, Stärke, Puritanismus), in Japan[27], China[28], Russland und besonders in den meisten afrikanischen Gesellschaften in der Gruppe. In Japan werden Familienmitglieder nicht mit dem Vornamen angesprochen, sondern mit Namen, welche die Funktion der Person in der Gruppe bezeichnet, etwa als Schwiegertochter; wenn ein Sohn die Position des Familienoberhauptes anstelle des verstorbenen Vaters annimmt, wird er als Vater angeredet, sogar von der eigenen Mutter. Gruppen gelten in Japan als überdauernd, Individuen als temporär und ohne Existenz außerhalb der Gruppe – das Verlassen einer Gruppc ist gleichbedeutend mit Identitätsverlust.[29] Nordamerikaner empfinden dagegen selten eine uneingeschränkte Loyalität zu einer Gruppe; sie bilden schnell neue Gruppen oder wechseln die Zugehörigkeit. Auch in Afrika herrscht weitgehend Gruppendenken vor. Während in Nordamerika Individualismus Freiheit bedeutet, wird er in Afrika mit Einsamkeit assoziiert.

Freundschaft ist in den USA sehr schnell geschlossen, wird allerdings von Nicht-Amerikanern oft als eher oberflächlich empfunden – dafür sind die zwischenmenschlichen Beziehungen in den USA sehr unkompliziert und locker. In den USA ist man gewohnt, Freunde für verschiedene Situationen zu haben (fast so spezialisiert wie berufliche Tätigkeiten): Man hat Freunde für Sport, Spiel und Freizeit, andere Freunde für gegenseitigen Beistand in schwierigen Lebenslagen, wieder andere für Partys, für politische Gespräche usw. In den meisten anderen Kulturen entwickeln sich Freundschaften langsamer, halten dafür aber meist jahrelang und gelten für alle Lebenssituationen. Besonders in Russland gibt es nur wenige tiefe Freundschaften, die aber mit einer fast totalen Verpflichtung zur Gemeinsamkeit und einem Ablehnen aller Zurückhaltung und Heimlichkeit gegenüber dem Freund verbunden sind.[30] Das Gesellschaftsdenken, solidarische Bewusstsein und die außergewöhnliche Gastfreundschaft auch gegenüber Fremden ist in Russland und den ehemaligen Ostblockländern sehr stark ausgeprägt.

Das Problem des Gesichtsverlustes stellt sich zwar auch in westlichen Ländern, wird jedoch weitaus weniger persönlich genommen im Vergleich zu Kulturen, in denen er den Kern der Persönlichkeit bis zur Unerträglichkeit verletzt, wie in China, Korea, Japan und sehr stark auch in arabischen Ländern.

1.4 Länderspezifische Kontaktschwierigkeiten

In einer Untersuchung der deutschen Unternehmensberatung «Twist» wurden 30 deutsche Firmen mit internationaler Erfahrung nach der Schwierigkeit im Kontakt mit Unternehmen in anderen Ländern befragt: Unumstrittener Favorit bei der Zusammenarbeit ist England, hier erscheint der Kontakt weitgehend reibungsfrei. Den zweiten Platz belegten ex aequo USA und Kanada. Über kulturelle Reibungen hingegen wurde überall bei asiatischen Ländern berichtet, aber auch die deutsch-französische Zusammenarbeit sowie Kontakte mit Südeuropa und dem mediterranen Raum wurden als schwierig erlebt.[31]

Oft wird die eigene Kultur auch in fremder Umgebung gepflegt. Die Kommunikation innerhalb dieser Hybridkulturen vollzieht sich entweder von sich aus gemäß den gewachsenen Kriterien oder aber bewusst zielgruppenorientiert. In Ländern mit großem Anteil fremdländischer Bevölkerung, die sich oftmals lieber an Informationen in der eigenen Sprache und Kultur orientiert, kann sich so ein Ethno-Marketing entwickeln.[32] Wichtig sind hier, wegen ihrer teilweise großen Einflussnahme auf die Meinungsbildung, die Sensibilität und die ethische Einstellung die redaktionellen Mitarbeiter der Medien, da sie einerseits einen wichtigen Beitrag zum gegenseitigen Verständnis und der Kulturpflege leisten können, andererseits aber auch, besonders in (politisch) sensiblen Bereichen, Beunruhigung und Destabilisierung möglich ist.

1.4.1 Verhalten

Oft werden kulturell geprägte Verhaltensweisen nicht als solche erkannt, sondern für persönliche Macken gehalten, ebenso oft werden bekannte kulturell geprägte Verhaltensweisen zu wenig ernst genommen in der Annahme, intelligente Menschen verstünden sich auch über Kulturgrenzen hinweg, und ebenso oft werden solche Verhaltensweisen im Sinne von Stereotypen (negativ wertende Vorstellungen) überbewertet (zum Beispiel «diese Leute sind sowieso nie pünktlich»). Mit Hilfe von Stereotypen ordnet man einzelne Personen ein, lediglich aufgrund der Klasse oder Kategorie, zu der diese Personen gehören. Stereotype haben eine lange Geschichte, und das macht es auch so schwer, sie zu überwinden. Nach ihnen sind alle Iren jähzornig und rothaarig, alle Japaner kleinwüchsig und verschlagen, alle Juden schlau und habgierig, alle Schwarzen abergläubisch und faul, alle Engländer nüchtern und traditionsbewusst, alle US-Amerikaner vordergründig und materialistisch, alle Italiener leidenschaftlich, musikalisch und unordentlich und alle Deutschen fleißig, gründlich und ehrlich.[33] Koreaner assoziieren Japan, historisch bedingt, noch heute mit Herrschaft, Krieg und Militarismus; wegen seiner Stärke und geografischen

Nähe achtet man Japan nicht als Freund oder Verbündeten, sondern aus einer gewissen kritischen Distanz heraus.[34] Der «typische» Schweizer ist beispielsweise relativ individualistisch, erachtet den Schutz des Eigentums als wichtig, ist es gewohnt, vom Staat eine Leistung einfordern zu können. Er lebt verhältnismäßig kleinräumig in stabilen, durchorganisierten Verhältnissen, die es ihm erlauben, relativ langfristig zu planen und Vereinbarungen genau einzuhalten.

Der «typische» Russe oder Ukrainer hingegen fühlt sich dem Staat gegenüber ziemlich machtlos und erwartet von diesem primär nur Schlechtes; wenn möglich versucht er, sich dem Zugriff der öffentlichen Hand zu entziehen. Daneben ist er es gewohnt, sich der Gesellschaft unterzuordnen, hat über den individuellen Eigentumsbegriff häufig weniger klare Vorstellungen und weiß, dass sich alles sehr schnell ändern kann, ohne dass er darauf viel Einfluss hat. Das hält ihn davon ab, langfristig zu planen und persönliche Verantwortung zu übernehmen. Solche Unterschiede gründen zwar in individuellen Erfahrungen, wurzeln aber meist in weit zurückreichenden historischen Traditionen.[35]

1.4.2 Einstellungen

Von den Vorstellungen werden die Einstellungen (wertende Stellungnahmen zu Personen, Gruppen, Sachverhalten, Objekten) unterschieden. Eine ablehnende oder feindselige Stellungnahme gegen eine Person, die zu einer bestimmten Gruppe gehört, nur weil sie zu dieser Gruppe gehört und weil deshalb von ihr vorausgesetzt wird, dass sie die anfechtbaren Eigenschaften hat, welche dieser Gruppe zugeschrieben werden, ist ein Vorurteil.[36] Zielgruppen von Vorurteilen können nicht nur Nationen oder Völker, sondern auch Teilgruppen, Subkulturen, Minderheiten in der eigenen Gesellschaft sein (zum Beispiel Hippies, Juden, Zigeuner, Homosexuelle, Obdachlose etc.). Sie werden im Laufe des Sozialisierungsprozesses übernommen, meist aus dem Elternhaus oder engen sozialen Bindungen; sie entstehen in den seltensten Fällen aus interkulturellen Begegnungen, sondern durch das Übernehmen bereits vorhandener Vorurteile.

Internationale und interkulturelle Images, Attitüden und Vorurteile werden oft durch eine kleine, nicht repräsentative Gruppe geprägt. Die interpersonale Attribution, also das Zuweisen (oder ggf. Unterstellen) gruppenspezifischer Eigenschaften auf ein Individuum, kann einerseits hilfreich sein (Kenntnis der Grundsätze, bei der ersten Kontaktaufnahme oder bei Unsicherheiten), doch birgt dies die Gefahr der Verallgemeinerung, da nicht oder zu wenig auf die Persönlichkeit des Gesprächspartners eingegangen wird.

1.4.3 Stereotypen

Stereotypen entstehen aus der Überverallgemeinerung tatsächlicher Merkmale (sowohl in positiver als auch negativer Hinsicht), sie ordnen diffuses Material, reduzieren Komplexität und bieten Identifikationsmöglichkeiten an, über die neue Realbezüge entstehen können.[37]

Stereotypen bestimmen stark das Image einer Gemeinschaft. Bestimmende Faktoren für das Image sind, neben historisch bedingter Sympathie oder Antipathie, unter anderem die Religion und das Einkommen, wobei Letzteres eng mit dem Bildungsstand und der Mediennutzung zusammenhängt; Materialismus wird in der Regel als fortschrittlich eingestuft. Offenkundig hat auch die politische Orientierung Einfluss auf Images und Stereotypen.

Man muss sich der Gefahr bewusst sein, dass jede Konstatierung von Differenz (und sei sie auch noch so positiv gemeint) Hierarchie, also Macht, Unterordnung, Ausgrenzung – wenn nicht gar Vernichtung – impliziert oder nach sich ziehen kann.[38]

1.4.4 Missverständnisse und ihr Abbau

Kontakte zwischen Industrie- und Entwicklungsländern gestalten sich oft schwierig, sowohl innerhalb der Entwicklungsländer, wenn der ausländische Besucher deren kulturelle Werte und Formen zu wenig anerkennen kann oder will, als auch in Industrieländern, wenn beispielsweise Studenten aus Drittweltländern, die dort meist der Oberschicht angehören und hohes Prestige genießen, abschätzig (teils gutmütig-herablassend, teils aber auch ablehnend und aggressiv) behandelt werden.

Zwischen Drittweltländern, Schwellenländern und auch Industrieländern spielen Ängste, Unsicherheiten und Missverständnisse eine große Rolle. Dies führen unter anderem die Beziehungen zwischen den Ländern im Mittleren Osten vor Augen: Indien findet sich in seiner Rolle als regionale Großmacht schlecht zurecht – eine teilweise rücksichtslose kulturelle und wirtschaftliche Dominanz geht einher mit politischer Schwerfälligkeit, die Ausdruck der eigenen Unsicherheit ist. Neben der Dominanz Indiens spielen auch historische und kulturelle Faktoren eine Rolle – sie verhinderten bisher, dass sich eine gewisse Symmetrie der Beziehungen entwickeln konnte. Bangladesh und Pakistan waren früher Teil Indiens gewesen und sind heute noch verbunden durch die Sprache und zahlreiche andere Kulturformen. Dasselbe gilt für Nepal und Sri Lanka: Nepal ist das einzige Hindu-Königreich der Welt, und dessen Eliten fühlen sich ethnisch mit Indien verwandt. Ähnlich steht es mit den Tamilen und Singhalesen – beide Gruppen sind aus Indien eingewandert und haben mit Hinduismus und Buddhismus Religionen mitgenommen, die in Indien verwurzelt sind. Bhutan war zwar kein Teil Indiens, es war aber lange ein Protektorat – ein Status, der noch heute nicht ganz abgelegt ist.

Indien könnte sein Nachbarschaftsverhältnis zweifellos klären, wenn sein Gewicht einherginge mit dem entsprechenden Selbstbewusstsein, was jedoch keineswegs der Fall ist: Das Land übt zwar eine starke kulturelle Dynamik aus, insbesondere in der Mischung von Jugend und alter Zivilisation, die sich besonders in den klassischen Formen von Musik und Tanz, namentlich in deren Vermittlung durch das Kino, äußert. Dieses transportiert Verhaltensformen und Werthaltungen, die zu neuen Identifikationsmustern führen, über die Grenzen.

Gleichzeitig (und meist unbewusst) werden sie aber auch als Gefährdung oder Verletzung traditioneller Muster empfunden. Auch historische Erfahrungen können die Empfindlichkeit Indiens erklären, zum Beispiel durch die Niederlagen in den fortwährenden kriegerischen Auseinandersetzungen mit Sri Lanka. Des Weiteren tragen insbesondere die radikalen Hindus das koloniale Trauma der Minderwertigkeit mit sich herum und richten es gegen das islamische Gespenst: Bangladesh ist für sie kein schwacher Nachbar, sondern einer, der bösartig seinen (muslimischen) Bevölkerungsüberschuss nach Indien exportiert, um die Hindus langfristig in eine Minderheit zu versetzen; und es ist eines der Nachbarländer, die sich Pakistan ausgesucht hat, um mit Sabotageakten und der Unterstützung von Rebellen den Riesen zu Fall zu bringen.[39]

In der Interaktionstheorie werden fünf Bedingungen zum Abbau von Vorurteilen genannt:[40]

- Beide Seiten sollten den gleichen Status haben.
- Negative Fremdbilder sollten widerlegt werden.
- Zusammenarbeit (etwa an einem gemeinsamen Projekt) und auch weitere intensive Kontakte; die Möglichkeit gegenseitigen Kennenlernens sollte möglichst groß sein.
- Ein gemeinsames Ziel oder übergeordnete gemeinsame Überzeugungen und Wertorientierungen, die wichtiger erscheinen als individuelle Ziele.
- Es sollte ein positives soziales Klima herrschen (eine erfreuliche, angenehme und befriedigende Begegnung).

Die Gefahr der Verstärkung von Vorurteilen besteht jedoch, wenn

- die Kontaktsituation durch Konkurrenz zwischen Gruppen bestimmt ist,
- der Kontakt unerwünscht und unerfreulich ist sowie spannungsgeladen und frustrierend verläuft,
- der Kontakt das Prestige und den Status einer beteiligten Seite mindert,
- die Beteiligten einander widersprechende moralische oder ethische Grundpositionen haben.

Bei gemeinsamen Zielen, beispielsweise der Zusammenarbeit von Spitzenwissenschaftlern in Forschungsprojekten oder auch Sportlern und Musikern, können verschiedene kulturelle Verhaltensmuster jedoch stark in den Hintergrund treten: Missverständnisse werden leichter weggesteckt, wenn eine gemeinsame, alle herausfordernde Aufgabe und ein klar formuliertes Ziel im Vordergrund stehen.

1.5 Interkulturelle Interaktion und Interkulturen

In der Kommunikation liegt der Schwerpunkt mehr bei der wechselseitigen Verständigung, während er bei der Interaktion beim Verhalten und Handeln liegt. Die Kommunikation kann als Teilbereich der Interaktion gesehen werden, ebenso können diese Teilbereiche getrennt untersucht werden. In der Praxis sind die Verknüpfungen jedoch so zahlreich, dass eine Unterscheidung schwierig und meist unterlassen wird.[41]

Interkulturelle Kommunikation resp. interkulturelle Interaktion ergibt sich, wenn die Begegnungspartner verschiedenen Kulturen angehören und sich die Partner der Tatsache bewusst sind, dass der jeweils andere «anders» ist, man sich also wechselseitig als «fremd» erlebt.

Als interkulturell werden alle Beziehungen verstanden, in denen die Beteiligten nicht ausschließlich auf ihre eigenen Codes, Konventionen, Einstellungen und Verhaltensformen zurückgreifen, sondern in denen andere Codes, Konventionen, Einstellungen und Alltagsverhaltensweisen erfahren werden. Dabei werden diese als fremd erlebt und/oder definiert. Interkulturell sind daher alle jene Beziehungen, in denen Eigenheit und Fremdheit, Identität und Andersartigkeit, Familiarität und Bedrohung, Normalität und Neues zentral das Verhalten, die Einstellung, die Gefühle und das Verstehen bestimmen. Interkulturell sind alle jene menschlichen Beziehungen, in denen die kulturelle Systemhaftigkeit durch die Überschreitung der Systemgrenzen erfahren wird.[42]

Kulturtransfer beinhaltet alle als dialektisch aufeinander bezogenen Vorgänge von Geben und Nehmen, von Aufnehmen und Abgeben, gleich ob in friedlicher oder aggressiver Manier; davon betroffen sind nicht nur Siedlungseinwanderer, Flüchtlinge und Arbeitsmigranten (Konzept der Einwanderungsgesellschaft), sondern auch nationale und regionale Minderheiten (Konzept von der multiethnischen Gesellschaft).

Beispiele starker kultureller Einflüsse sind die Amerikanisierung sowie die nicht nur europa-, sondern weltweit anzutreffenden Gartenstädte im Agglomerationsbereich der Metropolen, die seit dem frühen 20. Jahrhundert als Materialisierungen von gleichermaßen städtebaulichen, architektonischen und pädagogischen Vorstellungen zur Lösung der sozialen Frage zeugen.[43]

Eine besondere Form interkultureller Beziehungen stellen die Interkulturen dar (manchmal auch Dritte Kulturen genannt): die stärkere Betonung zwischenmenschlicher Faktoren im interkulturellen Kontakt im Vergleich zu den kulturspezifischen Faktoren. Menschen mit ähnlichen (beruflichen oder persönlichen) Interessen verstehen einander auch im interkulturellen Kontakt oft besser als Menschen mit sehr unterschiedlichen Interessen innerhalb desselben Landes oder desselben Kulturbereichs. So bilden sich interkulturelle Beziehungen mit sehr interessen- und/oder persönlichkeitsspezifischen Schwerpunkten. Wie in intrakulturellen Beziehungen (innerhalb der gleichen Kultur) sind gemeinsame Interessen oder Ziele oft geeignete «Aufhänger» für die Beziehungsaufnahme; die Schwierigkeit besteht hier, vor allem mittel- und längerfristig, dass die Gemeinsamkeiten in diesen Beziehungen limitiert und die kulturspezifischen Unterschiede latent vorhanden sind.

1.6 Internationale Kompetenzen

Internationale Geschäftsbeziehungen und die Möglichkeit, über elektronische Medien mit der ganzen Welt zu kommunizieren, steigern den Bedarf an internationalen Kompetenzen: Einkauf, Marketing und Vertrieb auf internationalen Märkten, Zusammenarbeit mit ausländischen Tochtergesellschaften, Verhandlungen mit ausländischen Geschäftspartnern, vor allem aber der Umgang mit ausländischen Gästen und Kunden sind typische internationale Tätigkeiten, die zum einen die direkte Kommunikation in einer fremden Sprache, zum anderen aber auch die Fähigkeit erfordern, fremde Kulturen zu verstehen und sich so auf sie einstellen zu können, dass geschäftlich erfolgreich ge- und verhandelt werden kann.

1.6.1 Interkulturelle und internationale Kommunikation

Während sich in der interkulturellen Kommunikation Menschen unterschiedlicher Kulturen begegnen, handelt es sich bei der internationalen Kommunikation um Beziehungen zwischen Menschen unterschiedlicher Nationalitäten. Manchmal decken sich Kultur und Nationalität, sehr oft jedoch gibt es mehrere verschiedenartige Kulturen in einem Land (zum Beispiel in der «indischen Nation», in Jugoslawien nach dem Zweiten Weltkrieg oder der alten österreichisch-ungarischen Monarchie), oder eine Kultur wurde durch (willkürliche) Grenzlegung in zwei oder mehrere Länder aufgeteilt (Kurden, Bengalen und viele afrikanische Stämme).

Für die interkulturelle Kommunikation werden häufig Begriffsbilder verwendet, die deutlich machen, dass es sich dabei nicht allein um nationale Unterschiedlichkeiten, sondern um prinzipiell unterschiedliche Wertesysteme zu drehen scheint. So hat sich der Begriff «westliche Kultur» weitgehend als Ausdruck «abendländischer Grundwerte» (in Westeuropa und Nordamerika) eingeprägt, obwohl er aufgrund der sehr verschiedenartigen kulturellen Ausdrucksformen in diesen Gebieten eher verwirrend ist. Die Gemeinsamkeiten müssen hier geschichtlich gesehen werden: Die «abendländischen Grundwerte» wurden geprägt durch das Erbe griechischen Denkens, römischen Rechts, germanischer Gesellschaftsvorstellungen und christlichen Glaubens und haben über die Renaissance und Reformation zur Aufklärung sowie zur modernen Wissenschaftlichkeit geführt.

Als besonders charakteristisch, vor allem im Vergleich mit Asien, dürfen folgende Eigenschaften gelten: Individualität, Diesseitigkeit, Rationalität, Gesetzesorientierung, Gesellschaftsvertragsgesinnung und Leistungsethik. Im Vergleich mit «östlichen Kulturen» (Bezeichnung für Gemeinsamkeiten asiatischer Kulturbereiche) sticht als wichtiger Unterschied vor allem der Individualismus hervor, der letztlich auf die Prämisse der Gotteskindschaft und der freien Gewissensentscheidung des Einzelnen zurückgeht und durch Renaissance, Humanismus und Aufklärung auch erkenntnistheoretisch herausgearbeitet und weiterhin verinnerlicht worden ist. In Asien steht demgegenüber zumeist nicht das Ich, sondern das Wir im Vordergrund. Dies nur ein Beispiel, denn Kulturunterschiede bestehen darin, erstens andere Fragen zu stellen, zweitens andere Antworten zu geben, und drittens Erkenntnisse anders zu übertragen und zu vermitteln.[44]

1.6.2 Voraussetzungen

Es ist unabdingbar, einerseits so viel wie möglich über andere Kulturen zu wissen und andererseits die eigene Sensitivität zu erhöhen (die Selbst- und Fremdwahrnehmung zu verfeinern), um diese Kulturen (und das eigene Verhalten sowie dessen mögliche Auswirkungen) auch verstehen zu können. Kulturelle Kurzsichtigkeit und Ethnozentrismus sind die Vorstufe zum kulturellen Imperialismus. Eigene Werte (politische, religiöse, wirtschaftliche, soziale etc.) dürfen anderen nicht aufgedrückt werden, sondern müssen im Konsens zusammengefunden werden, auch wenn man sich nicht vollständig verstehen kann, vor allem, wenn Faktoren wie Sprache, Geografie und Ideologie weit voneinander entfernt sind. Doch der Orientierungssinn kann verfeinert werden, um die Kommunikationskluft zu verkleinern.

Das Verhaltensspektrum der Menschen umfasst unzählige Dimensionen zwischen Rüpelhaftigkeit und Höflichkeit, Gewalt und Sanftmut, Demut und Selbstüberschätzung und vielem weiteren. Wir betrachten und beurteilen andere vom eigenen festen Standpunkt aus, den wir in diesem Spektrum einnehmen. Andere Ansichten und Einsichten können den eigenen gleichwertig oder sogar überlegen sein.

Über welche Fähigkeiten und Kenntnisse müssen Fachkräfte verfügen, um diesen mit der Internationalisierung des Wirtschaftens und der Globalisierung des Wettbewerbs um Arbeitsplätze und Betriebsstandorte verbundenen Herausforderungen entsprechen zu können? Dieser Frage ist das deutsche Bundesinstitut für Berufsbildung (BIBB) in Zusammenarbeit mit der Sozialforschungsstelle Dortmund erstmals in einer umfangreichen empirischen Untersuchung nachgegangen, in der unter anderem Fallstudien in 15 international tätigen Betrieben und 500 Interviews mit ausgewählten Fachkräften durchgeführt worden sind.[45] Die Untersuchung hat ergeben:

- Hohe fachliche Kompetenz ist im internationalen Kontext die entscheidende Grundlage und Basis der «internationalen Qualifikation».
- Fremdsprachenkompetenz ist die zweite, für internationales berufliches Handeln selbstverständliche Fähigkeit, wobei die Beherrschung der englischen Sprache oberste Priorität hat. In bestimmten Branchen und Regionen sind auch Kenntnisse in Französisch, Spanisch, Italienisch, Russisch, Arabisch erforderlich. Je nach beruflicher Funktion können minimale Fremdsprachenkenntnisse vor allem bei eher «technischen» Aufgaben ausreichen; hier lässt sich fehlende Sprachkompetenz durch Fachkompetenz und auch Persönlichkeitskomponenten ersetzen. Im Bereich von Führungskräften jedoch gehen die Anforderungen bis hin zu hoher fremdsprachlicher Verhandlungskompetenz.
- Interkulturelle Kompetenz ist die dritte entscheidende Dimension internationaler Qualifikationen. Sie umfasst eine Vielzahl unterschiedlicher Fähigkeiten und Kenntnisse, die im Kontakt mit ausländischen Kollegen, Kunden und Geschäftspartnern erworben werden können. Herausragend ist dabei die Fähigkeit, mit ausländischen Partnern, Kollegen oder Kunden auf einer gemeinsamen Ebene kommunizieren und kooperieren zu können. Dazu kommen Kenntnisse der Märkte anderer Länder, Kenntnisse über die Kultur und Mentalität ihrer Bewohner, eine generelle Offenheit gegenüber neuen Eindrücken und Einflüssen sowie die Fähigkeit, sich auf eine fremde Kultur einlassen und in ihr bestehen zu können.
- In internationalen Zusammenhängen tätige Fachkräfte müssen über ein hohes Maß an Offenheit und Toleranz verfügen und bereit sein, eigene Verhaltensmuster in Frage zu stellen. Sie müssen ihre Aufgaben in dem Bewusstsein wahrnehmen, Vertreter nicht allein des Betriebes, sondern der Wirtschaft ihres Landes insgesamt zu sein.

Fazit der Untersuchung ist, dass verstärktes interkulturelles Lernen in den allgemein bildenden Schulen sowie die Vermittlung interkultureller Basisqualifi-

Soziale Handlungskompetenz im interkulturellen Handlungsfeld

Kriterien	Fähigkeiten
Kontaktinitiative	• Aufgeschlossenheit für Kontaktaufnahme im Gastland • geringe soziale Ängstlichkeit gegenüber fremden Interaktionspartnern • Kenntnis kulturspezifischer Handlungsketten zum Aufbau interpersonaler Beziehungen • Aktives Verfügen über kulturadäquate Kontaktaufnahme fähigkeiten
Kommunikatons-flexibilität	• Kenntnis erprobter personen- und situationsbezogener Kommunikationsstile • Fähigkeit zum flexiblen Einsatz dieser eigenkulturellen Kommunikationsmuster • Fähigkeit und Bereitschaft zum Erwerb spezifischer Interaktionsmuster der Gastkultur
zielführendes Interaktions-handeln	• Aufgaben- und Zielorientierung • Kenntnis kulturspezifischer Interaktionsverläufe • Bewusstsein eigenkultureller Kompetenzen und deren Einsatzmöglichkeiten in der Gastkultur • Fähigkeit zur Selbstbehauptung und eigenständigem Entscheiden und Handeln unter fremdkulturellen Bedingungen
wertschätzendes Interaktions-handeln	• Berücksichtigung der Interessen fremdkultureller Interaktionspartner • kulturelles Einfühlungsvermögen und Toleranz
emotionale Stabilität	• angstfreier Bezug zu Interaktionen mit Gastlandbewohnern • Bewältigungsfertigkeiten von Kritik und Misserfolg • Fähigkeit, Mehrdeutigkeit, Unstrukturiertheit und Unbestimmtheit tolerieren zu können • Selbstsicherheit und -zufriedenheit

Quelle: Eder, G.: Zur kulturspezifischen Ausprägung von sozialer Handlungskompetenz und Interaktionsverhalten; D-Regensburg, 1989, S. 50

kationen in der Berufsausbildung die Voraussetzungen sind, um den von den Betrieben formulierten Forderungen nach verstärkter internationaler Qualifizierung der Fachkräfte zu entsprechen.

1.6.3 Stolpersteine im Multikulturalismus

Die Schwierigkeit im Multikulturalismus liegt darin, dass oft (unterbewusst) Werturteile gemacht werden, ein wertneutraler echter Multikulturalismus daher sehr selten vorliegt. Wenn Werturteile nicht berücksichtig werden, wird von kulturellem Pluralismus resp. kultureller Pluralität gesprochen.

In Konfliktsituationen müssen die Gründe analysiert werden können: moralische Differenzen oder andere Anschauungen in philosophischen, religiösen oder politischen Punkten. Grundüberzeugungen sollten nicht in Frage gestellt werden, da Veränderungen nur von innen kommen können. Im Unterschied dazu stehen Pseudo-Konflikte, die durch Irritationen oder Verwirrungen entstehen und wo nicht versucht wird, den Zusammenhang oder Hintergrund, den größeren Rahmen des kulturell bedingten Verhaltens zu sehen.

Stereotype sind wichtig als Orientierungshilfe und auch, um komplexe Zusammenhänge vereinfachen zu können. Hier ist die Fähigkeit wichtig, mit diesen Stereotypen richtig umzugehen, das heißt die wahrgenommenen positiven Werte zu maximieren und zu würdigen, und die negativ oder widersprüchlich erscheinenden zu minimieren resp. zu versuchen, darüber hinwegzusehen. Vorsicht ist insbesondere in Stresssituationen geboten, da wir hier zu übertriebenen Stereotypisierungen neigen und dazu, die eigenen kulturellen Merkmale zu verstärken: Unter Stress werden US-Amerikaner lauter reden, Südamerikaner gestikulieren, Japaner auf Distanz gehen, Deutsche auf ihr Recht pochen und Franzosen mit noch kühlerer Logik argumentieren. Ohne Stress sind US-Amerikaner freundlich und großzügig, Südamerikaner liebenswürdig, Japaner höflich, Deutsche entgegenkommend und Franzosen charmant.

Die bekanntesten Gegensätze interkultureller Implikationen sind:

- beabsichtigte (z. B. Angriffe, Firmenübernahmen) und unbeabsichtigte Konflikte;
- Kulturschock und kulturelle Anpassung: Meist erfolgt nach einer Euphorie der Kulturschock (mit Heimweh), dann die Anpassung, schließlich die Konsolidierung entweder auf tieferem Niveau als zuhause (wenn man sich fremd und unwillkommen fühlt), auf gleichem Niveau wie zuhause (hier

spricht man von bikultureller Angepasstheit) oder auf höherem Niveau («to become native», z. B. «italienischer als ein Italiener werden»);

- Ethnozentrismus (eigene Kultur wird als überlegen betrachtet) und Xenophilie (Fremdenliebe);
- Gruppen-Begegnungen: auto-(Selbstbild) und heterostereotyp (Fremdbild). Gruppenbegegnungen und -erlebnisse verlaufen meist anders (Entstehen von Gruppengefühlen) als Einzelbegegnungen und -erlebnisse.
- Sprache (Mehrsprachigkeit und ggf. sprachbezogen kulturelle Zugehörigkeit) und Humor (in verschiedenen Kulturen oft verschiedene Humor-Auffassungen!);
- interkulturelle Begegnungen in Tourismus, Schule, Entwicklungskooperationen, bei Ein- und Auswanderern, internationalen Verhandlungen und Geschäftsorganisationen.

1.7 Länderinformationen

Wie vorgängig erwähnt, sind Informationen über Länder, Kulturen, Sitten und Gebräuche die Basis für weiteres Lernen. Dazu geben einige interesante Bände Detailinformationen. 74 Länder und ihre Hintergründe werden im «Managerknigge 2000»[46] vorgestellt (zusammen mit unzähligen Verhaltenstipps in allen möglichen Situationen); Verhaltensratschläge für allgemeine Situationen gibt der «Knigge 2000».[47] Einen fokussierten Blick auf Kommunikation und Präsentation, ebenfalls multikulturell ausgerichtet und mit Länderstudien versehen, bietet «Speaking Globally.»[48]

Eine ausführliche Beschreibung interkultureller Chrakteristika, auf Länder bezogen und in Gruppen geordnet, findet sich in «Global business behaviour» (siehe Bibliographie); eine Übersicht über 51 Länder mit eher allgemeinen Praxistipps vermittelt «Clever reisen».[49]

Aus amerikanischer Sicht beschrieben werden die «do's and don'ts» in 60 Ländern in «Kiss, Bow, or Shake Hands»[50]; als Standardwerk jedoch gelten die zwei Bände «Doing Business Internationally[51], wo globale Trends analysiert, ihre Auswirkungen auf Geschäftsbeziehungen erörtert und der Einfluss kultureller Unterschiede aufgezeigt wird, die Kommunikationshemmnisse in Beispielen erarbeitet sowie die Fähigkeiten zur international effektiven Kommunikations-, Verhandlungs- und Geschäftstätigkeit erworben werden.

Ein weiteres Standardwerk ist das «Handbuch Internationale Kompetenz» von R. Lewis (siehe Bibliographie); hier werden, nach einer minuziösen Einführung, im dritten Teil unzählige Länder, nach Kontinenten geordnet, in ihrer kulturellen Vielfalt und ihren Eigenheiten beschrieben.

1.8 Wertverständnis und globales Konfliktpotenzial

1.8.1 Veränderungen

Auffassung und Interpretation von Werten sind nicht nur von Kultur zu Kultur unterschiedlich, sondern auch innerhalb der Kulturen einem ständigen Wandel unterzogen. Ein Beispiel hierfür ist das Rechtsempfinden, das die (zeitlich verzögerte) Anpassung der Gesetze und Verfassungen nach sich zieht.

Grundwerte und Bindungen, wie zum Beispiel die Familie, müssen jedoch im Wandel weiter bestehen. Solche frei gewählte Bindungen können nicht gegen die persönliche Freiheit ausgespielt werden. Ähnliches gilt hinsichtlich der Gesellschaft, die als Gefüge ein Ort der Freiheit und der Bindung, der Verantwortung und Solidarität ist. Denn ohne eine bestimmte Bindung, die durch das Gemeinwohl bestimmt wird, kann sich niemand in einer Gesellschaft verwirklichen.

Das Empfinden und Definieren von Werten sowie die Meinungsbildung allgemein wird beeinflusst von Organisationen, Gruppierungen und Unternehmungen. Normalerweise verändert sich das Wertverständnis langsam und über größere Zeiträume hinweg; es kann aber außerordentlich stark durch Ereignisse beeinflusst werden – dies wurde nach den verheerenden Terroranschlägen vom 11. September 2001 auf New York und Washington deutlich. Freiheit und Sicherheit sind Werte, die von fast allen Menschen angestrebt werden und insbesondere von den westlichen Zivilisationen (besonders ausgeprägt in den USA) als Grundwerte und Grundrechte empfunden werden. Meinungsfreiheit und uneingeschränkte Bewegungsfreiheit waren bis zu diesem Datum eine Selbstverständlichkeit, die selten hinterfragt wurde.

Seit dem Zusammenbruch des Sowjet-Imperiums 1989 waren nur noch wenige deutliche Feindbilder auszumachen. Konflikte und Gefahrenherde wurden zwar erkannt und, wie im zweiten Golfkrieg oder in Ex-Jugoslawien, bekämpft, doch wurden sie nicht als globale Bedrohung wahrgenommen, genauso wenig wie religiöser Extremismus (zum Beispiel in Afghanistan oder Ultraorthodoxe in Israel) und Unterdrückung von Volksgruppen, Kriege und Terrorakte (Naher Osten, Nordirland, ETA in Spanien).

Nach den Terror-Attacken vom 11. September und auch die dadurch ausgelösten Nachahmungstaten wird bereitwillig auf die Freiheit, wie man sie kannte, verzichtet: Kontrollen, Durchsuchungen, Datenschutz erscheinen in ganz anderem Licht. Sicherheit, insbesondere in (lebens-)bedrohlicher Situation, wird über Freiheit gestellt.

Im wirtschaftlichen Umfeld ist man sich zwar des Wechsels von Konjunktur und Rezession bewusst. Doch haben die in diesem Ausmaß bisher unvorstellbaren Terroranschläge starke negative Auswirkungen auch in diesem Bereich. Die Problematik von Wirtschaft und Macht, in Verbindung mit einer unvorhersehbaren Eigendynamik, trat am Beispiel der gescheiterten Schweizer Luftfahrtgesellschaft Swissair zutage.

Ein Umdenken, ein Wandel der Werte und Denkweise, ist somit in sehr vielen Bereichen im Gange: Ehemalige, vermeintlich sichere Werte verwässern oder lösen sich gar auf, eine Unsicherheit und Orientierungslosigkeit macht sich breit, ja das (mentale) Weltbild kann in Frage gestellt werden. Eine große Rolle spielen hier Symbole – vor allem wenn diese zerstört werden. Symbole werden aber auch als mentale und psychische Orientierungspunkte benötigt, und hier besteht oft die Gefahr des Schwarz-Weiß-Malens und damit der Beeinflussbarkeit. Mit definierten Gesichtern und Namen können Emotionen besser gesteuert werden: «Bush = gut», «bin Laden = böse». Differenzierung ist gerade in solchen Situationen besonders wichtig. Andererseits müssen sich gerade Meinungsbildende und Entscheidungsträger ihrer besonderen Verantwortung bewusst sein: Eine einwandfreie Kommunikation und der «Blick fürs Ganze» sind auf allen Stufen wichtig, an ihren (möglichen) Auswirkungen gemessen aber vor allem bei den Entscheidungsträgern.

Wertveränderungen, besonders die sehr kurzfristigen, können sowohl bei Menschen, die ihre Stellung in der Gemeinschaft und in ihre Selbstsicherheit noch nicht ausgebaut haben (Kinder, Jugendliche, sozial Benachteiligte), als auch bei Personen, die in grosser Abhängigkeit zu deren Werten stehen, grosse, teils irrationale Ängste und Traumata auslösen.

Chancen bestehen jedoch auch hier, wie in allen Veränderungsprozessen. Je umwälzender die Veränderungen, desto höher auch die Anforderungen an die eigene psychische Stabilität und die Fähigkeit, Visionen auf der Basis eines realistischen Optimismus zu entwickeln. Durch das Auftreten von erschreckenden, ja traumatischen Erlebnissen werden viele aus einer Eigenwelt herausgerissen, was aber auch (ggf. mit professioneller Hilfe) eine Auseinandersetzung mit den eigenen Fähigkeiten und Möglichkeiten bewirken kann und soll, wenn man merkt, dass man grundsätzlich gefordert ist. Solche Erlebnisse und die Auseinandersetzung mit ihnen sensibilisieren für politische, wirtschaftliche und soziale Zusammenhänge.

1.8.2 Religion, Staat und Terrorismus

Den Gefahren von (religiösem) Fanatismus und Extremismus kann nur begegnet werden, wenn erstens Religion und Staat klar getrennt werden. Den Bürgern muss, in einem Gesellschaft und Kultur angepassten Rahmen, Religions- und Meinungsfreiheit gewährleistet werden. Weiter ist es unumgänglich, dass Entwicklungshilfe nicht als Almosen, sondern als Investition im eigenen Interesse gesehen wird: Eine zumindest minimale wirtschaftliche Sicherheit und Ausbildung für alle Bevölkerungsschichten verhindert weitgehend die extreme Armut und Aussichtslosigkeit, die den Nährboden für Beeinflussung und Fanatismus darstellt.

«Uns ist alles erlaubt», erklärten die Agenten und Promotoren der kommunistischen Tscheka schon kurz nach der russischen Oktoberrevolution und machten mit ihrer Parole Ernst, wo immer sie die Feinde der Bewegung witterten. Ähnliche Gedanken der absoluten Selbstermächtigung dürften jene Täter hegen, die den beispiellosen Terroranschlag auf New York und Washington planten und durchführten. Die Katastrophe war an sich nicht unvorstellbar – strategisch-hypothetische Szenarien und schliesslich auch viele Science-Fiction- und Horror-Filme hatten sie in gewisser Weise vorweggenommen. Doch dass es, und in diesem Ausmass, wirklich Realität werden könnte, überstieg das Vorstellungsvermögen nicht nur der breiten Bevölkerung, sondern auch der Geheimdienste, der Militärs und der Politiker.

Wer bereit ist, solches zu vollbringen, hat die Grenzen von Scham und Ethos längst und rigoros überspielt. Das Wollen ist total geworden. Es zieht seine Energien aus einer fürchterlichen Überzeugung: dass es auf Menschenleben und Menschenleiden in keinem Maß mehr ankommt, wenn es gilt, sein Ziel zu erreichen: «Wenn die Opfer Feinde sind, haben sie den Tod verdient; wenn es keine Feinde trifft, bekommen sie die Ehre als Märtyrer» – mit diesen Worten rechtfertigen die Terroristen tausendfachen Tod sowie unermessliches Leid. Ihre Überzeugung und ihre Ziele rechtfertigen schlichtweg alles. Das Ziel heißt in diesem Fall nicht weniger als Tod und Vernichtung der Zivilisation und ihrer Symbole auf dem Boden des nordamerikanischen Kontinents – der Welt soll sicht- und fühlbar werden, wozu eine Idee imstande ist.

Mag diese Idee in der Wirkung den Nihilismus aufrühren und damit eine vermeintlich nihilistische Gesellschaft mit dem allzeit möglichen Untergang konfrontieren, so beansprucht sie für sich selbst freilich gerade dessen Gegenteil – nämlich eine Art von allerdings entsetzlicher Hypermoral. Es ist also ein radikal nach innen gewendetes Gewissen, welches zur Vollstreckung ruft – ein Gewissen, das weder zögern noch sich selber im mindesten hinterfragen darf. Ein Gewissen, das nur eine einzige Wahrheit duldet, unter deren Diktat es überhaupt zu existieren vermag. Rasch kann man daraus ersehen, wie ihm – ex negativo – der Grund erwächst: im Kampf gegen jene Werte, Vorstellungen und Absichten, die seit der Aufklärung das westliche Denken positiv prägen. Vernunft, Toleranz und Gespräch, Menschenwürde und wechselseitige Anerkennung bilden diesem Gewissen den bedrohlichsten Horror, von dem es sich mit Furor und List abstößt.[52]

Neue Aktualität erhielt durch diese Terroranschläge das Werk «Kampf der Kulturen» von Samuel Huntington (siehe Bibliographie). Während die weltweite Allianz gegen die Terror-Netzwerke betont, dass ausschließlich Terroristen jeglicher Herkunft und deren Helfer bekämpft werden, wird die These des Kulturkampfes interessanterweise vor allem von den meist religiösen Fanatikern aufgenommen mit der Absicht, weiter Angst und Unsicherheit zu säen und die Allianzpartner gegeneinander aufzubringen.

So schwierig diese oft unabhängig voneinander operierenden und teilweise auch verschiedene Ziele verfolgenden Netzwerke auch zu bekämpfen sind, führt wohl kein anderer Weg daran vorbei, die (nicht nur westlichen!) Werte von Freiheit, Vernunft und Toleranz zu verteidigen – jedoch hauptsächlich mit der Unterstützung und weitestmöglichen Gleichstellung der Entwicklungs- und Schwellenländer. Langfristig wird dies nur möglich sein, wenn weltweit eine Minimal-Toleranz (nicht Vermischung!) betreffend ethischer und religiöser Grundwerte akzeptiert und ratifiziert wird (auf der Basis der These des «Weltethos» von Hans Küng) und deren Einhaltung von einer supranationalen, legitimierten Kontrollinstanz (auf der Basis der Vision des ehemaligen US-Präsidenten George Bush sen. nach dem zweiten Golfkrieg) überprüft und durchgesetzt werden kann.

1.8.3 Fanatismus und Wahrheit

Im Zweiten Weltkrieg wurde den japanischen Kamikaze-Piloten große Ehre zugesichert: Der Pilot trat in dem Moment, da er sich gegenüber seinem Kollektiv als zur Tat Entschlossener erklärte, aus der Welt der gewöhnlichen Sterblichen heraus. Es herrschte ein vielfältiger, meist anonymer Druck, der dazu führte, dass vor allem sehr sensible Menschen sich zum extremen Akt der Selbstaufopferung motiviert sahen. Es wurde konsequent die Überzeugung genährt, dass selbst das schlichte Überleben eine Schande, ein Akt der Feigheit sei. – Der Kamikaze bewegte sich bis zu seinem letzten Einsatz in einem seltsamen Gemenge von Korpsgeist, von absoluter Selbstaufgabe für das Kollektiv und einem gleichzeitigen Hochgefühl des Auserwähltseins. Letzteres mündete in einen extremen Egoismus, in dem auch intensivste emotionale Bindungen beispielsweise an die Familie oder andere rationale Bedenken gegen den Sinn der Suizidaktion die dem Untergang Geweihten nicht mehr von ihrer Tat abzuhalten vermochten.

Dieses Gefühl des Auserwähltseins wird bei den meisten Selbstmordattentätern genährt und hochgehalten, resp. die Rekrutierenden vermitteln es ihnen bewusst aus meist politischen und/oder religiösen Gründen. In islamistischen Kreisen wird den Selbstmordattentätern nach ihrem Tod als Märtyrer ein Platz neben Allah und eine große Anzahl Jungfrauen «zugesichert», ebenso das ehrenhafte Gedenken auf Erden, und den Angehörigen werden oft Geldbeträge ausbezahlt. Die Ehre, als Märtyrer zu sterben, und undifferenzierte Feindbilder werden so auch schon Kindern in beängstigender Weise vermittelt.

Obwohl die soziokulturellen und zeitgeschichtlichen Rahmenbedingungen sehr verschieden sind, deutet die Tatsache, dass sich Menschen zu Kamikaze-Aktionen unter dem Staatsshintoismus ebenso wie in einem hinduistischen Umfeld oder von islamischen Fanatikern verführen lassen, auf Verhaltens- und Denkmuster hin, die letztlich keine Grenzen kennen. Der entscheidende Einfluss geht vom sozialen und politischen Umfeld aus, wobei traumatische Erfahrungen und ein tief verletztes Ehr- und Gerechtigkeitsgefühl besonders leicht auszubeuten sind. Da bei diesem extremen Akt die üblichen Hierarchien ausser Kraft gesetzt sind, mag es den Drahtziehern lange Zeit gelingen, die Verantwortlichkeiten zu verwischen, es sei denn, es lassen sich konkrete Indizien wie die Übergabe von Sprengstoff an den Kamikaze, dessen Training oder gar Bezahlung beibringen.[53]

So wie der Begriff der Wahrheit kulturell sehr verschieden geprägt ist, gibt es auch innerhalb einer Kultur Grenzen der Wahrheitsfindung. In der Rechtssprechung geht man deshalb gewöhnlich von einem spannungsgeladenen Abwägen von Zielen des Strafverfahrens aus: Neben der inhaltlichen Richtigkeit stehen die Herstellung des Rechtsfriedens und die willkürfreie Einhaltung formaler Garantien für die Prozessbeteiligten, die so genannte Justizförmigkeit des Verfahrens – Ziele, die generell und im Einzelfall sorgfältig auszutarieren sind. Das Ziel der Wahrheitsfindung tritt oft systematisch zurück im zunehmend relevanten Fall von Absprachen im Strafverfahren, beispielsweise bei Zusicherung von Strafmilderung oder gar Verfahrenseinstellung bei Leistung eines Teilgeständnisses oder Bezahlung einer bestimmten Geldsumme (wie zum Beispiel im Fall der Spendenaffäre des ehemaligen deutschen Bundeskanzlers Helmut Kohl). Prozessuale Wahrheit wird hier explizit zur Sache des Konsenses der Beteiligten – entscheidend ist ein Ergebnis, das aus der Sicht der Justiz die notwendige präventive Wirkung entfaltet und mit dem doch alle Beteiligten leben können, weil es sie weniger belastet als ein langes, öffentliches Verfahren. Politische oder wirtschaftliche Interessen haben hier selbstredend, in offener oder verdeckter Weise, Einfluss, was jedoch klar der Unabhängigkeit der Rechtsprechung widerspricht. Wie bei jeder «konstruierten Wahrheit» steht man somit vor dem Paradox, dass die Konstruktion ihre legitimierende Kraft verliert, wenn dieses Konstruktionselement in den Vordergrund tritt.

Auch wenn nach Jahren neue Erkenntnisse oder Beweise ans Licht treten, haben verfestigte Meinungen oft mehr Gewicht – weil sie von Interessen getragen werden – als Tatsachen. Der Strafprozess bildet letztlich unter zusätzlichen Bedingungen wie knapper Zeit und präventiver Wirkung den heutigen philosophischen Diskurs über «Wahrheit» in der westlichen Welt ab, über Spielarten «objektiver» und «konsensueller» Wahrheitstheorien, aber auch über grundsätzliche Unterschiede zwischen empirischer Wahrheit und normativer Richtigkeit, und bei Letzterer noch über mögliche Kriterien.[54]

1.8.4 Ethik und Nationalbewusstsein

Ebenso wie das Wertverständnis verändern sich, darauf basierend, die Antworten auf die klassischen Fragen der Ethik. Einen besonders starken Veränderungsschub verursachen die neuen Technologien (vor allem Gentechnologie und Medizin) und die mit ihnen verbundene Steigerung an Komplexität. Hier können Ethikkommissionen helfen, für Entscheidungsträger in Politik und

Wirtschaft, aber auch für die interessierte Bevölkerung, eine «Auslegeordnung» bereitzustellen und auf die Kernbereiche hinzuweisen.

Der moderne Nationalstaat des Westens war im Laufe seiner Entwicklung vom 16. bis zum 19. Jahrhundert bestrebt gewesen, vier Ziele zu erreichen: territoriale Vorherrschaft, administrative Kontrolle, Konsolidierung einer kollektiven kulturellen Identität sowie die Herstellung politischer Legitimation durch wachsende demokratische Beteiligung. Das staatszentrierte System des 19. und frühen 20. Jahrhunderts weicht in vielen Bereichen einer Entterritorialisierung von Politik, Herrschaft und Regierungsgewalt, denn der Nationalstaat ist einerseits zu klein, um mit den ökonomischen, ökologischen, immunologischen und informatorischen Problemen fertig zu werden, und andererseits zu gross, um die Bestrebungen von identitätsgeleiteten sozialen und regionalen Bewegungen im Zaum halten zu können.

Obwohl die Einheit von Wohnort, Verwaltetwerden, demokratischer Teilhabe und kultureller Mitgliedschaft das «idealtypische» Modell der Staatsangehörigkeit im modernen Nationalstaat weit über das Abendland ausmachte und sich weitgehend politisch und institutionell verankert hat (nationale Identität), leben wir inzwischen in einer Welt, in der die liberalen Demokratien sich mit dem Ende der einheitlichen Staatsangehörigkeit auseinander setzen müssen: die Vereinigten Staaten von Amerika als Vorbild der Europäischen Union in vielen Bereichen sind ein Beispiel dafür. Es wird vermehrt ein «Zerstreuungseffekt» spürbar, als dessen Folge die konstitutiven Dimensionen der Staatsangehörigkeit – kollektive Identität, politische Mitgliedschaft und das Recht auf Versorgungsansprüche und Sozialleistungen – auseinander gerissen werden. In vielen europäischen Staaten ist es nicht mehr vonnöten, die Nationalität eines Gemeinwesens zu besitzen, um an lokalen und regionalen Wahlen teilnehmen zu können, oder man kann Anspruch auf gesellschaftliche Rechte und Leistungen haben, ohne das Wahlrecht und ohne die Nationalität eines bestimmten Landes zu besitzen (wie viele europäische «Gastarbeiter»).

Multikulturelle Bewegungen, deren Einfluss sich in Europa, den USA, Kanada, Australien und Neuseeland stark bemerkbar macht, sind Ausdruck dieser Umwälzungen und gleichzeitig Akteure, was die Gestaltung ihrer Zukunft betrifft: Sie plädieren für die Pluralisierung kultureller Identitäten; sie fordern die Dezentralisierung der Verwaltung und die Schaffung multipler Hierarchien in Recht und Rechtsprechung; sie verlangen die Abtretung demokratischer Gewalt an einzelne Regionen oder Gruppen, und sie begrüssen die Lockerung des Bandes zwischen dauernder territorialer Ansässigkeit und staatsbürgerlicher Verantwortung.

Einerseits können die Vernetzung und das Internet bewirken, dass die weltweite Bewegung von Menschen und Waren, Nachrichten und Information rein konsumierende Individuen ohne Engagement hervorbringt, Industrien ohne Haftung, Nachrichten ohne öffentliches Gewissen und die Verbreitung von Information ohne ein Gefühl für Grenzen und Diskretion: Personen können zu E-Mail-Adressen im Raum schrumpfen, und ihr politisches und kulturelles Dasein wird im elektronischen Universum üppig wuchern, während ihre irdischen Bindungen kurzlebig, unstet und oberflächlich sind. Andererseits ermöglicht die Vernetzung auch Entwicklungen, die mit demokratischem, eigenständigem Bürgersinn besser vereinbar sind: ein weltweiter Diskurs über Menschenrechte, die Bildung von transnationalen Netzwerken der Solidarität, die die Trennlinien von Kulturen und Religionen übergreifen und sich mit Themen wie Umwelt, Erderwärmung, Aids und Rechten von Frauen und Kindern beschäftigen; der Aufstieg von Nichtregierungsorganisationen (NGOs), die Verbreitung einer globalen Jugendkultur – Indikatoren für neue Modalitäten politischen und moralischen Handelns in einer neuen Welt. Sie deuten darauf hin, dass demokratischer Bürgersinn auch über nationale Grenzen hinweg und in transnationalen Zusammenhängen ausgeübt werden kann.

Solange künftige Kollektivitäten sich neu begründen durch die demokratische Aneignung ihres kulturellen Erbes, an dem alle davon Betroffenen zu partizipieren vermögen, lassen sich neue territoriale und nationale Grenzen ziehen und neue Institutionen für Machtteilhabe, politische Vertretung und Regierungsgewalt vorstellen. Darin liegt die künftige Herausforderung: demokratische Gleichheit und kulturelle Mannigfaltigkeit zu synthetisieren.[55]

1.8.5 Vermittlung

Internationale Organisationen wie die Vereinten Nationen, die Weltbank und NGOs werden zunehmend Brückenfunktionen in einer sich dezentral organisierenden «global governance»-Architektur übernehmen. Komplexe Interaktionen über mehrere Ebenen (lokal, national, regional und global) sowie Sektoren (öffentlicher Sektor, Privatwirtschaft, Zivilgesellschaft) hinweg erfordern ein effektives themenfokussiertes Schnittstellenmanagement. Die Übernahme von Vermittlungsfunktionen zwischen Ebenen und Sektoren sowie die Bündelung von Ressourcen in konkreten Politikfeldern werden dabei die zentralen Aufgaben zukünftiger internationaler Organisationen sein.[56]

Die essenziellen Friedensprinzipien sind gemäß dem Theologen Hans Küng:

- statt blinder Racheaktionen: Schuldige für Verbrechen zur Rechenschaft ziehen und bestrafen;
- statt die Spirale der Gewalt hochzudrehen: die Dynamik des Konflikts bremsen;
- statt Parteilichkeit: ehrliche Maklerschaft;
- statt sich an Konflikte zu gewöhnen und angesichts der Leiden der Opfer innerlich abzustumpfen: sich für vertrauensbildende Aktionen engagieren;
- statt die Symptome von Konflikten zu bekämpfen: bei ihren sozialen und politischen Ursachen ansetzen;
- statt sich gegen jede Veränderung zu sträuben: auch bereit sein, um des Friedens willen Rechte abzugeben.

Weltweit wird man über die Wegmarke des Schreckens vom 11. September 2001 nur wieder hinauskommen, wenn internationale Kooperation stattfindet, und dies in allen bestehenden Netzwerken oder auch in neu zu schaffenden, und zwar eine betont multilaterale Kooperation ohne Führungsansprüche von irgendwelcher Seite, denn Hegemonieansprüche sind immer potenzielle Eskalationsherde und tragen zu Feindbildern bei. Dabei sollten auch die Gesprächs- und Annäherungsformen sorgfältig gewählt werden. Zu insbrünstig vorgetragene Bekenntnisse für oder wider was auch immer können Feindbilder verstärken, weil die Insbrunst schon an sich die Saite von «Gut» und «Böse» in einer Weise anklingen lässt, die zu verabsolutierten Kategorien führen kann und damit zu einer Art «Verwilderung» der Moral.[57]

Anmerkungen

1 Manager Seminare (Zeitschrift, Ausgabe 2/98, Heft 31)
2 Hofstede, G.: Lokales Denken, globales Handeln; 1991
3 Fatzer, G.: Organisationsentwicklung für die Zukunft; 1993; S. 325 ff.
4 Hofstede, G.: Culture's Consequences; 1980
5 Lewis, R.: Handbuch internationale Kompetenz; 2000
6 DeVos, G. A., Hippler, A. A.: Cultural psychology; 1998 ; S. 32 ff.
7 Inkeles, A., Levinson, D. J.: National character; 1996
8 Hsu, F. L. K.: Clan, caste and club; 1963.
9 Patai, R.: The arab mind; 1973
10 Hall, E. T.: The silent language; 1959; S. 105
11 Wersig, G.: Fokus Mensch; 1993; S. 87
12 Hall, E. T.: The hidden dimension; 1969; S. 75
13 Staewen, C.: Zusammenarbeit mit Afrikanern; 1991; S. 144
14 Kluckhohn, C., Kelly, W. H.: The concept of culture; S. 221 ff.
15 Condon, J., Fathi, Y.: An introduction to intercultural communication; 1975; S. 182
16 Class, E., Bischofberger, S.: Das Arbeitszeugnis und seine «Geheimcodes»; 1995
17 Bickley, V. D.: Language as the bridge; 1983; S. 108
18 Argyle, M.: Körpersprache und Kommunikation; 1996
19 Kluckhohn, F., Strodtbeck, F. L.: Variations in value orientations; 1961
20 Zimbardo, P. G., Gerrig, R. J.: Psychologie;1999; S. 303 ff. und 589 ff.
21 Beattie, J.: Other Cultures; 1964; S. 197
22 Birdwhistell, R. L.: Kinesics and context; 1970; S. 55
23 Schoettli, U.: Die Kunst des Nehmens; NZZ, 28.8.2000; S. 23
24 Wagner, S.: Kuss; NZZ, 26.5.2001; S. 113
25 Imhasly, B.: Eunuch als «Stadtväterin» von Gorakhpur; NZZ, 28.11.2000; S. 5
26 Glenn, E. S.: Man and mankind; 1981; S. 247
27 Rowland, D.: Japanese business etiquette; 1985
28 Seligman, S. D.: Chinese business etiquette; 1999
29 Cathcart, D.: Japanese social experience and concept of groups; 1999; S. 60
30 Glenn, E. S.: Meaning and behaviour; 1981; S. 294
31 Harss, C.: Unternehmensberatung Twist, München
32 Seifert, H.: Mediale «Ghettos» als Integrationshilfe; NZZ, 14.7.2000, S. 67
33 Porter, R. E., Samovar, L. A.: Communicating interculturally; 1999; S. 13 ff.
34 Szalay, L. B., Deese, J.: subjective meaning and culture; 1978
35 Fischer, P. A.: Fachkompetenz allein genügt nicht; NZZ, 21.3.2001; S. 79
36 Bergler, R., Six, B.: Stereotype und Vorurteile; S. 1374
37 Bausinger, H.: Name und stereotyp; 1988; S. 13

38 Schiffauer, W.: Die Angst vor der Differenz; 1996; S. 21

39 Imhasly, B.: Zwischen «Big Brother» und älterem Bruder; NZZ, 16.5.2001; S. 9

40 Luger, K.: Offene Grenzen in der Kommunikationswissenschaft; 1982; S. 55

41 Graumann, C. F.: Interaktion und Kommunikation; 1972; S. 1179

42 Bruck, P. A.: Interkulturelle Entwicklung und Konfliktlösung; 1982; S. 345

43 Ward, S. V.: The garden city; 1992

44 Weggel, O.: Die Asiaten; 1989; S. 24 und 187

45 Busse, G., Paul-Kohlhoff, A., Wordelmann, P.: Fremdsprachen und mehr; 1995

46 Commer, H., Thadden, J.: Managerknigge 2000; 1997

47 v. Au, F.: Knigge 2000; 1997

48 Urech, E.: Speaking Globally; 1997

49 Commer, H., Grünther, L.: Clever reisen – Tipps und Regeln für Manager; 1999

50 Morrison, T., Borden, G., Conaway, W.: Kiss, Bow, or Shake Hands; 1994

51 Brake, T., Walker, D.: Doing Business Internationally; 1995, 1997

52 Meyer, M.: Mörder mit gutem Gewissen; NZZ, 14.9.2001; S. 65

53 Schoettli, U.: «Auf dem heiligen Wind reiten». Hintergründe der Kamikaze-Mentalität; NZZ, 23.8.2001; S. 9

54 Seelmann, K.: Wahrheit und Strafverfahren. Wie viel Tatsache – wie viel Konstruktion? NZZ, 1.9.2001; S. 91

55 Benhabib, S.: Global.com oder Weltrepublik? Die Bürger- und Staatsangehörigkeitsrechte sind im Wandel begriffen. NZZ, 6.8.2001; S. 23

56 Witte, J.; Reinicke, W.; Benner, T.: Globale Akteure suchen nach einem gemeinsamen Tisch. Die Zukunft internationaler Organisationen im Zeitalter vernetzter Politik; NZZ, 14.7.2001; S. 79

57 Haller, G.: Kann «wild gewordene» Moral domestiziert werden? Staat, nation und Zivilgesellschaft: Europa und die USA im Umgang mit Feindbildern. «Der Bund», CH-Bern, 20.10.2001

Teil II

Was heißt «Interkulturelle Kompetenz»?

2.1 Eine erste Begriffsdefinition

Unter interkultureller Kompetenz verstehen wir im weitesten Sinne die Fähigkeit, mit anderen Menschen erfolgreich zu kommunizieren. Diese Fähigkeit kann schon in jungen Jahren vorhanden sein oder auch, bei entsprechender Disposition und entsprechendem Willen, entwickelt werden.

Jeder Mensch hat seine eigene Geschichte, sein eigenes Leben, und daher auch – in größerem oder kleinerem Maße – seine eigene «Kultur» resp. kulturelle Zugehörigkeit (das schließt die geografische, ethnische, moralische, ethische, religiöse, politische oder historische Zugehörigkeit mit ein). Im zwischenmenschlichen Umgang betrifft dies natürlich Menschen aus anderen Kulturkreisen, Kontinenten oder Ländern, aber ebenso aus anderen Unternehmen, dem anderen Geschlecht oder mit Minderheiten; sogar innerhalb der gleichen Familie können verschiedene kulturelle Werte gelten.

Interkulturelle Kompetenz im engeren Sinne ist also die Fähigkeit zum beidseitig zufrieden stellenden Umgang mit Menschen aus anderen Kulturen (im «landläufigen» Sinne anderer Länder oder Kontinente), im weiteren Sinne jedoch zum Umgang mit allen anderen Menschen.

Interkulturelle Kompetenz kann nur aufbauend auf die schon vorhandene Fähigkeit zu zwischenmenschlichen Beziehungen in Erscheinung treten. Somit muss eine grundsätzliche Diskussionsbereitschaft und -fähigkeit vorausgesetzt werden; weitere Faktoren wie Offenheit, Interesse für andere Menschen und Meinungen, mögliche Ziele (Ergebnisse) einer Beziehung usw. werden in den zu untersuchenden Beurteilungsmöglichkeiten besprochen.

2.2 Annäherungen

2.2.1 Beschreibung der Kultur

Kultur wird definiert als «Gesamtheit der geistigen und künstlerischen Äußerungen einer Gemeinschaft, eines Volkes», eine «gepflegte, kultivierte Lebensweise» oder auch «angebaute, junge Pflanzen resp. gezüchtete Mikroorganismen oder Gewebszellen»[1]. Gemeinsam in allen bekannten Definitionen von «Kultur» ist die während einer bestimmten Zeit geschaffene Gemeinsamkeit (mehrere Menschen leben in einer Kultur oder teilen zumindest einzelne Aspekte davon).

Eine gesamtheitliche Umschreibung der Kultur kann sich nicht nur an Weltreligionen oder Kulturkreisen orientieren, sondern muss alle ethnologisch-sozialen Bereiche mit einbeziehen[2]. Kultur ist somit ein komplexes Gebilde, das Wissen und dessen Anwendung, Glaubensvorstellungen, Kunst, Moral, Gesetze, Bräuche sowie alle Fähigkeiten und Eigenschaften, die sich Menschen als Mitglieder einer bestimmten Gesellschaft aneignen und wodurch sie sich von anderen Gruppierungen unterscheiden, einschließt.

Im Sinne der modernen Kulturanthropologie ist Kultur im Wesentlichen zu verstehen als ein System von Konzepten, Überzeugungen, Einstellungen, Wertorientierungen, die sowohl im Verhalten und Handeln der Menschen als auch in ihren geistigen und materiellen Produkten sichtbar werden – vereinfacht gesehen ist Kultur also die Art und Weise, wie die Menschen leben und was sie aus sich selbst und ihrer Welt machen.

Im Zusammenhang mit der interkulturellen Kompetenz kann Kultur auch definiert werden als «kollektive Bewusstseinsprogrammierung, die die Mitglieder einer Gruppe von denen einer anderen unterscheidet» (siehe «Lewis», Anmerkung 5, Teil I), sowie als «explizite und implizite Muster von und für Verhaltensweisen einer Gemeinschaft». Sie entsteht aus traditionellen Ideen, Werten, aus ethnischen, geografischen und politischen Gegebenheiten und aus oft unerklärlichen Zufällen. Sie ist, «was man wissen oder glauben muss, damit man so handeln kann, dass es für ihre Mitglieder akzeptabel ist»[3].

2.2.2 Wesensmerkmale der Kultur

Allerdings ist es schwierig, eine Kultur in ihren spezifischen Wesensmerkmalen genau abzugrenzen, da Einflüsse anderer Kulturbereiche omnipräsent sind.[4]

Kultur kann verstanden werden als:

- System von Werten, Symbolen, Ritualen, Bräuchen, Verfahrens-, Verhaltensweisen einer Gemeinschaft von Menschen sowie Lernprozesse;
- Äußerung: Verhalten (Begrüßung, Probleme lösen ...), Gefühle (Freude, Besorgnis ...), Gegenstände (Kleidung, Gebäude ...), Denken (Einstellungen, Meinungen ...);
- Einheit: Nation, Region, Geschlecht, Generation, Unternehmung, Beruf, Subkultur;
- Funktion: Orientierung, Verhaltenssteuerung, Sinn, Kommunikation, Zusammenleben, Identität, Abgrenzung.

So können auch Tätigkeiten und Gegenstände Kultur bedeuten resp. eine Ausdrucksmöglichkeit von Kultur sein: alle künstlerischen Tätigkeiten und Produkte wie Musik, Opern, Theater, Schauspiel, Poesie, aber auch Malerei, Bilder, Fotografie, Schnitzereien, Uhren, Kultgegenstände wie Masken, Totems, weiter Ausstellungen, Sammlungen usw. Der Besitz oder Gebrauch von kulturellen Objekten, ebenso wie der Besuch kultureller Veranstaltungen zeigt die Wertschätzung, Liebhaberei oder Identifikation mit dieser kulturellen Ausdrucksform, der Kultur dahinter und/oder der Arbeit, die zur Schaffung des Werkes aufgewendet wurde. Um die Vielzahl der Begriffe ein wenig einzuengen, soll Kultur als eine Wesensart in drei Ebenen dargestellt werden:

- *sichtbare Ebene:* Verhalten und kulturelle Erzeugnisse (Führungsstil, Lebensweise, Verhandlungstaktiken, Arbeitsplatzgestaltung usw.)
- *bewusste Ebene:* Werte und Normen (Individualismus, Gleichheit, Rolle der Frau usw.)
- *unbewusste Ebene:* unbewusste kulturelle Grundannahmen (Raum- und Zeitkonzept, Verhältnis von Mensch und Umwelt, Vorstellung über die Natur des Menschen usw.)

Beobachtbar wird Kultur in den Verhaltensweisen der Kulturangehörigen und in deren Erzeugnissen. Kultur äußert sich in Sitten und Gebräuchen, in Märchen und Sagen, in der Kunst und Architektur, in sozialen Institutionen, in Gesetzen und Wirtschaftsteilen. Doch die sichtbare Ebene der Kultur ist nicht unbedingt die bedeutendste[5]:

2.2.3 Kulturbereiche

In Unternehmen und Gemeinschaften können folgende Kulturbereiche vorhanden sein:

- internationale: Abhängigkeit von einem Land; kleine Anpassungen;
- multinationale: autonome Vertretungen in mehreren Ländern;
- globale: einheitliche Produkte und Strukturen gemäss Zentrale;
- transnationale: dezentrale dynamische Einheiten, Standardisierung, Vernetzung, Wissensaustausch.

2.3 Weitere Definitionen von interkultureller Kompetenz

Interkulturell bezieht sich auf Beziehungen zwischen zwei oder mehreren Kulturen in einem oder mehreren Aspekten. Kompetenz bedeutet hier und im weiteren Sinne Fähigkeit. Es gibt unter anderem die Fach-, Methoden-, Sozial- und interkulturelle Kompetenz.

Interkulturelle Kompetenz im engeren Sinne umfasst sozial-kommunikative[6] sowie psycho-soziale[7] Fähigkeiten, also ganz allgemein die Fähigkeiten, interkulturelle Aspekte einer Aufgabe zu erkennen, zu würdigen und angemessen zu bewältigen.

Es ist klar, dass Vorurteile und Voreingenommenheit weitgehend abgebaut sein müssen, um die notwendige Offenheit und das Verständnis für andere aufzubauen.

Nachfolgend zwei anerkannte Definitionen der interkulturellen Kompetenz:

- «Gemeinsamkeit der Kultur stiftet ein Bewusstsein von Zusammengehörigkeit und kann ein Gefühl von Geborgenheit und Sicherheit geben»[8]. Diese Definition ist mehr «intrinsisch» motiviert, als «bird-eye-view», eher wertend und auf sozialen Zusammenhalt ausgerichtet.
- «Interkulturell kompetent ist eine Person, die bei der Zusammenarbeit mit Menschen aus ihr fremden Kulturen deren spezifische Konzepte der Wahrnehmung, des Denkens, Fühlens und Handelns erfasst und begreift.»[9] Hier wird die interkulturelle Kompetenz weiter gefasst: Es geht um Erfassen, Begreifen und Wahrnehmen; sie ist mehr auf Zusammenarbeit ausgerichtet.

2.4 Anwendungsbereiche

2.4.1 Interkulturelles Management

Interkulturelles Management beschäftigt sich mit den kulturbedingten Unterschieden im Arbeitsverhalten von Menschen. Darunter wird die Unternehmensführung multinationaler Konzerne verstanden, die sich an den Erfordernissen einer möglichst reibungslosen Kommunikation zwischen Mitarbeitern, Kunden und Geschäftspartnern aus unterschiedlichen Kulturkreisen orientiert. Dem interkulturellen Management liegt die Überlegung zugrunde, dass eine erfolgreiche Unternehmenskultur auf internationaler Ebene nur dann entstehen kann, wenn das spezifische kulturelle Umfeld, die Geschichte und Traditionen der handelnden Personen produktiv in die Kommunikation der Firma einfließen können. Um beispielsweise Mitarbeiter motivieren zu können, muss das Management wissen, auf welchen Werten, Normen und Einstellungen deren Motivation beruht. Bei multinationalen Unternehmen gestaltet sich dies schwierig, weil Motivationsanreize, die in einem Land Erfolg versprechen, in einem anderen Land eventuell kontraproduktiv sein können.

Im geschäftlichen Umgang ist Kundenpartnerschaft eine Einstellung, der ein echter, offenkundiger Respekt für den Kunden zugrunde liegt. Menschen orientieren sich an dem, was nötig ist, weniger daran, was auch bezahlt wird;

die positive Erinnerung bleibt dank dem, was in eine Partnerschaft hineingegeben wurde, nicht wegen dem, das herausgenommen (resp. von dem profitiert) wurde. Eine erfolgreiche Kundenpartnerschaft setzt sich demzufolge aus folgenden Eigenschaften zusammen:[10]

- Großzügigkeit: Einstellung ohne Konkurrenzdenken;
- Vertrauen: fördert Verlässlichkeit, Sicherheit und Zuversicht;
- Träume: gemeinsame Visionen, Ziele, Missionen und Anliegen
- Ehrlichkeit: Aufrichtigkeit, Offenheit und gegenseitiges Feedback;
- Ausgewogenheit: Gerechtigkeit und Fairness;
- Wohlwollen: Seelenfrieden und ruhige Gelassenheit überstehen auch schwierige Situationen.

Emotionaler Wert

Im Geschäftsleben ist der emotionale Wert der wirtschaftliche Wert von Gefühlen, die möglicherweise darüber entscheiden, ob ein Kunde wiederkehrt. Wie Qualität[11] oder jeder andere für den Wert eines Unternehmens wichtige Faktor kann emotionaler Wert ausschlaggebend für den geschäftlichen Erfolg oder Misserfolg werden. Die Kunden emotionalen Wert erleben zu lassen, ist einer der wirksamsten Wettbewerbsvorteile; dazu bedarf es nicht nur der Förderung der emotionalen Kompetenz der Mitarbeitenden, sondern auch einer Verbesserung der Geschäftsabläufe in einer Weise, die positive Emotionen innerhalb der Organisation fördert.

Immaterielles ist in der Welt des Wettbewerbs viel wichtiger als Materielles, weil alles Materielle auch reproduzierbar ist – Unternehmenskultur, Motivation und Dienstleistungsbewusstsein lassen sich kaum imitieren. Empathie (Einfühlungsvermögen) und Respekt verbessern nicht nur die Kundenbeziehungen, sondern bewirken in problematischen Kundendienstbegegnungen auch ein höheres Selbstwertgefühl, eine optimistischere Stimmung und positivere Erfahrungen. Fehler können passieren – ehrlich gemeinte Entschuldigungen lösen positive Gefühle aus und bewirken im Allgemeinen Verständnis und Interesse für die Person, die sich gerade entschuldigt hat. Die Intimitätstheorie beinhaltet die «5 Cs», die alle gekonnte Fragestellungen und aktives Zuhören bedingen: Communication, Caring, Commitment, Comfort und Conflict Resolution.[12]

Personalisierung von Produkten und Dienstleistungen

Während Produkte und Dienstleistungen oft lokalen Gegebenheiten und Bedürfnissen angepasst werden müssen, sind Namen («brands») international, global bekannt und mit einem vom Unternehmen beabsichtigten und vom Kunden gewünschten, individuellen Lebensstil verbunden. Deshalb werden Produkte und Dienstleistungen immer mehr personalisiert, das heißt den Wünschen und Bedürfnissen des Kunden angepasst. Ausbildungsstandards, Marketing, Produktion und Dienstleistungen, Forschung und Entwicklung sind immer mehr global, nicht mehr lokal oder national.[13]

Aus- und Weiterbildung

In den letzten Jahrzehnten ist die Nachfrage nach Aus- und Weiterbildung in interkulturellem Management stark gestiegen und wird seit einigen Jahren an den Universitäten vor allem im Rahmen der Betriebswirtschaftslehre, in der Ethnologie und in interkulturellen Kommunikationsstudiengängen gelehrt. Problemfelder und Inhalte interkulturellen Managements sind unter anderem das theoretische wie praktische Training in interkulturellem Personalführungsverhalten: das Erlernen von interkultureller Kompetenz, die Untersuchung von Entscheidungsfindungsprozessen im Kulturvergleich.

Führung

Grundsätzliche Aspekte in der Menschenführung sind:[14]

- Kenntnis der Mitarbeitenden und sich selbst;
- Fairness, Respekt und Vertrauen;
- klare Kommunikation (der Schlüssel zum Vertrauen);
- Gelassenheit;
- Optimismus;
- der Intuition vertrauen;
- in schwierigen Situationen gegenseitigen Respekt aufbauen;

- Regeln der Beziehungen, Ziele und Strategien definieren;
- Verteidigung durch Loyalität und Respekt; Distanz; Dialog;
- Probleme und Rückschläge in kleine «Einheiten» unterteilen und daraus lernen;
- sich um Mitarbeitende, Ziele und Träume kümmern; Commitment und Engagement;
- eigene Bedürfnisse kennen, aber ggf. für das Team zurückstellen können.

Führungskräfte auf allen Ebenen dürfen nicht mehr allein im Shareholder-Prinzip verharren (hauptsächlich Gewinnmaximierung für die Eigentümer), sondern müssen alle Stakeholder (Interessenvertreter: Mitarbeitende, Kunden, Eigentümer und Management, ebenso Umwelt, Medien, Lieferanten, Konkurrenten etc.) berücksichtigen.[15] Eine Führung nach (ethischen) Werten durchläuft folgende Phasen:[16]

- *Vision und Werte klarstellen:* Schlüsselwerte definieren – Führung nach Werten ist eine langfristige Wachstumsstrategie.
- *Kommunizieren:* klare und verständliche, überzeugende Kommunikation.
- *Ausrichten:* Angleichen von Werten und Managementpraktiken gemäss Kundenzufriedenheitsanalysen, Management-Assessments und Mitarbeiter-Feedbacks.

In der Vergangenheit galt: Je mehr Informationen jemand kontrollierte, desto mehr Macht hatte er. In der Zukunft, insbesondere auf die erweiterten Kommunikationsmöglichkeiten bezogen, gilt: Je mehr Informationen und Macht man weitergibt, desto mehr (davon) hat man. In dieser Zukunft wird das Denken global und simultan, nicht mehr lokal und linear sein.[17]

Effektive Führung bedeutet Einfluss, Sensibilität, Klarheit – nicht Macht, und sie ist nur über echte Motivation möglich: Motivation, die nicht nur Interesse, sondern, wo immer möglich, Begeisterung bewirken kann. Nicht nur das angelernte Wissen und den trainierten Verstand gilt es zu fördern, sondern vor allem die Inspiration und die Intuition.[18]

Empowerment versetzt Menschen in die Lage, Talente, Kenntnisse, Erfahrungen und Motivationen der Mitmenschen zu nutzen. Voraussetzung für Empowerment ist die situative Führung: das Gebot, den Führungsstil dem aktuellen Kompetenz- und Engagementniveau des Mitarbeitenden anzupassen. Besonders in Führungssituationen ist dies unerlässlich. Abhängig vom Kulturkreis, das heißt mit der notwendigen Sensibilität für die Erfahrungen, Sitten und Bräuche der Umgebung, führen folgende drei Schlüsselfaktoren zum Empowerment:[19]

- Offenlegen der Informationen für alle,
- Autonomie schaffen durch Abgrenzung,
- weitgehendes Ersetzen der Hierarchie durch Teamarbeit.

Die heutige Führungspersönlichkeit umfasst klares Denken, geistige Beweglichkeit, Sicherheit, Initiative, Fantasie, Sinn für das Mögliche, Beherrschung der Aktionsvarianten, Kenntnis der eigenen und fremden Mittel, Fähigkeit, sich durchzusetzen, Verständnis und Verantwortungsbewusstsein. Im Unternehmen ist das Höchste davon die Verantwortung, nämlich die Pflicht, Beispiel zu geben, Sorge für die Mitarbeiter zu tragen und Fairness im Wettbewerb hochzuhalten.

Vom Manager zum Leader in einer Wertekultur

Der Manager analysiert, plant, kalkuliert, teilt Ressourcen zu und überwacht die Zielerreichung. Er führt Führungssysteme ein, organisiert Abläufe, koordiniert zwischen verschiedenen Verantwortungsbereichen und stellt Ordnung und Konstanz sicher. Er ist eher der optimierende Technokrat, der Reingeneer, der sein Tun nach Zahlen richtet und ganz im Sinn von Peter Drucker, «what gets measured gets managed», handelt. Im Unterschied dazu erkennt und schafft der Leader eine Marschrichtung, erzeugt großes Vertrauen und bewirkt eine Aufbruchstimmung, die zu Veränderungen führt, und zwar ohne dass der Vergangenheit nachgetrauert wird. Er lebt das vor, was er immer und immer wieder predigt, und er führt die Menschen direkt, dank seiner überzeugenden Persönlichkeit. Er führt viel weniger als der Manager mit Hilfe institutionalisierter Führungsprozesse. Er konzentriert sich stets nur auf das Essenzielle, vernachlässigt viele Details und kümmert sich wenig um die äußere Form. Er ist in sich selber so konsistent, dass man ihn auch ohne Kenntnis von Fachjargon sofort versteht.

Jeder Mensch ist etwas Einmaliges und Einzigartiges, etwas, das nicht nur ausführen, sondern mittragen will; Mitarbeitende wollen sich einbringen und ihre individuelle Persönlichkeit auch am Arbeitsplatz weiterentwickeln – sie wollen eine sinnvolle Arbeit verrichten und dabei auch lachen und Spaß haben können sowie mit Stolz von ihrem Wirken und ihrer Unternehmung berichten. Immer mehr erkennen motivierfähige Unternehmer die riesige und oft brachliegende Gestaltungskraft, welche in der Summe aller Individuen steckt.

Die Führungskraft wird erst dann zum Leader, wenn sie von den Mitarbeitenden anerkannt wird – es ist die von den Mitarbeitenden wahrgenommene Kompetenz, die dazu führt, dass diese zu Gefolgsleuten werden. Diese Kompetenz umfasst neben Fachwissen auch Integrität, Charakter, gelebte (und nicht gesprochene) Ethik, Kommunikation, Bescheidenheit, Ausgeglichenheit, Ausstrahlung, Anziehung und sicher auch Herzensbildung sowie eine positive Grundeinstellung.

Unternehmen müssen, Veränderungen und unbekannte Situationen vor Augen, mehr denn je in der Lage sein, auch bisher unbegangene Wege zu erkunden und allenfalls zu begehen. Sie müssen aus ihren gesicherten Wänden hinaus und mit ihrer Mitarbeitercrew ständig nach neuen Alternativen suchen. Mitarbeitende, die mit Veränderungen leben müssen, können ihren Halt, die notwendige Verankerung, verlieren. Führungskräfte sind daher mehr denn je gezwungen, eine Wertekultur aufzubauen, die den erforderlichen Halt wieder schafft: die Art und Weise, wie mit Kunden umgegangen wird, wie Mitarbeitende behandelt und die Einzelnen gefördert und respektiert werden, was zu Geborgenheit führt.

Der Leader hat eine Vision, er sieht den Weg, den er mit der Unternehmung gehen will. Er kommuniziert dies und macht diesen Weg zu seinem eigenen. Er verfolgt seine Zukunftsvorstellung und schafft es, diese mit seinen Mitarbeitenden zu verwirklichen. Er verfolgt seinen Weg beharrlich, registriert aber Veränderungen in der Umwelt, gewichtet diese und passt allenfalls den Weg an, wenn Grundlegendes vorliegt. Er ist nicht stur, aber vor allem nicht hin und her schwankend; er hat ein Gespür für das Wesentliche entwickelt.

Menschenführung in unterschiedlichen Kulturen ist aber nur *ein* Gegenstand des interkulturellen Managements; andere Themen sind die Entwicklung einer Lernkultur, das Verständnis von Arbeitsverhältnissen und Geschäftsbeziehungen, Verhandlungsstile, Konfliktmanagement, Kundenbeziehungen, Planung und Entscheidungsfindung, Risikobereitschaft und Regelungsbedarf im Arbeitsleben, Arbeitsanweisungen und Wissensvermittlung, Vertragsverständnis, Präsentation und viele andere.[20]

Eine ethische Grundhaltung in der Führung (Mitarbeiterführung, Gesprächsführung, politischer Führung etc.) ist die Basis gegenseitiger Anerkennung. Manipulative Strategien und Taktiken sind langfristig nicht erfolgreich. Langfristige Strategien bilden zweifellos ein erhebliches Gewinnpotenzial sowohl persönlich als auch unternehmerisch. Eine Strategie entwickelt sich in einem kontrollierten, bewussten Prozess formaler Planung, der aber durchaus Gefühle beinhalten darf, auf den Grundlagen von assoziativen Gedankenströmen, Eifer und Intuition.[21]

Es gibt drei Formen von Macht: Macht durch Zwang, Macht durch Nutzen und prinzipienorientierte Macht – Letztere entsteht, wenn die Werte von Geführten und Führenden sich decken. Die Kontrolle ist offensichtlich, kommt jedoch weniger von außen, sondern ist Selbstkontrolle. Sicherheit kommt hauptsächlich von innen und zeigt sich in Unternehmungsgeist, Einfallsreichtum, Kreativität, Willensstärke, Mut, Ausdauer und sinnvoller Anwendung der Intelligenz. Ein moralischer Kompass ist ein Führungs- und Befähigungsinstrument – diese Form der Führung entwickelt beidseitig physisches, mentales, soziales und spirituelles Potenzial.[22]

Kernkompetenzen

Aufgabenbereiche und Unternehmen lassen sich kaum noch in stabile, abgrenzbare und im Voraus definierbare Stellen und Anforderungen gliedern. Globalität, Komplexität und die Dynamik der Märkte erhöhen den Anpassungsdruck. Die Anpassungsfähigkeit an flexible Rollen und Muster wird auch in absehbarer Zukunft weiter gefordert werden. Die folgenden sieben Kernkompetenzen oder Schlüsselqualifikationen erleichtern den Weg, diese Fähigkeit resp. dieses Ziel zu erreichen:[23]

- Selbstmanagement
- Visionen – Zukunft gestalten
- Strategisches Management
- Motivation
- Kommunikation
- Coaching
- Teams entwickeln

Die Führungsrolle im asiatischen Raum

In einer von Hierarchie- und Harmoniedenken geprägten Gesellschaft, vor allem in Japan und in Korea, nimmt der Chef eine Art Vaterrolle ein. Es besteht die Wertvorstellung, dass eine Gesellschaft nur dann funktioniert, wenn sie die besten Führer hat und diese ihrer Gefolgschaft einzelne Rollen zuweisen. Nimmt jeder seine Rolle wahr, führt dies zu gemeinsamem Erfolg. Die Rolle innerhalb der Gesellschaft wird über Familienstand, Titel und Geschlecht definiert, es besteht nur eine sehr geringe Abgrenzung zwischen Geschäfts- und Privatleben. Der soziale Teil der geschäftlichen Kontakte zeigt sich in unzähligen Einladungen, Ausflügen und gemeinsamen Unternehmungen jeder Art. Der Pflege der persönlichen Kontakte und der Harmonie wird oft mehr Zeit gewidmet als der konkreten Auftragserledigung.

Ein Geschäftsführer hat in vielen asiatischen Kulturen fast uneingeschränkte Macht, gleichzeitig trägt er große Verantwortung: Er ist für das Wohl und den Erfolg seiner Mitarbeitenden besorgt wie ein Vater für seine Kinder. Der Führungsstil ist daher eher patriarchalisch, in Sitzungen spricht er während 95 Prozent der Zeit. Im Vergleich zu westlichen Modellen werden Diskussionen und Meinungsaustausch auf Führungsebene nur selten gepflegt, die Mitarbeitenden haben gar nicht das Bedürfnis, bei einem Beschluss einbezogen zu werden.

In Korea gibt es nie Kritik oder Widerspruch von Seiten der Mitarbeitenden, ebenso kritisiert ein Chef kaum, sondern lobt vor allem, denn Kritik wird nicht als konstruktiv empfunden, sondern bedeutet Gesichtsverlust. Oft folgen die Mitarbeitenden fast blind ihrem Chef, kommen am Morgen vor ihm und verlassen das Geschäft am Abend nach ihm; sie versuchen zu fühlen, was er von ihnen will und setzen es entsprechend ihrer Rollenverteilung um. Eigeninitiative und Eigenverantwortung sind nicht groß, dafür aber Lern- und Einsatzbereitschaft. Aufgrund dieser Gegebenheiten muss ein Vorgesetzter auch weit weniger Motivations- und Begeisterungsarbeit leisten.

Die Stimmung der Mitarbeitenden zu erfassen, ist vor allem für eine nichtasiatische Führungskraft schwierig, insbesondere da die Hierarchiestufen es einem Geschäftsführer nur erlauben, mit dem Kader zu sprechen. Veränderungen werden jedoch sehr schnell erfasst und umgesetzt.

Wegen seiner Wandlungsfähigkeit und seiner Geschwindigkeit hat Asien hohes wirtschaftliches Wachstumspotenzial. Seine Kultur, seine Moral- und Wertvorstellungen sowie seine Menschen werden die Welt entscheidend beeinflussen und prägen.[24]

2.4.2 Immaterielle Werte

Unternehmensbewertungen werden hauptsächlich nach materiellen Kriterien durchgeführt (Buchwert in Jahresberichten, «due diligence»-Beurteilungen etc.). In den letzten Jahren werden aber vermehrt größere Differenzen zwischen Buchwert und Übernahmegeboten resp. Börsenbewertung (Eigenkapital, das heißt monetäre Aktiven und Passiven sowie Sachwerte, im Vergleich zu Börsenkapitalisierung) festgestellt:[25] so genannter Goodwill, wenn der Gesamtwert einer Firma höher als deren Buchwert gesehen wird, resp. Badwill im umgekehrten Falle. Goodwill und Badwill (im Sinne von Erwartungen) betreffen natürlich nicht nur Beurteilungen gegenüber Unternehmen, sondern auch gegenüber Einzelpersonen, Gruppen, staatlichen Organisationen und Nationen.

Diese Differenzen zwischen realem und immateriellem Wert haben einerseits rein spekulativen Charakter, andererseits sind sie aber klar begründbar, nämlich in Kunden- und Lieferantenbeziehungen, Markennamen und vor allem Qualifikation (fachlich und persönlich) und Motivation der Mitarbeitenden. Die Fähigkeit der Mitarbeitenden, diese immateriellen Werte resp. «Wertetreiber» organisatorisch optimal aufeinander abzustimmen, insbesondere in den Bereichen der «New Economy» mit Blick auf die Globalisierung der (Finanz-)Märkte und die rasante Ausweitung des Produktangebotes, ist grundlegender Bestandteil der modernen Unternehmensbewertung.

Die Anforderungen für diese Fähigkeiten, insbesondere im Marketing und auf der Führungsebene, bedingen ausgewiesene Kompetenzen in internationaler und somit interkultureller Kommunikation.

Dies betrifft nicht nur Beziehungen zwischen Firmen oder ein Lieferanten-Kundenverhältnis, sondern auch Wirtschaftsprüfer und die politische und gesetzgeberische Ebene, die die grundlegenden Anforderungen für transparente und vergleichbare Bewertungen zum Marktwert erarbeiten müssen.

Um die häufig ineffiziente Trennung zwischen Kapitalgeber- und Managementfunktion zu überwinden, entschließt sich weltweit in etwa zehn Prozent der Firmenübernahmen das eigene Management durch ein Management-Buyout dazu, die Firma nicht mehr als Angestellte, sondern als unabhängige Unternehmer und Eigentümer zu führen. Bei Familienunternehmungen steht hier meist die Nachfolgeregelung im Vordergrund, bei börsenkotierten Firmen die Abwehr unerwünschter Übernahmen («unfriendly takeover») oder das «going private» (das schon beteiligte Management kauft die restlichen Aktien auf, um die mit einer Kotierung verbundenen Nachteile zu eliminieren). Auch hier ist die richtige und offene Kommunikation gegenüber allen Betroffenen und Interessenvertretern (Stakeholder) unerlässlich.[26]

Humankapital, das spezifische Wissen und Können, bilden die tragenden Säulen des wirtschaftlichen Erfolges entwickelter Länder. Doch der Wissensschatz, der in den Unternehmen ungenutzt schlummert, ist enorm. Ihn systematischer zu erkennen, dürfte zu den größten aktuellen strategischen Herausforderungen gehören; damit gerät im «klugen» Unternehmen der einzelne Mitarbeiter wieder stärker in den Mittelpunkt.

2.4.3 Fremderfahrung in der Philosophie

Die philosophische Theorie der Fremderfahrung bedarf der Herausforderung durch die Ethnologie als Wissenschaft vom Fremden – umgekehrt aber bedarf die Ethnologie einer Theorie der kulturellen Fremdheit, die sie bisher stets nur vorausgesetzt, nicht aber entwickelt hat:[27] Insbesondere seit den Erfahrungen aus der Kolonialzeit (Evolutionismus als Rechtfertigung des Kolonialismus) wird der Gegensatz «Fremdwelt – Heimwelt» auch in der Philosophie («Fremdheit als Kontrastphänomen») betrachtet.

«Fragten Diltheys Hermeneutik und die Einfühlungstheorie von Lipps danach, wie ich das Fremde erkennen könne, so fragte Husserl radikaler danach, was das Fremde als Fremdes, wie das andere sei. Indem Husserl aber zum Modell für Interkulturalität die Konzeption der intersubjektiven Erfahrung macht, vermag er sich von seinem Ausgangspunkt, dem ‹transzendentalen Ego›, nicht zu lösen; noch seine Theorie der Fremderfahrung bleibt ‹Egologie›. Es ist unmöglich, ‹das Fremde mit den Mitteln des eigenen auf(zu)bauen›, wie Husserl es will. Das Fremde bleibt bei ihm nur eine relative Bestimmung innerhalb eines allgemeinen Logos. Ähnlich wie Husserl argumentiert auch Dilthey: Man führt das Fremde auf das zurück, was einem vertraut ist. Wie ist aber ein Zugänglichmachen des Fremden zu denken, das das Unzugängliche wahrt? (Husserl nennt die Zugangsweise zum Fremden eine ‹bewährbare Zugänglichkeit des original Unzugänglichen›.) Bernhard Waldenfels hat, ausgehend von seiner Konzeption einer ‹responsiven Rationalität›, für einen ‹Sprach- und Blickwechsel› plädiert: ‹Solange wir fragen, was das Fremde ist oder bedeutet, das uns begegnet, oder wozu es da ist, ordnen wir es ein in ein Vorwissen oder ein Vorverständnis, ob wir es wollen oder nicht … Die Situation ändert sich, wenn wir darauf verzichten, geradewegs zu bestimmen, was das Fremde ist, und stattdessen das Fremde nehmen als das, worauf wir antworten und unausweichlich zu antworten haben, also als Aufforderung, Herausforderung, Anreiz, Anruf, Anspruch oder wie immer die Nuancen lauten mögen. Was Eigenes und Fremdes ist, bestimmt sich im Ereignis des Antwortens und nirgends sonst …›.» (Siehe vorangehende Anmerkung.)

Die Kulturphilosophie versucht herauszufinden, wie ein bestimmter sinnlicher Einzelinhalt zum Träger einer allgemein geistigen Bedeutung gemacht werden kann. Kultur ist dasjenige, ohne das es Bedeutung gar nicht gäbe: die absolute Metapher für den von den kulturellen Gegenständen ausgehenden Appell, sich «etwas dabei zu denken» und denken zu müssen. Die Leere der linearen Zeit, die Korrumpierbarkeit des Wissens und die Indifferenz der natürlichen Welt lassen gar keine andere Wahl, als in das Gegebene jene Sinnstrukturen einzutragen, die allenfalls das Leben bedeutsam werden und das Dasein sinnvoll erscheinen lassen.[28]

2.4.4 Kulturdifferenzen im Bankensektor

In einem Vergleich der Kulturunterschiede im Bankensektor[29] zeigte L. Schuster auf, dass die Sensitivität für länderspezifische, regionale und lokale Auffassungen, aber auch für unternehmensspezifische Kulturausprägungen, für einen beidseitig zufrieden stellenden Umgang unabdingbar ist: Kulturelle Differenzen sind die Hauptursache für rund 80 Prozent der fehlgeschlagenen Unternehmungen im Ausland. Nach Kontinenten gegliedert werden Darstellungen der Bankkulturen in 45 Ländern von 50 Autoren aufgeführt. Insbesondere interessant sind die Beispiele für oft als weniger relevant empfundene, aber in der Praxis an immer höherem Einfluss gewinnende Kulturen wie der japanischen und islamischen Kultur.

Schuster weist darauf hin, zum Beispiel dass die Regulierung des heimischen Bankwesens zu einer aggressiven Politik der amerikanischen Banken im Ausland führte, und dass die Unterschiede der Bankkultur zwischen Deutschland und den USA teilweise auf das anglo-amerikanische Trennbankprinzip, im Gegensatz zum deutschen Universalbankprinzip, zurückgehen. Die Schweizer Bankenkultur wird, wegen der gewichtigen Beziehungen zum Ausland, aber auch mit Hinweis auf multikulturelle Eigenschaften der Schweizer Politik und Gesellschaft sowie das Milizsystem (viele Kaderangestellte dienen auch als Offiziere in der Armee), als Schmelztiegel verschiedener Kulturen bezeichnet. Das Buch wird sowohl in der bankbetrieblichen Ausbildung als Standardlehrbuch für interkulturelles Bankmanagement wie von international tätigen Bankern als ein wichtiges, interessantes Nachschlagewerk verwendet. Es ist auch für alle am neuen Gebiet des internationalen Managements Interessierten ein empfehlenswertes Werk .[30]

2.4.5 Multikulturalität in der Armee

Im militärischen Bereich ist die Begegnung von unterschiedlichen Kulturen meist einfacher, da die verschiedenen Denkhaltungen und Ausprägungen mit Hilfe von Disziplin unterdrückt oder, im besseren Falle, kanalisiert werden können. In fast allen Armeen der Erde dienen jeweils nicht nur Angehörige einer einzelnen Kultur, mit Ausnahme der meist fundamentalistisch geprägten Rebellenarmeen (islamische und afrikanische Länder, Afghanistan, Tschetschenien, ETA in Spanien etc.).

Die Armee-Einheit mit der weltweit größten kulturellen Diversität resp. der am meisten ausgeprägten Vielfalt bezüglich der Herkunft derer Angehörigen ist die französische Fremdenlegion. Diese Vielfalt tritt dort allerdings gruppendynamisch nur sehr begrenzt zutage, da eine einheitliche Linie mit Hilfe härtester Disziplin erreicht wird, und andererseits, da das Niveau resp. die individuelle Hinterfragung der kulturellen Herkunft und deren Werte nicht oder nur marginal erfolgt. Dies wird hauptsächlich durch die Motivation der Fremdenlegionäre erreicht, in dieser gemeinsamen Einheit zu dienen, die in jeder Beziehung ihre neue «Heimat» geworden ist, da die meisten von ihnen keinerlei Beziehungen zu ihrer Vergangenheit mehr pflegen (können). Annahmekriterien sind neben extremer körperlicher und psychischer Belastbarkeit auch die Bereitschaft, alle Brücken hinter sich abzubrechen; den Männern – auch gescheiterten Existenzen – wird somit eine Möglichkeit zu einem Neuanfang geboten; allerdings nicht Schwerverbrechern: Die Herkunft und Vergangenheit wird bei allen Bewerbern genau abgeklärt, bevor sie mit einer neuen Identität ausgestattet und für fünf Jahre verpflichtet werden. Diesen Männern bietet sich also nach der Annahme gar keine andere Möglichkeit mehr, als den weiteren Anforderungen zu genügen. Andererseits kommt es auch oft vor, dass sie psychisch gebrochen werden; geistige sowie körperliche Behandlungen, die an Folter grenzen (und diese Grenze auch überschreiten), sind, insbesondere bei disziplinarischen Maßnahmen, keine Ausnahme. Oberste Priorität haben hier die Disziplin und der Gemeinschaftssinn, die auf Befehle und ein stark geprägtes Elitebewusstsein beruhen – Leitspruch: «honneur et fidélité».

Die Effizienz und Einsetzbarkeit einer solchen Einheit ist somit sehr groß, doch wird hier, noch mehr als in anderen Armeeeinheiten, die Individualität zugunsten der Gemeinschaft radikal zurückgedrängt und weitgehend verunmöglicht. Gerechtfertigt wird dies mit der Freiwilligkeit der Bewerbung (der Zwang beginnt erst nach der Annahme), aber auch mit der sehr vielfältigen, weltweiten Einsatzmöglichkeit dieser Spezialeinheit, die auch (bewusst) sehr selten in die Schlagzeilen gerät und damit ein wirkungsvolles Instrument in den Händen des französischen Staates resp. dessen Verteidigungsministers ist. Bei der Ausbildung und auch im Einsatz gelten keine moralischen oder ethischen Kriterien, sondern die Zielvorgabe.

Die Multikulturalität wird innerhalb der Fremdenlegion als Bereicherung gesehen, aber auch als Begründung für die harte Disziplin. Unter den Legionären selbst bestehen keine Rassendiskriminierungen; die Kommunikation ist militärisch einfach und klar. Es ist eine verschworene, von einfachen Wertestrukturen geprägte Gemeinschaft ohne nennenswertes Privatleben. Dies betrifft die Mannschaft und Unteroffiziere – anders sieht es im Offizierskorps aus, das meist aus der französischen Oberschicht stammt: Auch hier herrscht eine strenge Disziplin, die jedoch auf einem anderen Elitebewusstsein beruht: Hier spielt neben körperlicher und geistiger Belastbarkeit auch Herkunft, Ausbildung und moralische Einstellung eine große Rolle. Vieles, was sich zwischen Mannschaft und Unteroffizieren abspielt, dringt jedoch nicht zu den Offizieren vor – die Machtdistanz ist zwischen allen Graden ausgesprochen hoch. Eine Karriere vom einfachen Legionär zum Offizier ist sehr selten.

Mit zunehmender Einschränkung der Freiheit resp. mit zunehmender Disziplin sinken also die Anforderungen an die interkulturelle Kompetenz auch in ausgesprochen multikulturellem Umfeld, wobei allerdings keine kulturelle

Vielfalt beabsichtigt, unterstützt und erreicht wird, sondern ein einheitliches Ziel gemäss Vorgabe.

Die Begriffe «Ehre und Treue» spielen bei fast allen militärischen Einheiten weltweit eine große Rolle; man bedenke (und vergleiche) hier den Leitspruch der deutschen Waffen-SS im Zweiten Weltkrieg «Meine Ehre ist die Treue». Die Treue und das Ehrbewusstsein der Armeeangehörigen – de facto deren Verpflichtung zur Befehlsausführung – verlangt nach einem sehr hohen Verantwortungsbewusstsein und emotionaler Kompetenz der Vorgesetzten.

Aspekte harter, teilweise menschenunwürdiger Disziplin zeigen sich auch in Gefängnissen einzelner Länder und bei kriegerischen Auseinandersetzungen.

In anderen militärischen Einheiten ist diese Ausprägung natürlich weniger extrem; in den vergangenen Jahrzehnten wurde die Erfahrung gemacht, dass Führen durch Überzeugung und durch Vorbild auch im militärischen Umfeld effektiver ist, im Vergleich zur rein hierarchischen Befehlsausgabe. Tendenziell wird jedoch im Militär eine höhere Disziplin herrschen als in anderen Organisationen, teilweise auch wegen vermehrt (lebens-)bedrohlicher Situationen.

Bei der Lektüre der Autobiografien der US-Generäle Norman Schwarzkopf[31] und Wesley Clark[32] wird unter anderem deutlich – vor allem am Beispiel der politischen und militärischen Interventionen im zweiten Golfkrieg (Schwarzkopf) sowie im Jugoslawien-Konflikt (Clark) – wie vielschichtig die Entscheidungsfindung in der Kriegsführung und die Berücksichtigung aller damit relevanten Aspekte, einschließlich interkultureller Belange, ist. Besonders aufschlussreich sind die Probleme bei der Operationsführung unter dem vielfachen Druck divergierender nationaler Interessen mit der Folge ausgedehnter Besprechungen und Telefonate, die die Zeit für Planungs- und Denkarbeiten beeinträchtigten und dazu führen, dass eherne Prinzipien der Kriegsführung wie Einheitlichkeit des Kommandos oder Einfachheit der Aktion (Clark) verletzt wurden. Die Erkenntnis wird deutlich, dass künftig entschiedene Anstrengungen zur Eindämmung von Krisen bereits in einem frühen Stadium unternommen werden müssen, damit sowohl Risiken minimiert als auch Kosten gespart werden können.

Regeln für eine etwas straffere, aber dennoch auf ethischen Grundlagen ruhende Führung – nicht nur im militärischen Bereich – können sein:[33]

- starkes Vertrauensband zu Kollegen, Vorgesetzten und Untergebenen knüpfen;
- Leistungsstandards hoch ansetzen; keine Geduld denjenigen gegenüber, die sich ihnen nicht verschreiben;
- Erwartungshaltung, dass sich alle ständig verbessern, Wissen und Erfahrung erweitern; Ziele klar vorgeben, Erwartungen verständlich vermitteln;
- ermutigen, kreativ und innovativ zu sein, solange Handlungen die allgemeinen Ziele unterstützen;
- kein zielloses Vorgehen, ggf. anleiten und führen;
- Verantwortlichkeiten aller Funktionen (einschließlich der eigenen) kennen;
- überwachen und kontrollieren, ob die Leistung den Erwartungen entspricht;
- niemals Missbrauch von Autorität und Macht;
- Bereitschaft, für das Wohlergehen der Schutzbefohlenen auch persönliche Opfer zu bringen;
- wenn die Ressourcen knapp sind, eigene Bedürfnisse hinter Gesamtbedürfnisse stellen;
- Wettbewerbsgeist fördern, solange er nicht von der Erreichung der gemeinsamen Ziele ablenkt;
- die Seele des Gesetzes, der Vorgaben ist stärker als ihr Wortlaut;
- Ehre, Moral und Würde wie einen Mantel tragen, den man nie ablegt;
- niemals eigennützige Beziehungen mit Kollegen, Untergebenen oder Vorgesetzten eingehen;
- der Pflicht gegenüber dem persönlichen Wollen den Vorrang geben.

2.4.6 Multikulturalität in Schulen

Zur Ergänzung des Begriffs «Interkulturelle Kompetenz» sollen auch die Erfahrungen an Schulen eingebracht werden: Gerade im multikulturellen Umfeld (meist durch Migration bedingt) fordern Schulen die Erziehung und Bildung heraus. Ausgehend von der These, wirksame multikulturelle Erziehung müsse sich mit den Hintergründen von Fremdenfeindlichkeit (Xenophobie) und Migration befassen[34], werden die Chancen der Schule abgewogen, Xenophobie abzubauen oder zu verringern. Interkulturelles Lernen, definiert als politische Bildung, kann sich als «Eingriff in die Sozialisation des Lerners» in allen Unterrichtsfächern ereignen und an bestimmten Themen entzünden. In besonderer Weise treten interkulturell akzentuierte Lernprozesse im demokratischen Lernen in Projekten und projektorientiertem Unterricht auf. Dort wird die eigene Sozialisation bedacht und von neuem Wissen erschüttert, dort sind neue Werthaltungen und Handlungsperspektiven zu gewinnen.

Beispiele

Als Beispiele multikulturell arbeitender Schulen können zwei Beispiele aus Zürich gelten[35], deren Rahmenbedingungen infolge stadtpolitischer Entscheide eine multikulturelle Orientierung geradezu herausfordern. Zürich bietet auch deshalb ein gutes Beispiel, weil die Stadt einen Ausländeranteil von knapp 30 Prozent hat. Die Rahmenbedingungen gehen von der Ganztagesschule als Schulart aus, welche der sozialen Situation von Migrantenkindern am ehesten entspricht und für deren Lernerfolg eine hinreichende soziale Integration vorausgesetzt wird. Es wird auch die Frage erörtert, weshalb der Anteil fremdsprachiger Kinder in den unteren Volksschulniveaus überproportional hoch liege. Im Umgang der Schule mit der Zweisprachigkeit der ausländischen Kinder könnte der massgebliche Grund in der gegenseitigen Diskriminierung liegen.

Die «Inter-Community School Zurich» beschäftigt für rund 650 Schüler im Alter von 3 bis 18 Jahren 70 Lehrpersonen im Vollzeitamt. Kinder und Jugendliche aus über 50 Nationen sind eingeschrieben; sie können vom Kindergarten bis zum Abitur alle Klassen durchlaufen. Die meisten bleiben nicht länger als drei Jahre, da ihre Eltern vielfach für internationale Großfirmen arbeiten und beruflich auf grenzüberschreitende Mobilität angewiesen sind. Unterrichtssprache ist Englisch, als Sprache des Gastlandes wird Deutsch schon früh mit einbezogen, weitere Fremdsprachen werden, teilweise als Freifächer, angeboten; zusätzlich motiviert man die Eltern, zu Hause die Muttersprache und die Kultur des Herkunftslandes zu fördern. Die internationale und multikulturelle Mischung der Klassen wird keineswegs als Handicap angesehen, sondern als wertvolle Bereicherung; auf dem Campus sind weder Gewalt unter Schülern noch andere nennenswerte disziplinarische Probleme zu beobachten[36].

Es gibt viele positive Beispiele dieser Art, die meist als Privatschulen operieren: von nicht gewinnorientierten Stiftungen (wie das oben genannte Beispiel) bis zu teuren, exklusiven Kollegien, die vielfach auch als Internat arbeiten. Öffentliche Schulen sind aber genauso mit Multikulturalität konfrontiert, nahe liegend in Gegenden mit hohem Ausländeranteil. Eine entsprechende Ausbildung der Lehrkräfte und Schulleitung ist hier besonders wichtig, um mögliche Problembereiche, insbesondere Gewaltbereitschaft unter den Schülern, frühzeitig erkennen und ihnen so begegnen zu können, dass die spezielle Situation der Multikulturalität nicht als Problem, sondern als Chance sowohl für die Schüler als auch für die Lehrkräfte genutzt werden kann.

Eine andere Art von Multikulturalität basiert auf unterschiedlichen Einstellungen oder Subkulturen. Denkweisen und Ziele beispielsweise von Studierenden verschiedener Fachrichtungen können sich stark unterscheiden: während zukünftige Theologen sich häufig dadurch auszeichnen, dass sie später mit dem Erlernten die Welt verändern und anderen Menschen helfen möchten, ist für Studierende der Rechts- oder Betriebswissenschaften die spätere Karriere bei der Fächerwahl wichtig, in der Medizin zusätzlich das Motiv des Heilens und Helfens. Zukünftige Volkswirtschafter geben als wesentliche Studienmotivation die Möglichkeit an, den Eintritt ins Erwerbsleben noch etwas aufschieben zu können; Soziologie- und Philosophie-Studenten orientieren sich ebenfalls kaum an den Karriereaussichten, sondern nennen den freien studentischen Lebensstil als wichtiges Motiv für ihre Präsenz an der Universität. Weibliche Studierende nennen die Karriere seltener als Beweggrund für das Studium als ihre männlichen Kommilitonen; sie nennen den Aufschub des Berufslebens häufiger und sind auch am Aspekt des Heilens und Helfens stärker interessiert als die Männer. Je zentraler die berufliche Karriere bewertet wird, desto weniger glauben die Studierenden indes, ihre eigene Studienumwelt beeinflussen zu können, was sich negativ auf ihre Zufriedenheit an der Universität auswirkt. Interessant ist auch, dass das politische Interesse negativ mit der Orientierung an der beruflichen Karriere korreliert.[37] Regelmäßige Treffen und Diskussionen zwischen den Fakultäten können so interessante Erkenntnisse und den Austausch von Erfahrungen bewirken.

Gefahren interkultureller Inkompetenz

Ein tragisches Beispiel interkultureller Probleme (interkultureller Inkompetenz resp. Anpassungs- und Verständnisunfähigkeit) ereignete sich im Januar 1999 an einer Schule in St. Gallen (Ostschweiz), als der Vater eines jugoslawischen Mädchens den um Integration bemühten Lehrer erschoss. Die wirtschaftlich bedingte Migration geht meistens vom Mythos aus, dass Eltern nur für kurze Zeit in wirtschaftlich besser gestellte Länder möchten, einen Kulturschock und Orientierungsverlust erleben und, trotz oft jahrzehntelangem Aufenthalt diese Grundannahme aufrechterhalten in der Überlebensstrategie «Festhalten am Alten» und auch die Auseinandersetzung mit dem aktuellen Leben verweigern, da sonst ihr Mythos in Frage gestellt würde und sie somit in einer permanenten Lebenslüge leben.[38] Auf deren Kindern lastet somit ein enormer Druck, da sie sich einerseits zwischen den beiden Kulturen zurechtfinden müssen, von ihren Eltern wenig bis keine Unterstützung erhalten – bis irgendwann ein Rollentausch innerhalb der Familie entsteht – und da sie andererseits oft ihre beruflichen Wünsche wegen ungenügender schulischer Qualifikationen nicht verwirklichen können. So bröckelt der Familienmythos allmählich, und Wut, Verletzungen und Frustration der Eltern können sich auf Berater, Therapeuten oder Lehrkräfte entladen, die als offizielle Repräsentanten des Gastlandes für das feindliche Umfeld, für das Unglück verantwortlich gemacht werden. Mögliche Lösungsansätze sind die Migrationsgeschichte aufzuarbeiten, die Widerstände in die persönlich gelebte Geschichte einzubetten, die Eltern und ihre Pläne ernst zu nehmen und die verdrängte Trauer über den Verlust der Heimat aufzuarbeiten.

Ein weiteres Beispiel tragischer Intoleranz, das sich ebenfalls in der Schweiz ereignete, geschah im Mai desselben Jahres, als ein 26-jähriger Türke illegal einreiste, um seine seit mehreren Jahren in der Schweiz lebende 19-jährige Schwester zu besuchen, welche ihm spontan anbot, bei ihr zu wohnen. Am Abend seiner Ankunft, nach einem gemeinsamen Essen mit dem Freund der Schwester, verabschiedete sich der Freund von der Schwester mit einem Kuss auf ihren Mund. Dies veranlasste den Bruder beim anschließenden Heimweg zusammen mit seiner Schwester, diese – völlig überrascht und überrumpelt – von einer Brücke in einen Fluss zu stoßen. In der Gerichtsverhandlung gab er an, sie habe Schande über die Familie gebracht; der Auslöser der Geschehnisse sei Gott gewesen[39].

In streng islamischen Kulturen ist es heute noch Brauch, dass ein Mädchen oder eine Frau von Familienangehörigen (meistens dem Vater oder Bruder) gesteinigt oder enthauptet wird, wenn sie auch nur verdächtigt wird, sich mit einem Mann alleine aufgehalten zu haben. «Ehrenmord» heisst der euphemistische Begriff für die Beseitigung einer Frau, die des Ehebruchs verdächtigt wird oder als Opfer einer Vergewaltigung «Schande» über ihre Familie gebracht hat. Vielerorts gehen die Täter nach wie vor straffrei aus.

Im Jahr 2000 begründete im Libanon ein Vater den Mord an seiner Tochter mit den Worten: «Die Schande abzuwaschen, ist keine Schande.» Er hatte mitbekommen, wie seine Tochter der Mutter zuflüsterte, sie sei vergewaltigt worden. Daraufhin holte er sein Gewehr, drang ins Zimmer der Tochter ein und jagte ihr neun Kugeln in den Leib.

Wenn eine Frau in Saudi-Arabien eine Vergewaltigung anzeigen will, muss sie damit rechnen, wegen Unzucht verhaftet zu werden, wenn nicht die Männer ihrer Familie sie schon vorher umgebracht haben. In Pakistan werden jährlich über 1000 Frauen Opfer der «Familienehre», oftmals schon nur wegen Verdachts oder eines «unkeuschen» Blickes.

In Pakistan, Jordanien und der Türkei nehmen die «Ehrenmorde» seit einigen Jahren zu. In Jordanien befreit Artikel 340 des Strafgesetzbuches die Vollstrecker von «Ehrenmorden» ausdrücklich von jeder Strafe; obwohl sich sogar die Königsfamilie seit längerem für eine Streichung dieses Artikels einsetzt, wird dies erfolgreich von der islamistischen Opposition verhindert. Nach wie vor begegnet man Männern, die die Familienehre «reingewaschen» haben, mit Respekt und Anerkennung.[40]

Ein ganz anderes Bild der Frau hat sich in den letzten Jahrzehnten in Libyen entwickelt: Der Revolutionsführer Gaddhafi gilt als patriarchalischer Feminist, der die Eigenständigkeit und das selbstbewusste Auftreten der Frauen gezielt fördert. Seine Armee, Polizei und Leibwache besteht zu einem ansehnlichen Teil aus Frauen, und auch in der Gesetzgebung werden zum Beispiel geschiedenen Frauen Haus und Kinder zugesprochen. Die bewaffneten Frauen waren auch eine gewaltige Herausforderung und Provokation der heimischen Patriarchen: sich in der Öffentlichkeit von Frauen beschützen zu lassen, von Wesen, die traditionell für unfähig gehalten wurden, sich selbst zu beschützen, ja überhaupt das Haus ohne männlichen Schutz zu verlassen, gehörte auch ins Konzept von Gaddhafis Revolution.[41]

Solchen Problemen und Ungerechtigkeiten – und damit auch der Entwurzelung von Angehörigen dieser Kulturen, wenn sie sich in anderen Ländern aufhalten und der daraus resultierenden Unfähigkeit des Tolerierens oder selbst Respektierens oder Verstehens anderer Sitten – kann langfristig nur durch Aufklärung in den betroffenen Gebieten vorgebeugt werden. Nicht Missionierung im Sinne des Aufpfropfens ihnen fremder Sitten, sondern durch wertfreies Aufzeigen der vielfältigen Möglichkeiten des Denkens, Empfindens und Ausdrückens.

Bei einem Projekt mit 21 drogenabhängigen Jugendlichen aus einer anderen Kultur konnte das Aufrollen der Migrationsgeschichte der Eltern bei 20 von ihnen den Ausstieg aus der Drogenabhängigkeit bewirken. Zentrales Anliegen ist, der ganzen Familiengemeinschaft beizustehen und zu helfen – wenn sie bereit ist, Schritt für Schritt ihre eigene Identität zu suchen.

In einem zweisemestrigen Projekt[42] (Primarlehrerseminar des Kantons Zürich, Stadtzürcher Kreisschulpflege Waidberg und schulpsychologischer Dienst), haben 21 angehende Lehrkräfte eine Patenschaft für ein fremdsprachiges Schulkind übernommen, dieses in dieser Zeit persönlich, auch in einem großen Teil der Freizeit, begleitet und so die auftretenden Problemsituationen kennen und teilweise auch antizipieren (vorausahnen resp. voraussehen) gelernt. Die Erfahrungen sind sehr positiv: Bei den fremdsprachigen Patenkindern wurden schulische und persönliche Fortschritte festgestellt; vor allem das Selbstvertrauen habe zugenommen. Der persönliche Kontakt zu den Eltern hat zudem deren Beziehung zur Schule, zu den Behörden und den hiesigen Werten und Traditionen stark verbessert. Die 21 am Projekt teilnehmenden Studierenden schließlich haben dank der Patenschaften wertvolle, praxisnahe Erfahrungen im Umgang mit fremdsprachigen Schulkindern gemacht; die allgemein mit Skepsis behaftete Einstellung bei den künftigen Primarlehrerinnen und Primarlehrern gegenüber multikulturellen Klassen hat sich gewandelt.

Annäherung

Im Schulalltag von großer Bedeutung ist der Kontakt zwischen Eltern und Lehrerschaft. Hier geht es darum, die Kulturunterschiede kennen zu lernen, zu verstehen und das Verständnis füreinander zu fördern, und zwar nicht nur bezüglich verschiedener Nationalitäten oder Religionen, sondern auch gegenüber der ggf. weniger bekannten Berufsgruppe der Lehrer und ihrer allfälligen Schwierigkeiten mit der Klasse oder dem Schüler; die eigenen Bedürfnisse und Werte stehen denen der Lehrperson, denen der Schulbehörde und ihres Auftrages, aber auch denen des Schülers resp. der Schülerin gegenüber. Eltern und Lehrkräfte können hier einen großen Beitrag zum gegenseitigen Verständnis liefern.

In der Vorbereitung eines solchen Gespräches sind Informationen hilfreich – allenfalls auch aus zweiter Hand: Was sind die Vorlieben und Präferenzen des Lehrers? Diese müssen – da jedes Gespräch auch auf emotionaler Ebene abläuft – mit den eigenen Bedürfnissen verglichen werden können. Einige Lehrer (oder auch Elternteile, Schüler oder jede beliebige Person) schätzen öftere Kontakte, andere seltenere. Ein Lehrer mag besondere Schülergruppen bevorzugen, politische Ansichten stark gewichten, eine starke oder schwache «soziale Ader» haben etc. Ziel der Elterngespräche ist die ganzheitliche Beurteilung und Förderung des Kindes. Statt sich mit dem dürren Notenbild zu begnügen, sollen die verschiedenen Facetten der Persönlichkeit erfasst werden; wichtige Voraussetzung sind jedoch Motivation und Lernwille auf allen Seiten.

Es gilt herauszufinden, warum sich ein Schüler langweilt, unkonzentriert oder hyperaktiv verhält. Um die jeweiligen Ursachen zu identifizieren, braucht es neben einer gut entwickelten Beobachtungsgabe ein feines Sensorium für tiefere innerpsychische und gruppenspezifische Zusammenhänge.

Was in einem Kind (auch einem Erwachsenen) vorgeht, erschließt sich uns nur, wenn wir familiäre, kulturelle, charakterliche, biografische und genetische Faktoren in einen Zusammenhang setzen und psychologisch interpretieren. Ein Attribut wie zum Beispiel Faulheit kann auch die Folge einer ungünstigen Klassendynamik, einer schlechten Beziehung zur Lehrperson oder einer momentanen Persönlichkeitskrise sein. Natürlich ist nicht immer eine ganzheitliche, vollumfängliche, spontane und harmonische Zusammenarbeit möglich; es können auch nüchtern, freundlich und korrekt die Beurteilungsraster, individuellen Ziele und Möglichkeiten der Zusammenarbeit erörtert werden – es geht darum, dass Schule und Elternhaus am gleichen Strick ziehen. Ab der Mittelstufe wollen Kinder den Eltern nicht alles verraten, was sie in der Schule erleben und fühlen: Um eine eigene Identität aufzubauen, brauchen sie eine Subkultur, die sich von der Erwachsenenwelt abhebt. Psychologisch ist es wichtig, dass die Schüler und Schülerinnen ihre Autonomie im Rahmen offizieller Sozialisationsinstanzen entwickeln können.[43]

2.4.7 Interkulturelle Pädagogik, Fremdenfeindlichkeit

Interkulturelles Lernen und Vermitteln

Interkulturelles Lernen heißt, Unvertrautem mit Neugierde zu begegnen, das Fremde als Bereicherung der eigenen Kultur und als selbstverständlichen Teil des Alltags wahrzunehmen und zu erfahren.[44] Somit ist interkulturelles Lernen eine Pädagogik für alle, für die Mehrheit wie für die Minderheiten.

Die gesellschaftlichen Bedingungen haben sich durch Migrationen verändert. Im komplexen Umfeld von Familie, Schule und Gesellschaft müssen Kinder und Jugendliche hohen Ansprüchen genügen: Sie leben einerseits in einer vielfach «geschlossenen» Kultur in der Familie, andererseits im multikulturellen Bereich von Schule und Gesellschaft, dessen kulturelle Prägung oft sehr unterschiedlich zum familiären Bereich ist. Das Denken und die Wertvorstellungen werden in früher Kindheit kulturell konditioniert.

Kinder und Jugendliche übernehmen somit, teilweise unbewusst oder ungewollt, die Rolle von Mediatoren resp. Vermittlern zwischen den Kulturen. Um nicht «zwischen» diese Kulturen zu fallen, das heißt einen Identitätsverlust resp. eine doppelte Identität und damit eine Orientierungslosigkeit zu erleiden, müssen sie die unterschiedlichen Werte erfassen und individuell bewerten können. Eine wichtige Rolle in dieser Unterstützung fällt hier den Lehrkräften der Schulen zu, ebenso müssen auf politischer (kommunaler) Ebene die Eltern und Familien in dieser Thematik und ihren Problempunkten sensibilisiert werden.

Eine anspruchsvolle Aufgabe ist auch die Betreuung minderjähriger unbegleiteter Asylsuchender. Sie sind oft verfolgt, ihrer Beziehungen zu Familie und Heimatland beraubt, manchmal auch ohne Papiere und/oder mit kriminellen Hintergedanken. Wichtig ist es hier, mit ihnen in ihrer Landessprache sprechen zu können und sie optimal zu betreuen, das heißt erstens ihre Biografie und Beweggründe zu erfahren, und ihnen dann im Rahmen der Möglichkeiten eine gute Behandlung und möglichst auch eine Zukunftsperspektive zu geben.

Geschlechtsbezogene Verhaltensweisen

Männliche Jugendliche neigen eher zur Überspielung von Problemen oder deren Abbau in Gewalt (meist gegen andere Jugendliche, in «Gangs» oder Aggressionen gegen Vorgesetzte oder die Gesellschaft), während sich Mädchen in einer solchen Situation eher abkapseln und Probleme allenfalls im engen Freundeskreis besprechen. Allerdings gibt es auch innerhalb von Mädchengruppen Gewaltpotenzial, sowohl emotional als auch physisch. Mädchen sind, neben einer möglichen strukturellen Diskriminierung als Migrantinnen oder Ausländerinnen, auch einer geschlechtsspezifischen Diskriminierung ausgesetzt, die sich ihrerseits in den verschiedenen Kulturen sehr differenziert äussern kann.[45]

Das Geschlecht wird, neben den biologischen Unterschieden, wesentlich durch ein kulturell geteiltes Symbolsystem von Zuschreibungen, Attribuierungen und Bewertungen von beiden Geschlechtern sozial hergestellt.[46] Das System der Zweigeschlechtlichkeit wird je nach Familie, Schicht, Religion und kultureller Zugehörigkeit anders gelebt und tradiert. Frauen und Männer werden als ungleich, gar als unterschiedlich wertig, gesehen.[47]

Männer sorgen sich allgemein weniger um ihre Gesundheit, gehen mehr Risiken ein und nehmen körperliche Symptome oft erst in einem fortgeschrittenen Stadium wahr; desgleichen werden psychische Symptome oft nicht wirklich ernst genommen. Zusammen mit höherer Risikobereitschaft und höherem Genussmittelkonsum (Alkohol, Tabak) führt dies aufgrund höherer Krankheits- und Unfallrate zu einer tieferen Lebenserwartung. Um dem entgegenzuwirken und zu einem bewussteren Umgang mit dem Körper zu finden, müssten viele Männer ihre traditionelle männliche Geschlechterrolle und die damit verbundenen Verhaltensweisen – Rationalisierung, Leistungs- und Erfolgsstreben, soziale Dominanz, Aggressivität und Gewalt – reflektieren und hinterfragen.[48]

Zwischen männlichem und weiblichem Verhalten bestehen oft eigentliche Kulturunterschiede, welche die Effizienz und die Produktivität behindern. Es sind dies meist nicht «typisch geschlechtsspezifische Merkmale», sondern charakteristische Unterschiede von männlicher und weiblicher Kultur im Sinn von idealtypischen Verhaltensmustern, die weder richtig noch falsch sind – man muss sich dessen nur bewusst sein – und die sich in vielen Fällen sehr gut, wenn nicht ideal, ergänzen. Männer sind in der Öffentlichkeit nur selten bereit, sich beeinflussen zu lassen, was dazu führt, dass die effektvollste Beeinflussung wichtiger Gesprächsteilnehmer außerhalb des offiziellen resp. öffentlichen Bereichs erfolgt. Männer neigen zuweilen zu Dominanz und zielgerichtetem «Tunnelblick», Frauen zu strategischer Einbeziehung und breiter gefächertem «Panoramablick». Fallbezogen können unter anderem folgende Verhaltensweisen empfohlen werden:[49]

- Die Situation kann bei Problemen durch die Hinterfragung der sichtbaren Darstellung und eine Suche nach Gründen neu interpretiert werden. (So werden Frauen beim Thema Führungsqualitäten häufig nur deshalb schlechter beurteilt, weil sie statt der «Ich»- die «Wir»-Form benutzen.

- Es kann sinnvoll sein, die eigene Verhaltensweise zeitweilig an die andere Kultur anzupassen, etwa um in eine Männer- oder Frauendomäne hineinzukommen.
- Missverständnisse und Probleme können bei beidseitigem Bewusstsein der Unterschiede leichter besprochen und aus der Welt geschaffen werden.

Deutungsformen verwandtschaftlicher Beziehungen

Ebenso werden verwandtschaftliche Beziehungen sehr verschieden gedeutet. Der Begriff der Kernfamilie (Vater-Mutter-Kind) beispielsweise ist in der schwarzen Bevölkerung der USA fast nicht existent: Er geht auf in einem ausgedehnten Verwandtschaftsnetz resp. einem Netzwerk der schwarzen Gemeinde, das emotionale und instrumentelle Unterstützung bietet. Die Mutter-Tochter-Beziehung wird hier weniger durch Ambivalenz als durch eine positive Identifikation, Solidarität und Kooperation bestimmt und bietet gute Chancen zur Entwicklung von Selbstsicherheit und Unabhängigkeit. Das Verhältnis der Geschlechter ist, besonders bei den Armen, durch die große Bedeutung der Frauen als Mütter für die Familie, ihre Erwerbstätigkeit und Lebenstüchtigkeit einerseits sowie die Wichtigkeit der Männer in der Gemeinde andererseits tendenziell weniger hierarchisch.[50]

Von Unverständnis zu Rassismus

Interkulturelle Erziehung und Pädagogik ist ein andauernder Lernprozess, in dem sich alle Beteiligten mit den psychosozialen Prozessen auch emotional auseinander setzen müssen: die Beschäftigung mit Vorurteilen, Stereotypen, Fremdenangst, Fremdenfeindlichkeit und Rassismus, die oft in der pädagogischen Praxis zugunsten eines harmonischen Miteinanders geleugnet werden.[51]

Vorurteile und Stereotypen gelten als Voraussetzung von Intoleranz und Fremdenfeindlichkeit, werden aber in einigen interaktionstheoretischen Konzepten auch als Orientierungs- und Schutzfunktion gesehen, als vereinfachende Verallgemeinerungen und Durchschnittsurteile für soziale Sachverhalte.[52] Ausländerfeindlichkeit begründet sich auf die Einstellung, dass Ausländer nicht in vollem Umfang an den Rechten der Inländer teilhaben sollen. Die bei manchen Menschen (latent) vorhandene Ausländerfeindlichkeit führt selbstredend zu negativen strukturellen und institutionellen Bedingungen für die von dieser Feindlichkeit Betroffenen.[53]

Der Gedanke des Rassismus lässt sich sozialgeschichtlich weit zurückverfolgen und erscheint in fast allen Kulturen: in der Invasion Amerikas Ende des 15. Jahrhunderts, im indischen Kastenwesen, im Anti-Judaismus (Antisemitismus) und in der Sklaverei. Seinen eigentlichen Aufstieg erlebte er aber im 18. und vor allem 19. Jahrhundert als Erklärungs- und Rechtfertigungsideologie der materiellen, militärischen und technischen Überlegenheit der Europäer seit ihrer Expansion in Übersee. Er konstituierte sich unter anderem als Reaktion des Adels auf die Französische Revolution und wurde später mit den wissenschaftlichen Entdeckungen der Evolutionstheorie und der Vererbungslehre verbunden. Die extremsten Manifestationen erfolgten im 20. Jahrhundert gegen die jüdische und die schwarze Bevölkerung (Drittes Reich in Deutschland und Apartheid in Südafrika). Während im 18. Jahrhundert phasenweise auch eine gewisse Offenheit gegenüber Angehörigen anderer Kulturen und Hautfarben anzutreffen ist und die Faszination des Fremden auch zu Idealisierungen der «Wilden» führte, verbreitete und verfestigte sich im Laufe des 19. Jahrhunderts eine hermetische Hierarchisierung der «Rassen» in anthropologischen Theoremen.[54]

Hauptaufgaben

Die Aufgabe der interkulturellen Pädagogik besteht darin, Chancengleichheit herzustellen und Wege zu einem selbstbestimmten Leben zu eröffnen, indem sie ideologiefrei Differenzen und Gleichheiten sowohl benennt als auch akzeptiert und gleichzeitig geschlechtsspezifische Aspekte berücksichtigt. In einer «Kultur des Schweigens» können Probleme allenfalls erkannt, jedoch selten verstanden und niemals gelöst werden.

Ein Leitfaden für die interkulturelle Pädagogik, auch ganz allgemein ein transkulturelles Verständnis, könnte sein:

- informieren, ohne zu belehren;

- helfen, ohne zu beleidigen;
- sich um den Mitmenschen kümmern, ohne ihn verändern zu wollen;
- wertschätzen, ohne zu bewerten;
- sich selbst und den Mitmenschen ernst nehmen, ohne sich auf etwas festzulegen;
- sich an den Werten und Menschen freuen, so wie sie sind.

Kinder und Jugendliche empfinden eher die Kultur des Landes, in dem sie leben, als die eigene Kultur (diejenige ihrer Familien) und sind somit oft einem emotionalen Konflikt ausgesetzt, da sie ihre Familien lieben, aber nicht nach deren Werten leben wollen. In der Unterstützung der Kinder sind vor allem die Bereiche Lebensplanung und Selbstbehauptung (Körperhaltung und -sprache, Wortwahl und Stimme) wichtig, wobei die Eltern oft in Verständnis, Vertrauen und Toleranz unterstützt werden müssen.

Folgende Ziele sind anzustreben:

- Fähigkeit zu kontinuierlichen (sexuellen) Beziehungen, sowie auch die Fähigkeit zum Objektwechsel;
- Lockerung der Bindung an Herkunftsfamilie und deren Transformierung, damit neu erworbene Rollen nicht als Bedrohung erfahren werden;
- Verlagerung der emotionalen Bindung vom Elternhaus auf neue Beziehungen;
- «Lösungskrise»: Auseinandersetzungen mit Eltern, deren Wertorientierung und anderen Autoritäten wie zum Beispiel Lehrkräfte;
- Übernahme einer Berufsrolle;
- Übernahme der Staatsbürgerrolle, das heißt Integration ins politische System.

Innerhalb des sozialen Lernens, verstärkt im interkulturellen Bereich, geht es unter anderem darum, folgende Grundqualifikationen sozialen Handelns zu erwerben:

- *Normenflexibilität:* die Fähigkeit, die im Leben erworbenen Normen der jeweiligen Situation angepasst anzuwenden und nicht starr an ihnen festzuhalten;

- *Rollendistanz:* die Fähigkeit, sich von der eigenen Rolle so weit zu distanzieren, dass sie situationsangemessen ausgeübt werden kann;
- *Rollenflexibilität:* die Fähigkeit, mehrere Rollen zu spielen und sie so auszufüllen, dass sie der jeweiligen sozialen Situation entsprechen;
- *Frustrationstoleranz:* die Fähigkeit, in einer sozialen Interaktion auszuhalten, dass eigene Ideen oder Wünsche nicht oder nur teilweise durchgesetzt werden können, damit die ganze Gruppe etwas Gemeinsames erreicht;
- *Empathie:* die Fähigkeit, sich in andere Menschen und ihre Lage einfühlen zu können;
- *Bedürfnisrepräsentanz:* die Fähigkeit, in der Interaktion mit anderen Menschen eigene Bedürfnisse zu artikulieren und zu verdeutlichen, was man will und einem wichtig ist;
- *Konfliktfähigkeit:* die Fähigkeit, einen Konflikt auszuhalten, fair auszutragen und zu Lösungen beitragen zu können;
- *Ambiguitätstoleranz:* die Fähigkeit, die eigene Position zu finden und vertreten zu können, und gleichzeitig die Vielfalt der anderen, Zwei- und Vieldeutigkeiten wahrzunehmen, zu ertragen und als berechtigt, grundsätzlich gleichwertig zu akzeptieren;
- *Kommunikative Kompetenz:* für den interaktiven Umgang mit Menschen, die andere Kommunikationsformen und -stile haben als die eigenen, bedarf es der Erweiterung der eigenen passiven und aktiven Kommunikationsfähigkeit[55];
- *Kooperationsfähigkeit:* die Fähigkeit, mit anderen konstruktiv und produktiv im Team zusammenzuarbeiten.

Interkulturelle Erziehung muss die Erfahrung vermitteln, dass die eigene Kultur und Lebensweise eine unter vielen ist. Es gilt zu lernen, die Gründe oder Motive nachzuvollziehen, die das Verhalten und die Handlungen von Menschen aus anderen Kulturen verständlich machen und sie – zumindest in Bezug auf ihre Lebenssituation – rational erscheinen lassen. Schrittweise müssen die Lernenden einen quasi ethnologischen Blick auf die eigene Kultur und Lebensweise einnehmen. Interkulturelle Erziehung muss für Stigmatisierungen von ethnischen Gruppen, speziell von Einwanderern, sensibel machen, selbst wenn sie in sehr versteckter Form auftreten. Eine Auseinandersetzung mit der eigenen Kultur ist für die eigene Identitätsfindung unerlässlich, auch oder gerade wenn ein gesellschaftlicher Zwang zur Verleugnung kultureller Eigenheiten besteht. Diese Aufarbeitung ist nur möglich, wenn Emotionen resp. «Niederungen» menschlicher Gefühle zugelassen und mit einbezogen werden – eine Überbetonung der kognitiven Seite (Aufklärung) wirkt sich negativ aus.

Die Aufmerksamkeit und der Respekt, die den kulturellen und ethnischen Identitäten und Unterschieden gebühren, sowie die Bekämpfung aller Formen von Chauvinismus und Fremdenhass sind wesentliche Elemente des erzieherischen Handelns. Die Bildungssysteme haben nicht nur die Aufgabe, die Weitergabe der Kultur zu gewährleisten, sondern müssen die Jugendlichen ebenfalls zur Demokratie, zur Bekämpfung von Ungleichheit, zu Toleranz und Respekt vor der Vielfalt erziehen. Sie müssen auch staatsbürgerliches Bewusstsein entwickeln. Ein übergeordneter Bezugsrahmen ersetzt in diesem Zusammenhang nicht andere Bezüge, sondern bereichert sie.[56]

Wege und Möglichkeiten

Eine Studie des deutschen Jugendinstitutes, die sich sowohl auf Interviews als auch auf gezielte Verhaltensbeobachtungen stützt, kommt zum interessanten Schluss, dass Xenophobie (Fremdenangst resp. -feindlichkeit) eine emotionale Basis hat, die sich nicht primär gegen ethnisch Fremde, sondern vielmehr gegen unvertraute Menschen überhaupt richtet. Menschen mit einer aggressiven fremdenfeindlichen Einstellung bewegen sich mit einer Art hoch sensiblem und auf einfache Unterscheidungsmuster geeichtem Sozialradar durch die Gesellschaft, immer bereit, auf Auffälliges und Bedrohliches rasch zu reagieren; sie waren oft schon als Kinder auffällig aggressiv und hatten auch schon als kleine Kinder eine ausgeprägte Scheu vor unbekannten Leuten. Die emotionale Bereitschaft, Fremdes und Unbekanntes abzulehnen, ist also häufig schon in der Kindheit vorhanden; Sozialisationserfahrungen sowie die später wirksamen gesellschaftlichen Einflüsse wie schwierige ökonomische Bedingungen oder Jugendcliquen mit rechtsextremen Ansichten können dabei als auslösende oder verstärkende Faktoren fungieren. Prävention muss daher schon an der emotionalen Entwicklung der Kinder ansetzen: Das soziale Umfeld und frühkindliche Erfahrungen haben, neben den biopsychologischen Dispositionen wie Vererbung, grundsätzliches Interesse und Offenheit für Fremdes oder aber dessen Unterdrückung, also einen entscheidenden Einfluss auf die psychische Eigenständigkeit und Differenzierungsfähigkeit.[57]

Eine absolute Gleichbehandlung von Kindern der Mehrheit und derjenigen der Minderheiten führt leicht zur faktischen Ungleichbehandlung, weil sie beispielsweise migrationsbedingte Lernvoraussetzungen und -unterschiede ignoriert. Andererseits zeitigt die wohlmeinende Betonung kultureller Unterschiede allzu schnell positiv diskriminierende Effekte, wobei auch diese als Diskriminierung zu bewerten sind – für den Pädagogen ergibt sich hier die Schwierigkeit einer Gratwanderung zwischen «ignorierender Toleranz» und «positiver Diskriminierung».[58]

Die Frage, was wenige zum couragierten Handeln treibt, während die Mehrheit zuschaut, stellt sich auch im demokratischen Alltag von heute. Für die Rechte der anderen kann nur einstehen, wer die Würde der eigenen Person im Laufe des Heranwachsens erfahren hat. Der Gerechtigkeitssinn des Kindes darf nicht korrumpiert, sondern muss gestützt werden.

So viel Vertrauen in die Pädagogik klingt utopisch, denkt man an die unwürdige Situation – seelisch oder physisch –, in der viele Kinder rund um den Globus ihr Dasein fristen. Wo es ums nackte Überleben geht, hat Zivilcourage wenig Chancen. Im Drogenmilieu etwa verraten sich oft jene gegenseitig, die am Boden sind. Zur Demoralisierung gesellt sich die Morallosigkeit. Wo Kindheit behütet verläuft, darf Gewissenserziehung kein Luxus sein, auch wenn das Wort aus der Mode gekommen ist. Gedeihen kann der Mut zur selbstständigen Beurteilung von Situationen, zum gerechten Handeln ohne Angst vor Gesichtsverlust oder Ächtung nur in einem Klima, wo ein Konsens über hochzuhaltende Werte besteht.

Es kommt in erster Linie darauf an, dass Erwachsene – nicht nur innerhalb der Familie – den Kindern zu jener unerschütterlichen inneren Grundlage der Werte-Orientierung verhelfen, die sich allein durch konkrete, an der eigenen

Person und im Alltag gemachten Beziehungserfahrung aufbaut. Wer ungeachtet all seiner Fehler und Schwächen in seiner Würde respektiert wurde, hat, was keine Predigt, keine Belehrung, keine Theorie von aussen bewirken kann: die persönlich erworbene Überzeugung von der Würde der eigenen Person. Und nur sie stellt den inneren Kompass zur Wahrnehmung von Verletzungen der Menschenrechte dar. Kinder müssen im Laufe ihrer Sozialisation die Chance bekommen, sich ihres eigenen Verstandes zu bedienen. Wenn Kinder zu Zivilcourage erzogen werden sollen, brauchen vor allem die Erwachsenen Mut, sich in ihrem eigenen Tun und Nichttun in Frage stellen zu lassen. Und wenn Kinder zu anderen Ergebnissen als die Erwachsenen kommen, müssen sich Letztere mit ihnen auseinander setzen und ihr Denken und Empfinden ernst nehmen.[59]

Ziele für Ausbildungsmaßnahmen

Um das Lernen im interkulturellen Kontext zu erleichtern und zu fördern, hat sich der Einbezug folgender Überlegungen in die Ausbildungsmaßnahmen bewährt:[60]

1. Eine pragmatische Ausrichtung der Anpassung an fremde Rahmenbedingungen aufgrund neuer Kompetenzen und Kenntnisse, die im Zuge von Begegnungserfahrungen oder Auslandsaufenthalten erworben und erarbeitet worden sind. Diese Ausrichtung entspricht dem Bedarf und der gesellschaftlichen Nachfrage, die durch die Häufung der Austausche und zunehmenden Tourismus, durch internationalen Handel, Einwanderung usw. entstanden ist.
2. Eine ethische Ausrichtung, die auf Toleranz und Verständnis von Unterschiedlichkeit abzielt und die verschiedenen Formen von Diskriminierung, Fremdenfeindlichkeit und Rassismus bekämpft.
3. Eine ästhetische Ausrichtung der Bereicherung unserer künstlerischen Bezüge, des Zugangs zu andersartigen Kunstwerken in Literatur, Musik, bildender Kunst, Tanz, Kulinarischem usw.
4. Eine psychosoziologische Ausrichtung, die sich auf persönliche Erfahrung und Reflexion zur Frage der kulturellen Identität sowie ihre emotionale Be-

deutung für jeden Einzelnen bezieht. Die Auseinandersetzung mit anderen Identitäten kann in der Tat erlauben, sowohl sich selbst als auch den andern besser zu verstehen.

5. Eine anthropologische Ausrichtung des Wissens über Kulturen als komplexe Systeme von Gewohnheiten, Meinungen, Werten und Schöpfungen, die von Menschen geteilt werden, die dadurch ziemlich tiefgehend miteinander verbunden und identifiziert sind.
6. Eine sozial- und wirtschaftskritische Ausrichtung, die sich mit den Phänomenen der Entfremdung und Entwurzelung von Menschen beschäftigt, wie auch mit den Phänomenen, die durch verstärkte Mobilität, Technisierung und Bürokratisierung unserer Gesellschaften bedingt sind.
7. Eine politische Ausrichtung der Annäherung zwischen den Völkern, der Förderung der Bereitschaft und Fähigkeit zur Zusammenarbeit, der Behandlung von Konflikten derart, dass Gewaltausbrüche und Kriege vermieden werden und es möglich wird, eine gerechtere, solidarischere und demokratischere europäische und Weltordnung herzustellen.

Eine prospektive Ausrichtung wäre also nötig, die eine Welt auf den Weg bringen möchte, in der die gegensätzlichen Realitäten nicht mehr systematisch als Vorwand für sich bekämpfende Lager dienen, sondern die Grundlage für Erklärungen, für Verständnis und für die Suche nach Lösungen bilden. Die gegensätzlichen Realitäten können dann in ihrer positiven oder negativen Erscheinungsform Anlass für eine Problematisierung werden. Diese dient weniger dazu, die rivalisierenden Strategien aufzuheben, als dazu, den Beteiligten die Komplexität ihrer Situation bewusst zu machen, die meist auf Anhieb nur schwer zu erkennen ist.

Sowohl Lehrpersonen als auch Lernende müssen sich auf die Perspektive eines offenen Lernprozesses einlassen. Sie haben dabei von den konkreten Praxisfeldern auszugehen, in denen sie tätig sind, deren Alltag durch diverse Ego-, Sozio-, Ethnozentrismen gekennzeichnet ist und deren Interkulturalität sozioökonomisch, alters- oder geschlechtsspezifisch oder auch durch die eine oder andere besondere Disziplin geprägt sein mag. All diese Interkulturalitäten müssen als untereinander und mit den nationalen Interkulturalitäten eng verbunden betrachtet werden.

Sprachliche Unterschiede, Grenzen

Einige Begriffe haben, nicht nur sprachlich, sondern auch im Verständnis, sehr verschiedene Bedeutungen. Die «Ehre» beispielsweise in islamischen Kulturen ist genau festgelegt und wird als Aufgabe bezeichnet, die streng eingehalten und von den Männern verteidigt werden muss. In seiner Ehre wird somit nicht derjenige verletzt, der angegriffen wird, sondern wer sie nicht verteidigt. In westlichen Kulturen dagegen ist der Begriff Ehre weiter gefasst als Achtung gegenüber einer Person, nur in seltenen Fällen (Militär, Pfadfinder etc.) gegenüber einer Gemeinschaft; also keine Familienehre im islamischen Sinne.

Grenzen und Gefahren der interkulturellen Pädagogik sind unter anderem:

- Kulturalisierung und Ethnisierung: bikulturelle Probleme müssen im multikulturellen Kontext gesehen werden.
- Kulturdifferenz als Folge der Selektionsfunktion;
- Überbewertungen kultureller Differenzen;
- «positive Diskriminierung» bei Aufbereitung von Rassismus und Fremdenfeindlichkeit;
- kulturalistische Stigmatierungsprozesse: Wahrnehmung nicht als Individuen, sondern Zuschreibungsprozesse auf Kollektive;
- Gegensatz Erziehung (intentionales Handeln) und Sozialisation (nicht-intentionales Handeln).

Hilfsorganisationen und Religionsunterricht

Die Unterstützung interkultureller Zusammenarbeit kann in vielfältiger Form geschehen. In Zürich wurde vor kurzem ein «Büro für interkulturelles Zusammenleben mit Menschen aus Kosovo» eröffnet, von der Hilfsorganisation Caritas getragen. Information ist der wichtigste Schritt zu Verständnis und Integration; eine Hilfsorganisation kann auch dort ansetzen, wo der Staat mit seinen Möglichkeiten an Grenzen stösst.

Eines der Projekte beinhaltet das freiwillige Engagement von Schweizerinnen und Schweizern, die eine kosovo-albanische Familie während einer gewissen Zeit persönlich begleiten. Dabei sind sie ihnen etwa beim Ausfüllen von Formularen, bei der Wohnungs- und Arbeitssuche behilflich oder stehen ihnen in schulischen Fragen zur Seite. Dieses Projekt wurde vor allem gegründet, um der Spirale von schlechtem Image und mangelnder Integration der Kosovo-Albaner entgegenzuwirken – die meisten leben zurückgezogen im eigenen Familienverband und verkehren vorwiegend in albanischen Klubs: Die Menschen seien nach jahrzehntelanger Unterdrückung in ihrer Heimat misstrauisch gegenüber allem Fremden geworden und würden sich lieber an ihrer eigenen Tradition orientieren.[61]

Der konfessionell-kooperative Religionsunterricht an der Oberstufe der Schweizer Schulen soll in einigen Jahren durch das neue Fach «Religion und Kultur» ersetzt werden, welches für alle Schüler obligatorisch ist und neben der christlichen Tradition vermehrt die Grundlagen anderer Religionen vermittelt. Auch wenn im Religionsunterricht inzwischen verschiedene religiöse Ausdrucksformen thematisiert werden, stellt dieser hier inhaltlich nach wie vor das Christentum ins Zentrum, was für eine zunehmend pluralistisch und multireligiös ausgerichtete Gesellschaft zu eng gefasst ist: Andere Religionen und Weltanschauungen sollen gleichwertig, durch neutrale Lehrkräfte, in den Unterricht einfliessen können.[62]

Diese Überlegungen veranlassten die Zielsetzung in einem späteren Vernehmlassungsentwurf, dass der neue Unterricht Kenntnisse über alle Religionen und Weltanschauungen vermitteln und der Schülerschaft dazu verhelfen soll, eigene Wertvorstellungen zu klären, indem auch Lebensfragen, fremde Kulturen und Ethik behandelt werden. Die bisherige, stark auf einzelne Religionen fokussierte resp. diese bevorzugende Unterrichtsform wird sich längerfristig nicht mehr begründen und halten können – unter anderem auch dadurch, dass sich immer mehr Schülerinnen und Schüler abmelden. Das Fach «Religion und Kultur» soll obligatorisch sein und ergänzend zu allenfalls weiter bestehendem und auf einzelne Religionen ausgerichtetem Unterricht, der auf freiwilliger Basis besucht werden kann.[63]

2.5 Psychologische Grundlagen, Problemlösungsprozesse

Bei Versuchen, das Wesen des Menschen zu bestimmen, indem die Komplexität menschlichen Verhaltens und Erlebens in reduktiver Weise beschrieben und erklärt wird, haben bestimmte Typologien Eingang in die Managementlehre gefunden, und zwar als:

- Menschenbilder, um bestimmtes Führungsverhalten zu rechtfertigen, und als
- Charaktertypologien zur Erklärung menschlichen Verhaltens.

2.5.1 Lernen

In der «Lernziel-Taxonomie» lassen sich sechs Ebenen kognitiver Leistung unterscheiden (Pt. 1–3: untere Ebenen, Pt. 4–6: höhere Ebenen kognitiver Lernziele):[64]

1. *Wissen:* Erinnern von Fakten, Termini, Prinzipien, Methoden usw.;
2. *Verstehen:* Interpretieren von Begriffen und Thesen, Zusammenfassen von Texten, Ableiten unmittelbarer Schlüsse;
3. *Anwenden:* Selbstständiger Gebrauch von Abstraktionen (Begriffe, Prinzipien unter anderem;
4. *Analyse:* «Auflösung» des Materials in seine wesentlichen Teile und Entdecken von Beziehungen zwischen den Teilen; zum Beispiel Trennung von Tatsachen und Hypothesen, Zerlegen globaler Sachverhalte etc. in einzelne Komponenten;
5. *Synthese:* Zusammenfügen einzelner Teile zu einem Ganzen, Herstellen einer Struktur; zum Beispiel Systematik oder Erklärungsmodell entwerfen, Plan erstellen;
6. *Bewertung (oder Evaluation):* Bewerten von Ideen, Arbeiten, Lösungen, Materialien usw. im Hinblick auf Folgerichtigkeit, Zweckmäßigkeit oder andere Gütekriterien; zum Beispiel Behauptung auf Stichhaltigkeit prüfen, Nützlichkeit einer schematischen Darstellung beurteilen.

Jedes Verhalten (zum Beispiel Zustimmen) basiert auf einem inneren Prozess (zum Beispiel Angst), der von der gegenwärtigen Situation (zum Beispiel Vorschlag vom Chef) sowie der personalen Disposition (zum Beispiel Ängstlichkeit) abhängt, die ihrerseits durch die Entwicklungsbedingungen (bisherige Entwicklung: zum Beispiel strafende Erziehung) geprägt ist. Das Verhalten resp. der aktuelle Prozess ist maßgeblich beeinflusst von der Wahrnehmung, dem erfassenden sowie planenden Denken, der Emotion und der Motivation. Die gegenwärtige Situation wird beeinflusst durch Anreger, die ihrerseits durch Effekte (beides inhaltlich, sozial, geistig, materiell oder räumlich) beeinflusst sind.

Die personale Disposition beinhaltet Motive, Einstellungen, Fähigkeiten, Fertigkeiten, Gewohnheiten etc. Die Entwicklungsbedingungen sind sowohl vergangenheitsbezogen (Gene, Umwelt, Erfahrungen) als auch zukunftsbezogen (Weiterentwicklung, Lernen, Reifen).

Lernen ist die Veränderung der Person bzw. der personalen Dispositionen aufgrund von Erfahrungen. Relevant sind vor allem die Beziehungen zwischen den folgenden Begriffen:

- *Dispositionen* (Lernergebnisse): «Was wird gelernt?» (Inhalte, Formen und Situationsbezüge von Kompetenzen, Motiven u. Ä.)
- *Lernarten* (vermittelnde Prozesse): «Wie wird gelernt?» (Verschiedene Prozesse der Erfahrungsspeicherung)
- *Umwelt* (Lernanregung): «Wo wird gelernt?» (Konfrontation mit Situationen in verschiedenen Umweltbereichen)

Die Arten des Lernens werden zumeist in folgende sechs Typen eingeteilt[65]:

- klassische (reaktive) Konditionierung, Signallernen, bedingter Reflex: unwillkürliche Reaktionen auf bestimmte Reize;
- Lernen durch Erfolg und Misserfolg, instrumentelle Konditionierung;
- Lernen am Modell, durch Beobachtung, Imitationslernen;
- Lernen von sprachlichen Assoziationen: Herstellung mechanischer Verbindungen zwischen Bewusstseinsinhalten, zum Beispiel Benennen von Gegenständen;

- Lernen von Begriffen und Regeln, bedeutungshaltiges Lernen; bei Problemlösung auch kognitives Lernen: Erwerb von Sinneszusammenhängen;
- das Problemlösen; produktives, entdeckendes Lernen, lernen durch Einsicht: zum Beispiel lernen neuer Regeln.

2.5.2 Persönlichkeit und ihre Dimensionen

Wenn wir uns auf die Auswirkungen der Lernprozesse auf die Entwicklung der Persönlichkeit konzentrieren, lassen siche bestimmte Resultate und Kompetenzen erkennen. Die Persönlichkeit lässt sich in folgende Bereiche und Merkmalsdimensionen unterteilen:[66]

- *Kompetenzen:*

a) motorisch-physische Kompetenzen (zum Beispiel psychomotorische Koordination, Reaktionsgeschwindigkeit, Handgeschicklichkeit)
b) kognitiv-intellektuelle Kompetenzen (z. B. Gedächtnisumfang, räumliche Vorstellung, Sprachverständnis, Rechenfertigkeit, logisches Denken)

- *Persönlichkeit im engeren Sinne:*

a) Motive (zum Beispiel Bedürfnisse nach Geselligkeit, Leistung; Interessen für bestimmte Sachgebiete; soziale Einstellungen wie Sympathie, Vertrauen, Zuneigung; politische, ökonomische, religiöse Werthaltungen)
b) Gefühlsneigungen (zum Beispiel zu Heiterkeit, Furcht, Ärger, Widerwille, Verachtung)
c) Verhaltens- und Erlebensstil (zum Beispiel Extraversion, emotionale Stabilität, Feinfühligkeit, Ernst und Unabhängigkeit der Meinungsbildung)
d) Selbstbild (wie Menschen sich selbst beschreiben; häufig nach Merkmalen wie Willenskraft, Extraversion, Gefühlsbetontheit, emotionale Stabilität)

Aber jeder Erziehungsprozess hat nicht nur individuelle Aspekte. Lernen bedeutet auch Orientierungsfähigkeit im sozialen Zusammenhang. In der Sozialpsychologie wird deshalb auf folgende Themenstellungen eingegangen:

- *soziale Kognitionen:* Personenwahrnehmung, soziales Verstehen und Urteilsbildung;

- *soziale Einstellungen:* Erwerb und Veränderung von Einstellungen, Zusammenhang von Einstellungen und Verhalten (Meinung, Überzeugung, Vorurteile etc.);
- *Gruppenprozesse:* soziale Interaktionen in Gruppen, Institutionen und Organisationen, Entwicklung von Gruppennormen und Rollenerwartungen (Familie, Arbeitsgruppen, Freundschaftsbeziehungen, Interessengruppen etc.);
- *soziale Interaktion und Kommunikation:* verbale, paraverbale, nonverbale und extraverbale Formen der Interaktion und des mit ihnen verbundenen Informations- und Bedeutungsaustausches (Kommunikationsverlauf in formellem oder informellem Rahmen wie Vorstellungsgespräch, Partygeplauder etc.);
- *Sozialisation:* Entstehung und Veränderung sozialen Verhaltens und sozialer Einstellungen im Verlauf der Entwicklung (zum Beispiel in Familie, Schule, Beruf; geschlechtsspezifische Sozialisation, gesellschaftliche Klassen und Schichten als Sozialisationsfaktoren);
- *spezielle soziale Verhaltensweisen und ihre Motive:* Streben nach Geselligkeit, interpersonale Attraktion, hilfreiches Verhalten, Streben nach Gerechtigkeit, Aggression, Streben nach Kontrolle und Handlungsfreiheit.

2.5.3 Handlungsantriebe und Führungsarten

Da sich weitgehende Auswirkungen für den Umgang mit Menschen im betrieblichen Alltag wie auch im sozialen Verkehr ergeben, sollen diese kurz angesprochen werden. Man erkennt dabei mehrere Blickwinkel. Die beiden möglichen Extreme der Handlungsantriebe (nach McGregor)[67] können sein:

- Theorie X: Mitarbeiter sind von Natur aus faul und bedürfen daher ständiger Kontrolle. Sie haben immer nur ihr Eigeninteresse im Blick und arbeiten daher gegen die Interessen der Organisation, wenn man es nicht durch straffe Führung verhindert. Strenge Vorschriften und Kontrollen führen zu passivem Verhalten, was seinerseits zu Verantwortungsscheu und Initiativlosigkeit führt.

- Theorie Y: Mitarbeiter sind allgemein bereit, auch Zielvorstellungen ihrer Organisation verwirklichen zu helfen, wenn sie zu erkennen vermögen, dass sie damit zugleich eigene Ziele verwirklichen. Mitarbeiter sind zur loyalen Mitarbeit an den Organisationszielen bereit, sofern man ihnen dazu Gelegenheit gibt und sie mit den entsprechenden Fähigkeiten ausrüstet. Handlungsspielraum und Selbstkontrolle ermöglicht Engagement für die Arbeit, was zu Initiative und Verantwortungsbereitschaft führt.

Aus diesen beiden Extremen haben sich in den letzten hundert Jahren im Management Menschenbilder, Führungsarten und ihre organisatorischen Konsequenzen[68] herausgebildet, die man folgendermaßen beschreiben kann:

1. *rational-economic-man (geldorientiert):* In erster Linie durch monetäre Anreize motiviert; ist passiv und wird von der Organisation manipuliert, motiviert und kontrolliert; sein Handeln ist rational. Annahmen der Theorie X. Betonung technischer Aspekte.
   Organisatorische Konsequenzen: klassische Management-Funktionen: Planen, Organisieren, Motivieren, Kontrollieren; Organisation und deren Effizienz stehen im Mittelpunkt; Organisation hat die Aufgabe, irrationales Verhalten zu neutralisieren und zu kontrollieren. Mitarbeiter sind faul, desinteressiert, ziellos, nur monetär motiviert, lassen sich manipulieren, haben keine Gefühle am Arbeitsplatz. Vorgesetzte sind fähig, sich selber zu kontrollieren, zu motivieren, Personal zweckmäßig auszuwählen; persönliche Ziele entsprechen den Zielen der Unternehmensführung.
   Geschichtlicher Hintergrund dieser Entwicklung ist der Taylorismus («scientific management»), die Entwicklung der arbeitsteiligen und nicht nur manufakturellen Produktion (1911 bis ca. 1930).
2. *social man (sozial):* ist in erster Linie durch soziale Bedürfnisse motiviert: Als Folge der Sinnentleerung der Arbeit wird in sozialen Beziehungen am Arbeitsplatz Ersatzbefriedigung gesucht; wird stärker durch soziale Normen einer Arbeitsgruppe als durch Anreize und Kontrollen des Vorgesetzten gelenkt. Annahmen der Human-Relations-Bewegung. Betonung humanistischer Aspekte.

Organisatorische Konsequenzen: Aufbau und Förderung von Gruppen; soziale Anerkennung der Mitarbeiter durch Manager und Gruppe; die Bedürfnisse nach Anerkennung, Zugehörigkeitsgefühl und Identität müssen befriedigt werden; Gruppenanreizsysteme treten an die Stelle von individuellen. Mitarbeiter sind unter anderem durch soziale Bedürfnisse und die Beziehung zu Arbeitskollegen motiviert, haben Identitätsbewusstsein, wollen demokratisch-partizipativ geführt werden und verhalten sich nach sozialem Einfluss.

Vorgesetzte sind sich der sozialen Verantwortung bewusst, liefern Informationen, überlassen Routineentscheidungen den Mitarbeitern und schaffen so Gruppen-Anreizsysteme.

Geschichtlicher Hintergrund ist die Human-Relations-Bewegung (Förderung der Sozialkontakte 1939 bis ca. 1950), und man geht nicht fehl in der Annahme, dass sie ein Reflex auf die Weltwirtschaftskrise und vor allem den New Deal in der USA ist.

3. *self-actualizing man (Selbstverwirklichung):* Menschliche Bedürfnisse lassen sich in einer Hierarchie anordnen; der Mensch strebt nach Autonomie und bevorzugt Selbstmotivation und Selbstkontrolle; es gibt keinen zwangsläufigen Konflikt zwischen Selbstverwirklichung und organisatorischer Zielerreichung. Annahmen der Theorie Y. Betonung technischer Aspekte.

   Organisatorische Konsequenzen: Manager sind Unterstützer und Förderer (nicht Motivierer und Kontrolleure); Delegation von Entscheidungen; Übergang von Amts-Autorität zu Fach-Autorität; Übergang von extrinsischer Motivation zu intrinsischer Motivation; Mitbestimmung am Arbeitsplatz. Mitarbeiter handeln gemäß Bedürfnishierarchie, wollen sich persönlich entwickeln und wichtige Entscheidungen treffen, haben spezielle Fähigkeiten, haben Selbstkontrolle und -motivation, keine Konflikte der Mitarbeiterziele zu den Zielen der Unternehmung. Vorgesetzte lassen Mitarbeiter an Entscheidungen teilhaben, haben Verständnis für Gefühle und Bedürfnisse der Mitarbeiter, geben sinnvolle Arbeit und schätzen partnerschaftliche Kooperation.

Geschichtlicher Hintergrund sind die neu entwickelten Führungsmodelle und die Managementbewegung (1954 bis ca. 1970) – der Direktor ist spätestens seit dem Studium der Bücher von Peter Drucker Manager und Vorbild.

4. *complex man («unberechenbar»):* äußerst wandlungsfähig; Dringlichkeit der Bedürfnisse unterliegt Wandel; lernfähig, erwirbt neue Motive; in unterschiedlichen Systemen werden unterschiedliche Motive bedeutsam. Modelle der Organisationsentwicklung. Annahmen der Situationstheorie. Betonung humanistischer Aspekte.
   Organisatorische Konsequenzen: Manager sind Diagnostiker von Situationen; sie müssen Unterschiede erkennen und Verhalten situationsgemäß variieren können; es gibt keine generell richtige Organisation. Mitarbeiter sind komplex, flexibel, wandlungs- und lernfähig; viele Motive in wechselnder Hierarchie; Art, Stärke und Inhalt der Motive bestimmen den Platz des Mitarbeiters in der Unternehmung. Vorgesetzte diagnostizieren wechselnde Motive der Mitarbeiter, beachten die Vielfalt der Mitarbeiter und können sich individuell unterschiedlich verhalten.
   Geschichtlicher Hintergrund ist die Erkenntnis, dass ein Unternehmen nicht nur produziert oder Dienstleistungsen erbringt, sondern als sozialer Organismus eine Unternehmenskultur entwickelt; das Human-Resources-Management kommt auf (ab ca. 1964).

Erkenntnisse und Folgerungen

Die persönliche Autorität (Selbstsicherheit, emotionale und soziale Kompetenz), die fachliche Autorität (Fachkenntnisse, Professionalität) und die hierarchische resp. institutionelle oder Amts-Autorität (Position, Dienstgrad) müssen übereinstimmen, um glaubwürdig zu sein sowie von den Mitmenschen auch innerlich (nicht nur äußerlich) akzeptiert zu werden.

Mit dem Begriff der Selbstsicherheit ist die Fähigkeit eines Individuums gemeint, in Relation zu seiner Umgebung eigene Ansprüche zu stellen und sie auch zu verwirklichen. Dazu gehört also, sich zu erlauben, eigene Ansprüche zu haben (Einstellung zu sich selbst), sich zu trauen, diese zu äußern (soziale

Angst, Hemmung) und die Fähigkeit zu besitzen, sie auch durchzusetzen (soziale Fähigkeiten).[69] Die dazugehörige Selbstkontrolle resp. Fähigkeit, die eigenen Ansprüche situationsgerecht und regelkonform einzubringen, ist Bestandteil der sozialen Kompetenz.

Wer seine Überzeugungen kennt, kann auch in Bezug auf sein Verhalten bewusster handeln. Mit Hilfe von Kreativität – sowohl strukturiertem als auch unstrukturiertem Denken – entstehen neue Einsichten und Querverbindungen. Wichtig ist, was praktikabel ist, was Sinn macht – und nicht immer auch «logisch» sein muss. Kreative Unordnung kann sich zu natürlicher Ordnung entwickeln, indem Strukturen langsam und ungezwungen wachsen können. Kreativität bedingt auch das Zulassen von Querdenken (das Gewohnte einmal von einer anderen Seite fantasievoll und kritisch betrachten, auch «aus der Reihe tanzen»), von Ansätzen, Wegen oder Lösungsmöglichkeiten, die auf den ersten Blick «unsinnig» erscheinen.[70] Gerade in der interkulturellen Kommunikation helfen diese Ansätze: Man kann sich selten so gut in eine fremde Kultur hineinleben, dass man alle Situationen und jedes «korrekte» Verhalten erlernen kann. Neben Grundkenntnissen, Sensibilität und emotionaler Kompetenz ist auch die Fähigkeit und Bereitschaft zum Querdenken, das Inbetrachtziehen und Zulassen von unkonventionellen Möglichkeiten, essenziell.

Im Entwicklungsprozess von Systemen entstehen laufend neue Möglichkeiten, bis die Systeme durch den Prozess der Evolution über ihre ursprünglichen Grenzen hinauswachsen. Diese Transzendenz über das Selbst hinaus wird Emergenz genannt. Auch die beabsichtigte, implizierte Ordnung ist ein Hilfsmittel, Fähigkeiten und Stärken zu vermehren – Ordnung im Sinne von Struktur, aber auch im Sinne von Zusammenschluss: Jede Organisationsform entsteht aus der Überzeugung, durch den Zusammenschluss mit anderen mehr erreichen zu können. Im Inneren jeder Organisation steckt ein Wesen, das nach neuen Möglichkeiten sucht.

Alles im Leben strebt nach Vollständigkeit, nach Kohärenz. Das Paradoxe liegt darin, dass ein (unabhängiges) Individuum Teil einer vollständigen Gesamtheit ist. Der Mensch strebt, genau wie alle anderen Lebewesen, nach Zugehörigkeit, indem er Teil eines einheitlichen Systems wird. Die Welt verändert sich ganz natürlich, entwickelt sich ständig weiter und betrachtet uns als Partner in diesem kreativen und vielfältigen Prozess.[71]

2.5.4 Sozial- und Kulturcharakter

Unter Sozialcharakter versteht man die gemeinsame Grundhaltung und -einstellung ganzer Gesellschaftsschichten, die durch den Kulturprozess zustande kommt, so dass der individuelle Charakter nur eine persönliche Ausgestaltung des sozialen Charakters ist und dieser Sozialcharakter das kollektivpsychologische Spiegelbild des autoritären Charakters in der Gesellschaft darstellt.

Der Sozialcharakter entwickelt sich aus dem Fluchtmechanismus der autoritäten Tendenz, in der das Individuum versucht, durch Aneignung von Macht (sadistischer Charakterzug) oder durch Unterwerfung (masochistischer Charakterzug) das Gefühl der eigenen Nichtigkeit zu übertönen.[72]

Sigmund Freud bezeichnete den Sozialcharakter als sado-masochistisch – der Sadomasochismus ist für ihn ein Symptom für tiefe Unsicherheit, verbunden mit Abhängigkeitswünschen, die als Herrschaftsverlangen (aktiv) oder als Unterwürfigkeit (passiv) zum Ausdruck kommt. In einer zweiten von ursprünglich drei Ausprägungsformen hat er ihn auch als automatisch angepassten «Marketing-Charakter» bezeichnet, der dem Aufkommen der modernen Konsumgesellschaft entspreche, in deren Mittelpunkt der Markt stehe. In dieser Marktgesellschaft werde alles, auch die Person, zur Ware, die möglichst vorteilhaft angeboten und verwertet werden solle, so dass es zur Perfektionierung des Pseudo-Selbst komme, bei dem Verpackung, Aussehen und Ankommen wichtiger seien als der Inhalt.

Die dritte «nekrophile» Variante geht von der Vergötterung der Technik in der zweiten Hälfte des 20. Jahrhunderts aus, die mit der Liebe zu künstlichen Gebilden und Geräten das Interesse vom Leben, von den Menschen und der Natur abgewendet habe und damit alles Leben, einschließlich sich selbst, in Dinge verwandelt habe. In der Folge sei das Verhalten der Menschen stereotyp, mechanisch und bürokratisch geworden wie die Welt, die sie hervorgebracht hätten und der sie sich dennoch anpassen müssten.[73] Der Psychoanalytiker Erich Fromm sieht in dieser Deformation der menschlichen Lebenseinstellung, die im Grunde ein pervertiertes Freiheitsbedürfnis bekundet, einen Schlüssel zum Verhalten von Individuum und Masse in den modernen Demokratien und Diktaturen. Es hänge von den Fluktuationen der ökonomischen und politischen Bedingungen ab, ob sich dieser Substanzverlust und diese Selbstentfremdung in der milderen Form des Konformismus oder in den aggressiven Formen wie Ethnozentrismus, Aggression und Kriegsbereitschaft äußere.

Dass insbesondere kulturelle Aspekte großen Einfluss ausüben, ist unbestritten, daher kann in diesem Zusammenhang auch von Kulturcharakter gesprochen werden. Natürlich zeigt sowohl der Sozial- als auch der Kulturcharakter Gemeinsamkeiten von Gruppen auf und kann so als gemeinsamer Charakterzug, nicht aber als gemeinsamer Charakter ohne individuelle Züge und Eigenheiten gesehen werden.

2.5.5 Motivation

Mit dem Begriff Motivation wird ursprünglich sowohl die selbststeuernde Antriebskraft eines Menschen (sein Motiv) beschrieben als auch zusätzlich nach den Auslösern der Handlungsimpulse gefragt: «Warum verhält der Betreffende sich so, warum tut er das?» Mit der Frage der Motivation stellt sich also die Frage nach den Beweggründen menschlichen Verhaltens.

Im Managementbereich wird dem Begriff der Motivation vielfach die Bedeutung beigemessen, dass es per Führungsgeschick möglich ist, die Mitarbeiter zur Leistungssteigerung zu bringen. Damit wird hier die Fragestellung nach dem «Warum» des Verhaltens in das «Wie» umgedeutet: «Wie kann ich die Leistungsfähigkeit meiner Mitarbeiter aktivieren?» Sie also zu motivieren, etwas zu tun, was sie ohne diesen Anreiz oder Antrieb von sich aus nicht tun würden. Dem liegt der Gedanke zugrunde, dass die Motivation ursprünglich beim Mitarbeiter latent vorhanden ist, aber durch geschickte Intervention (also durch Führung) angefacht (erzeugt, erhalten oder gesteigert) werden muss.[74]

Das Thema Motivation in kulturübergreifender Perspektive wird im Werk «International Management»[75] sowohl theoretisch als auch mit Fallbeispielen und Diskussionsgrundlagen abgehandelt: Motivation als Grundlage und Energiequelle für die Zielerreichung jedes Unternehmens. Firmen mit internationalen Geschäftsbeziehungen müssen zusätzliche Sensibilität entwickeln, um die Mitarbeiter zu motivieren. Für Führungskräfte im interkulturellen Kontakt ist ein multikulturelles Verständnis zum Schlüsselfaktor für Erfolg geworden, weil sie damit einerseits die firmeninternen und -externen Ansprechpartner besser verstehen, aber auch zielgerichtet und mit weitaus besseren Erfolgsaussichten motivieren können.

Motivation ist immer intrinsisch (sie kommt von innen). Um die Motivation eines Menschen beeinflussen zu können, muss man ergründen, warum, wofür und mit welcher Absicht er etwas tut – für fremde Ziele und Absichten lassen sich andere kaum motivieren. Motivation lässt sich grundsätzlich auf drei Arten erreichen:

1. Motivation durch Angst: kurzfristig zwar wirksam, doch wird die Bereitschaft zu Zusammenarbeit und Kommunikation geschwächt und kann längerfristig zu Misstrauen und Ressentiments führen.
2. Motivation durch Anreize: Belohnungen sind ein guter Anreiz, können aber zu höheren Erwartungshaltungen führen.
3. Motivation durch persönliches Wachstum: Sinnfindung ist langfristig die beste Motivationsart.

Zielbezogenheit

Allgemein ist eine Identifikation mit der (zu motivierenden) Tätigkeit wichtig, in einer Unternehmung beispielsweise die Einsicht, dass das persönliche Wohlergehen auch vom Wohlergehen der Firma abhängt, ebenso natürlich auch von der individuell geeigneten und ansprechenden Art der Arbeit. Die Schlüssel zur Motivation sind Kooperation, Inhalt und Eigenständigkeit, abhängig von den Fähigkeiten und Möglichkeiten des Einzelnen.

Vollbrachte, erfolgreiche Leistung sind ein wichtiger Motivator; dies kann erreicht werden durch:

- anspruchsvolle, aber individuell machbare Arbeit; hohe, aber erreichbare Ziele setzen;
- Sicht des Ganzen und des individuellen Beitrags dazu;
- klare Verantwortungs- und Kompetenzbereiche;
- Verbindlichkeit vereinbaren, aber bereit sein, Erwartungen ggf. anzupassen;
- positives, aber auch konstruktives negatives Feedback;
- Belohnungsmöglichkeiten aufzeigen und einhalten (mehr Autonomie oder Verantwortung, Prämien, Beförderung, Anerkennung etc.).

Erwartungen können stark das Verhalten beeinflussen (Pygmalion-Effekt). Zentral sind Vertrauen, Optimismus und Gewährung von Autonomie (Abgeben von Macht). Es geht aber nicht nur darum, die Motivation Einzelner anzuregen, sondern auch die Teamarbeit zu fördern – Teamgeist ist der Geist, der auf der kohärenten, energetisierenden und starken Kraft beruht, die Menschen dazu bewegt, gemeinsam auf ein Ziel hinzuarbeiten.[76]

Diese beiden Varianten der Beeinflussung, Anreiz und Antrieb, werden differenziert in:[77]

- *extrinsische Motivation:* Menschen werden vor allem durch externe Anreize, zum Beispiel durch Geld, Beförderung oder Anerkennung motiviert, und
- *intrinsische Motivation:* Menschen werden durch die Arbeit selbst, durch den Erfolg motiviert, so dass die Aufgabeninhalte herausfordernd und attraktiv sein müssen, um einen Eigenantrieb im Sinne der Selbstmotivation zu veranlassen.

Nicht alle Arbeiten und Ziele können aber im Team erreicht werden; je nach Ziel, einzuschlagendem Weg und Fähigkeiten der Mitarbeitenden ist nach wie vor Eigenständigkeit und Einzelarbeit gefragt.[78] Sowohl Flexibilität als auch zielbewusstes Arbeiten erfordern also weder den typischen Teammenschen noch den typischen Einzelkämpfer, sondern in einem vernünftigen Ausmaß, das heißt den individuellen Stärken des Menschen entsprechend, beides. In der Führung soll die Teammethode die individuelle Führungsmethode nicht ersetzen, sondern ergänzen. Teamarbeit funktioniert nur in Situationen, in denen kollektive Produkte und mehrere Führungsbeiträge von großem Nutzen sind.[79]

2.5.6 Konflikte

Konflikte können unter anderem unterteilt werden nach:

- Betrachtungsposition: innere (endogene) und äußere (exogene) Konflikte;
- Folgen: Ausmaß der Betroffenheit sowie der daraus folgenden Reaktionen;
- Grad der Kommunikationsstörung und emotionaler Beteiligung: echte und scheinbare Konflikte;
- Grad der Bewusstheit: ausgetragene und schwelende Konflikte;
- Auslösern: strukturinduzierte und verhaltensinduzierte Konflikte.

Bei Konflikten können vier Merkmale erkannt werden:[80]

- es wird verzerrt, irreführend kommuniziert, bewusst getäuscht;
- es wird viel schärfer wahrgenommen, was trennt, worin man verschieden, ja unvereinbar ist;
- es herrschen Misstrauen, Argwohn und offene Feindseligkeit;
- es arbeitet jeder für sich bzw. versucht, dem anderen sein Vorgehen aufzuzwingen.

Diese vier Merkmale ergänzen sich zum Konfliktsyndrom: wenn in einer Beziehung oder Gruppe ein Merkmal auftritt, zieht es über kurz oder lang auch die anderen Symptome nach sich (Eskalationstendenz).

Bei der Unterscheidung zwischen echten und scheinbaren Konflikten werden Missverständnisse, die auf Kommunikationsstörungen beruhen und damit auch verhältnismäßig leicht zu beheben sind, den scheinbaren Konflikten zugerechnet; zum Beispiel kann es bei unterschiedlichen Ansichten, Werten und Vorstellungen zu Meinungsverschiedenheiten kommen, ohne dass daraus ein Konflikt entsteht.

Echte Konflikte sind jedoch eine Spannungssituation, in der zwei oder mehr Parteien, die voneinander abhängig sind, mit Nachdruck versuchen, scheinbar oder tatsächlich unvereinbare Handlungspläne zu verwirklichen und sich dabei ihrer Gegnerschaft bewusst sind.[81] Die Ursachen gesellschaftlicher resp. sozialer Konflikte können deshalb in folgende Grundannahmen unterteilt werden:[82]

- Jede Gesellschaft und jedes ihrer Elemente unterliegen einem kontinuierlichen Wandel (Annahme der Geschichtlichkeit).
- Jede Gesellschaft ist ein in sich widersprüchliches und explosives Gefüge von Elementen (Annahme der Explosivität).
- Jedes Element in einer Gesellschaft leistet einen Beitrag zu ihrer Veränderung (Annahme der Dysfunktionalität oder Produktivität).
- Jede Gesellschaft erhält sich durch den Zwang, den einige ihrer Mitglieder über andere ausüben (Annahme des Zwanges).

Konflikte können so als schöpferisch – nämlich als eine den Wandel hervorrufende, betreibende Kraft – gesehen werden, sie können aber zugleich integrierend wirken. (Diese sowie einige der unten stehenden Erkenntnisse in diesem Kapitel beziehen sich auf das Werk «Psychologisches Konfliktmanagement»[83]).

Um der destruktiven Seite zu begegnen, sollte ein konfliktfähiger Mensch folgende Eigenschaften besitzen:

- auch unter schwierigen Bedingungen eine realistische Wahrnehmung der Situation behalten, die zum Konflikt geführt hat;
- somit das Sachproblem nicht aus dem Auge verlieren;
- die Folgen des eigenen Handelns richtig einschätzen;
- die eigene Person wie den Kontrahenten mit Stärken und Schwächen, liebenswürdigen und unfreundlichen Verhaltensweisen wahrnehmen, wodurch beiden Seiten Gerechtigkeit widerfährt;
- Wesentliches von Unwesentlichem unterscheiden;
- Kompromissbereitschaft; Fähigkeit, sich zu einigen;
- die eigene Haltung ändern, anstatt den anderen ändern zu wollen (wodurch oft beim Gegenüber ebenfalls eine andere Haltung erzeugt wird);
- die Verantwortung für die eigenen Anteile am Konflikt übernehmen;

- nach einem gerechten Ausgleich suchen;
- auch in scheinbar ausweglosen Situationen Handlungsfähigkeit behalten oder wiedergewinnen;
- Techniken erlernen und anwenden, die es ermöglichen, eigene Wünsche, Bedürfnisse oder gegenteilige Standpunkte zu vertreten, ohne das Gegenüber anzugreifen.

2.5.7 Problembereiche

Sachliche und persönliche Problemfelder

Konflikte bestehen aus sachlichen und/oder persönlichen Problembereichen; die unten stehenden Punkte können, insbesondere im Berufsalltag, bei deren Lösung behilflich sein:

Sachproblem:

1. Fakten zum sachlichen Problem sammeln;
2. eigenen Standpunkt zu dem Problem erarbeiten;
3. überprüfen, unter welchen Voraussetzungen die Arbeits- oder Privatbeziehung aufrechterhalten bleiben kann oder was sonst zu geschehen hat;
4. prüfen, welche Auswirkungen es hat, wenn die eigenen Vorstellungen durchgeführt werden;
5. mögliche Disziplinierungsmaßnahmen durchdenken;
6. prüfen, ob sie eingehalten werden können.

Persönliches Problem:

1. das menschliche Problem daraufhin untersuchen, aus welchen Persönlichkeitsanteilen des Gegenübers der Konflikt gespeist wird;
2. das Gleiche im Hinblick auf die eigene Person tun;
3. geht es im Konflikt eher um einen Machtkampf, um Überlegenheit, um Rache oder um Verschonung?
4. wurden Interessen verletzt wie der Wunsch nach Anerkennung, Bedeutung, Zugehörigkeit, Sicherheit, persönliche oder materielle Vorteile?

5. überlegen, wo gemeinsame Ziele liegen;
6. Überlegungen anstellen, was die Person selbst zur Verbesserung der Lage beitragen kann;
7. Überlegungen anstellen, inwieweit die eigene Haltung verändert werden kann, so dass das Gegenüber automatisch anders reagiert.

Konfliktgespräch

Im Konflikt-, Kritik- und Problemgespräch können die folgenden Voraussetzungen zu einer Entspannung und Lösungsfindung führen:

- Vorschläge zur Handhabung des Konfliktes durch alle Konfliktbeteiligten;
- Brainstorming (unzensiertes Sammeln von Ideen); ggf. durch Moderator;
- Festlegung objektiver Kriterien für Auswahl der Brainstorming-Resultate;
- Präferenzen formulieren; Rangfolge der Vorschläge erarbeiten;
- Einbezug mehrerer Lösungsvorschläge; Pro und Kontra aufführen;
- Anstreben des Ausgleichs unterschiedlicher Interessen;
- Diskussion der Vor- und Nachteile in den einzelnen Lösungsansätzen;
- Ziel des Konsenses vor Augen halten;
- Abklären, ob Mehrheitsbeschluss oder Einstimmigkeit notwendig ist;
- alle Beteiligten müssen in dem Ergebnis auch Anteile des eigenen Standpunktes wiedererkennen können;
- ist eine solch demokratische Vorgehensweise nicht möglich, auch nicht, wenn um die Beteiligung und die Übernahme von Verantwortungsbereichen geworben wird, ist im Arbeitsbereich die Führungsebene zum Handeln aufgerufen, und zwar direktiv. Im Privatbereich werden die Konfliktpartner einen Schlichter brauchen.

Problemlösung

In der Problemlösung ist es natürlich wichtig, zuerst das Problem erkannt zu haben – es ist besser, eine brauchbare Lösung für das richtige Problem zu finden, als eine hundertprozentige Lösung für das falsche Problem. Kritisches Denken ist wichtig, ebenso, die richtigen Fragen zu stellen. Folgende Schritte zur Problemlösung können angegangen werden:[84]

1. anerkennen oder erkennen, dass ein Problem besteht;
2. das Problem umreißen resp. formulieren;
3. mögliche Lösungen ausfindig machen und sich für eine entscheiden;
4. diese Lösung konsequent, aber situationsbezogen umsetzen.

Es ist wichtig zu erkennen, dass sowohl kurz- als auch langfristig nirgendwo die Nutzlosigkeit blockierender Gefühle deutlicher wird als im Fall des Sich-Ärgerns. Das Urteilsvermögen und der innere Frieden werden beeinträchtigt oder gar verunmöglicht. Der Anspruch besteht darin, die eigenen Gefühle wahrzunehmen und auch zu akzeptieren. Die Selbstüberwindung, also die Fähigkeit, ein negatives oder destruktives Gefühl positiv resp. konstruktiv umzusetzen, führt fast immer zu einem berechtigten Erfolgserlebnis oder wenigstens der Überzeugung, dass man das Mögliche (und Richtige) getan hat.

Die dialektische Gegenüberstellung zeigt, welche Schritte zur Problemlösung ganz sicher falsch sind und wie der Konnflikt richtig zu bewältigen wäre.

- *falsche Auswahl der Stakeholder:* Einbezug von zu wenig Interessenvertretern oder zu wenig Beachtung deren Argumente. Überlegen, wer wie reagieren könnte.
- *zu wenig Lösungsoptionen wählen:* mindestens zwei verschiedene Arten wählen, um das Problem anzugehen.
- *falsche Beschreibung des Problems:* wählen der richtigen Perspektive, zum Beispiel technisch statt menschlich-emotional. (Viele Fehler im Bereich Public Relations geschehen auf diese Weise.)
- *Unterschätzung von Grenzen oder Reichweite des Problems:* Einbezug von zu wenig Informationen, Unterschätzung der Tragweite einzelner Aspekte.
- *kein systematisches Denken:* Beachtung nur eines (oder des falschen) Teils des Problems und dessen Hintergründe (Einflüsse, ggf. frühere Fehlentscheide, die das eigentliche Problem erst ausgelöst oder begünstigt haben). Probleme können Bestandteil eines systemischen Zusammenhanges oder Symptom eines größeren Problemkreises sein.

Jedes Problem kann aus vier Perspektiven betrachtet werden:
- die wissenschaftliche oder technologiebezogene Perspektive;
- die interpersonale oder soziale Perspektive, das heißt wie Menschen denken und fühlen;
- die existenzielle oder geistige Perspektive, das heißt Vorstellungen über Sinn und Zweck;
- die systematische Perspektive, das heißt die Tatsache, dass die meisten Aktionen Teil eines größeren Musters oder Systems sind.

Die Sprache ist ausgesprochen wichtig für die Formulierung eines Problems, gerade im interkulturellen Bereich: Menschen mit verschiedenem Hintergrund und unterschiedlicher Persönlichkeit neigen zu verschiedenen Sprachweisen, da sie ein Problem auf unterschiedliche Art betrachten. So neigen Geschäftsleute dazu, eine wissenschaftliche, technische Sprache zur Problembeschreibung zu verwenden, obwohl die ethische und geistige Dimension eines Themas ebenfalls sehr wichtig – oder wichtiger – sein kann.

Umgang mit psychischen Besonderheiten

Im Umgang mit Menschen, die psychisch schwierige oder gar krankhafte Züge aufweisen, ist besondere Sensibilität und Aufmerksamkeit gefordert. Es ist allerdings hilfreich, sich die seelischen Strukturen eines Menschen nicht als ein kompaktes Ganzes vorzustellen, sondern als ein komplexes Nebeneinander von Verhaltensmustern, die – je nach Umstand – eine unterschiedliche Ausprägung erfahren. Einige Verhaltenshinweise können hier hilfreich sein (siehe auch Anmerkung 83 Teil II).

Der Umgang mit schizoiden Strukturanteilen:
- zurückhaltend bei Dingen sein, die ins Persönliche gehen;
- gut zuhören und den Betreffenden ausreden lassen;
- die ausgeprägte Intellektualität, Rationalität und das kritische Denkvermögen anerkennen und nutzen;
- keine Kooperationsleistungen auf gleichberechtigter Ebene verlangen;

- dort einsetzen, wo Einzelleistungen (ggf. Führungsaufgaben) erwartet werden;
- nicht zu viel werben; sparsam mit Lob umgehen (der Lobende ist überlegen);
- nicht wegen jeder Kleinigkeit kritisieren; sachlich, nicht emotional argumentieren;
- sich durch die Neigung, gegenteilige Standpunkte einzunehmen, inspirieren lassen;
- in Gefühlsdingen nicht zu viel Verständnis erwarten;
- sich von lebhaft geäußerten Aggressionen nicht in die Enge treiben lassen.

Der Umgang mit depressiven Strukturanteilen:
- aus Fehlern kein Drama machen (Depressive haben ohnehin leicht Schuldgefühle und überschätzen die Auswirkung ihrer Fehler);
- sich glücklich schätzen, so einsatzbereite Mitarbeiter zu haben;
- klar definierte Verantwortungsbereiche übertragen;
- dort einsetzen, wo Kooperation (Umgang mit Menschen) gefragt ist;
- erbrachte Leistungen wahrnehmen und anerkennen;
- sich hüten, die Einsatzbereitschaft über Gebühr auszunutzen, da der Mitarbeiter sonst leicht das Gefühl bekommt, dass jede erledigte Aufgabe sofort neue Forderungen nach sich zieht;
- sich durch das gute Zuhörenkönnen der Menschen mit depressiven Persönlichkeitsanteilen nicht dazu verleiten lassen, allzu Persönliches preiszugeben;
- sich von der Neigung zu klagen nicht zu sehr beeindrucken lassen;
- die Friedfertigkeit nicht missverstehen; Depressive neigen dazu, viel zu lange zu warten, bis sie sagen, was ihnen nicht passt;
- zarte Versuche, «Nein» zu sagen oder sich zu wehren, nicht durch gutes Zureden zunichte machen.

Der Umgang mit zwanghaften Strukturanteilen:
- Konsequenz und Verlässlichkeit anerkennen und nutzen;

- sie dort einsetzen, wo Genauigkeit, Gründlichkeit, Ausdauer und Geduld gefragt sind;
- von ihnen keine Leistungen erwarten, die Spontaneität und Wagemut verlangen;
- sie in Arbeitsbereichen einsetzen, in denen sie allein arbeiten, da es ihnen schwer fällt, Kollegen als gleichberechtigt anzuerkennen;
- sie bei Entscheidungsfindungen unterstützen;
- hellhörig auf aggressive Untertöne (zum Beispiel Nörgeln) achten und sie zur offen Kritik ermutigen;
- bedenken, dass zwanghafte Menschen lange als perfekt erlebt werden;
- sie nicht enttäuscht fallen lassen, wenn sie sich als ganz durchschnittliche Menschen entpuppen.

Der Umgang mit hysterischen Strukturanteilen:
- ihre Talente fördern und durch kluge Einsatzplanung nutzen;
- ihre mitreißende Art zur Motivation anderer Mitarbeiter nutzen;
- sie ein Team anleiten lassen, das ihre kreativen Ideen in die Tat umsetzt;
- ihre Kreativität und Kontaktfähigkeit anerkennen;
- nicht erwarten, dass sie für den Kleinkram zu haben sind;
- sie ermutigen, die Talente durch Üben und Können zu untermauern;
- ihnen dort, wo es notwendig ist, Grenzen setzen;
- auf Pünktlichkeit bestehen;
- traumtänzerischen Ideen Realität entgegensetzen;
- Hilfestellung bei klarer Planung geben.

2.6 Transkulturelle Medizin und Psychiatrie

2.6.1 Einflussbereiche

Interkulturelle Kompetenz wird in fast jedem Kontakt mit anderen Menschen als Erfolgsfaktor gewertet und benötigt. Sehr deutlich zeigt sich dies auch im ärztlichen Beruf, wo die Behandlung von Patienten aus anderen Kulturkreisen teilweise vollständig anders angegangen werden muss als mit Patienten aus dem eigenen Landkreis; oft werden nicht nur sprachliche, sondern auch kulturelle Übersetzer (der «medizinisch-kulturelle Mediator») benötigt, um dem Krankheitsverständnis des Patienten näher zu kommen und eine auch mental unterstützte Gesundung zu ermöglichen.

Die (vergleichende) transkulturelle Psychiatrie untersucht in enger Verbindung mit der Ethnologie und der Kulturanthropologie einerseits die kulturellen und andererseits die soziologischen Gegebenheiten in verschiedensten Volksgruppen auf ihre Bedeutung für die Entstehung und Ausgestaltung psychischer Störungen. Für einzelne psychische Störungen wurden wesentliche transkulturelle Unterschiede gefunden. Nicht nur die normalen Verhaltensweisen von Menschen, sondern auch deren aus psychischen Gründen abnorme oder kranke Verhaltensweisen sind stets in Relation zu den sozio-kulturellen Hintergründen ihrer Volksgruppe zu sehen.
Folgenden Faktoren wird besondere Bedeutung zugemessen:

- sprachliche Verständigungsschwierigkeiten
- religiöse Besonderheiten
- magische Gedankeninhalte

Religiöse und magische Aspekte können unter anderem in der Schizophreniediagnose wichtige Hinweise geben. Insbesondere in der Gefängnispsychiatrie erschweren es diese Problemfelder und unbekannten Faktoren, Simulanten von pathologischen Fällen (einschließlich Suizidgefährdung) abzugrenzen. Davon betroffen sind Symptomanalyse, Diagnose und damit auch Aussage zur Hafterstehungsfähigkeit. Die Abgrenzung zwischen «normal» und «abnorm» wird hier zusätzlich erschwert – viele Kriterien sind kulturbezogen sehr unterschiedlich! Das Ziel ist hier, die Entität resp. Ausprägung eines Krankheitsbildes in Relation zu transkulturellen Faktoren zu sehen.[85]

Hier kann durchaus auch die Berücksichtigung ethnospezifischer Therapiekonzepte erwogen werden, auch wenn man sich bewusst sein muss, das es keine «ethnomedizinische Rezeptsammlung» gibt.[86]

Ähnlich verhängnisvoll wie die Vernachlässigung der kulturübergreifenden Betrachtungsweise wäre die Vernachlässigung der kulturimmanenten Sicht: Schafft Erstere eine künstliche Entfremdung, die einem breiteren Verstehen und Kooperieren entgegenwirkt, führt Letztere zu einer abstrakten Verallgemeinerung, welche die kulturelle Differenzierung und Identität der ethnischen Gruppen negiert. Die kosmopolitische Medizin und Psychiatrie kann den jeweiligen lokalen Verhältnissen nur dann gerecht werden, wenn sie durch gleichzeitige kulturimmanente Betrachtung der Kultur eingeformt und damit angeeignet wird. (Diese sowie viele der unten stehenden Erkenntnisse in diesem Kapitel beziehen sich auf das umfassende und hoch interessante Werk «Transkulturelle Psychiatrie» von W. Pfeiffer.[87])

2.6.2 Der Begriff «normal»

Der Begriff Normalität ist ein weiter Begriff. Um Normalität und Devianz (Abweichung, Abnormität) beurteilen und allenfalls abgrenzen zu können, arbeitet man mit mindestens sechs Normbegriffen:

- *die statistische Norm:* Diese ist am einfachsten quantitativ durch (Leistungs-)Tests zu erfassen. Man hat dann allerdings ein Problem bei der Definition eindimensionaler Merkmale, ebenso bei der Erfassung komplexerer Verhaltensweisen.
- *die biologische Norm:* Unterscheidung zwischen physiologischen und pathologischen Erscheinungen. Hier besteht die Schwierigkeit der Definition einer «biopsychologischen» Norm.
- *die sozial-normative Beurteilung:* Sie findet in den Erwartungen und Bewertungen Ausdruck, die auf eine Person gerichtet werden (sowohl engere Umgebung als auch Gesellschaft im Allgemeinen). Die sozial-normative Beurteilung ist abhängig unter anderem vom sozialen Status und der gegebenen Situation.
- *Eigennorm:* subjektiver, eigener (individuell und situativ variierbarer) Vergleich zwischen gegenwärtigem Befinden mit sonstigem Zustand oder dem der anderen.

- *die funktionelle Norm:* Beurteilung der Fähigkeit, Leistungen in realen Lebenssituationen qualitativ zu erbringen resp. zu erfüllen. Sie nimmt eine Zwischenstellung innerhalb der vorgängig erwähnten Normen ein.
- *Idealnorm:* Untersuchung der Verhaltensformen bei Abweichung zu persönlichen oder sozialen Leitbildern; in Abhängigkeit der sozial-normativen sowie der Eigen-Norm.

In der Beurteilung eines Normverhaltens ist ausschlaggebend, wie sich die Urteile unter den einzelnen Normaspekten verhalten; am einfachsten, wenn sie zu einem übereinstimmenden Urteil führen (Beeinträchtigung der Leistung, Patient fühlt sich krank, wird von der Umgebung als krank anerkannt, Arzt stellt eine klare Diagnose).

Wo aber widersprüchliche Urteile bestehen, da ergeben sich charakteristische Konstellationen, deren Auflösung oft auf kulturspezifische Weise erfolgt. So kann die Verhaltensstörung eines Kindes sozial-normativ zunächst als Unart beurteilt und bestraft werden; wenn durch den Arzt aber das Bestehen einer Krankheit festgestellt wird, dann ändert sich in unserer Kultur die gesellschaftliche Beurteilung und in der Regel auch die des Patienten im Sinne der biopsychologischen Norm. Dies entspricht der starken Position, die in unserer Gesellschaft der naturwissenschaftlichen Medizin zugewiesen wird. Wo die objektivierende Funktion der Gesellschaft niedriger ist oder ausfällt, ist die «Präsentation» einer Krankheit wichtiger – ein Verhalten, das in nördlichen Industrieländern ggf. als «hysterisch» verkannt und verurteilt wird. Bei unlösbarem Widerspruch zwischen den Leistungsforderungen der Gesellschaft und der Eigennorm der betroffenen Person kann es zu schweren psychischen Reaktionen kommen, wofür teilweise kulturspezifische Muster zur Verfügung stehen.

2.6.3 Definition und Beurteilung der Krankheit

In der transkulturellen Medizin und Psychiatrie, aber auch in den Kultur- und Gesellschaftswissenschaften sind folgende Fragestellungen wichtig:

- *die Frage der Pathogenese:* Sind in allen Kulturen die gleichen Krankheiten anzutreffen oder gibt es Störungen, die auf bestimmte Kulturen beschränkt sind? Bestehen Unterschiede in der Häufigkeit der Erkrankungen und lassen sich kulturelle Faktoren nachweisen, welche das Auftreten bestimmter Krankheiten begünstigen oder zurückhalten?
- *die Frage der Pathoplastik:* In welcher Weise werden die Krankheitsbilder durch die örtliche Kultur geformt?
- *die Reaktion des Patienten auf das Erlebnis der Krankheit:* Während in westlichen Kulturkreisen die intellektuelle Auseinandersetzung besonders auffällt, treten andernorts andere Reaktionsweisen in den Vordergrund: elementare motorische Reaktionen, Regression auf kindliche Verhaltensweisen, aggressives und autoaggressives Verhalten.
- *die Reaktion der Umwelt auf die Erkrankung und abnorme Verhaltensweisen:* Hier gibt es eine weite Skala, die von verstärkter Zuwendung bis zur Ausstoßung reicht. Es finden sich unterschiedliche Wertungen und Interpretationen, wodurch wiederum die Behandlungsform beeinflusst wird.

Krankheiten, auch Geisteskrankheiten, können durch bestimmte Erziehungsformen vorbereitet und soziale Situationen verursacht werden, ebenso der Zusammenhang zwischen Aggressivität, Suizid und Mord. Ein Beobachter oder Untersuchender wird meist befangen sein in seinen methodischen, schulmäßigen und kulturellen Begrenzungen; dies kann überwunden werden in einer Gruppe von Mitarbeitern unterschiedlicher wissenschaftlicher und kultureller Herkunft, was aber der Einsicht in die Relativität der eigenen Auffassungen und der Anerkennung entgegengesetzter Meinungen bedarf.

2.6.4 Beispiele und Ausprägungen

Erdulden

Auf Java, wie auch in anderen ländlichen Gebieten Asiens, fällt auf, dass sich viele Menschen in Gleichmut und ohne jeden Deutungsversuch den ungewöhnlichen Erlebnissen wie zum Beispiel den Halluzinationen überlassen.

Eine solche Haltung mag aus einem naiven Einklang mit der Welt entspringen oder aus der Gewöhnung, dass ein Großteil des alltäglichen Geschehens außerhalb menschlicher Kontrolle liegt. Eng mit halluzinatorischen Erlebnissen ist der Wahn verknüpft, in sexuellen Beziehungen zu Geistern zu stehen, wie beispielsweise ein phallischer Zwerg, der in Psychosen der Tembu-Frauen in Südafrika eine zentrale Stelle einnimmt, oder javanische Patienten, die darüber klagen, dass ihnen böse Geister nachts ihr Sperma rauben.[88]

Eifersucht

Eifersuchtswahn scheint in Indien besonders häufig vorzukommen, was mit den durch die Familie arrangierten Ehen und der latenten Ablehnung des Ehepartners in Verbindung gebracht wird. Wahnvorstellungen richten sich häufig auch auf das soziale Umfeld, insbesondere, wenn sich der Mensch in seiner Umgebung geborgen fühlt. Im engeren Umfeld kann, in Kreisen mit patriarchalischer Ordnung, wie etwa bei den im Ausland lebenden Chinesen, der Vater als Verfolger gesehen werden; in Indien auch der älteste Bruder, der die Rolle des Familienoberhauptes übernommen hat. Wo Mädchen in fremde Familien ausgeheiratet werden, erleben sie häufig die Schwiegermutter als Verfolgerin, zum Beispiel in Indien, Taiwan und Nordafrika. In den durch die Familien arrangierten Ehen wird auf solche Weise oft das latente Misstrauen zwischen den Ehepartnern deutlich. Besonders bieten die Mehrehen eine ständige Grundlage für persekutorische Vorstellungen. Allerdings kann dies sich dies auch auf Menschen außerhalb der eigenen Gruppe, die als bedrohlich empfunden werden, ausrichten, etwa auf Minderheiten, die kollektiv als Verfolger erscheinen, so in Indien die «Muslimin» oder die «Chinesen», in vielen Ländern «die Kommunisten» oder irgendwelche Geheimbünde.

Versagensängste und Schulderleben

Das Gefühl leistungsmäßigen Versagens (ein häufiger Aspekt bei Depressionen) findet sich außerhalb Europas besonders in Japan und China sowie bestimmten Schichten der indischen Bevölkerung, fast nie dagegen in tropischen Ländern. Hier ist die unterschiedliche Bedeutung der Arbeitsleistung für die

Beurteilung eines Menschen zu berücksichtigen: Wenn der Kranke durch sein Leistungsversagen gegen die Wertordnung der Gesellschaft verstößt, verliert er tatsächlich die Anerkennung seiner Umwelt; da er sich selbst mit der Wertordnung identifiziert, kommt es zu Selbstzweifeln und Schuldgefühlen. In den traditionellen Kulturen der Tropen ist dagegen die Stellung des Einzelnen in der Familie und der weiteren Gesellschaft meist mit der Geburt festgelegt und bleibt von den Arbeitsleistungen unberührt.

In besonders differenzierter Weise äußern sich die kulturellen Einflüsse im Schulderleben: Nirgends sind Selbstbeschuldigungen derart häufig wie im euro-amerikanischen Bereich, so dass gerade von psychoanalytischer Seite die Meinung vertreten wurde, dass sie zu den Grundsymptomen der Depression gehörten. Sehr verbreitet sind sie aber auch in Ostasien, so in China, Japan, Vietnam und Indien, aber auch in Syrien, Ägypten und Ghana. Schuldgefühle sind also nicht spezifisch an die jüdisch-christliche Tradition gebunden, sondern lassen einen entsprechenden Einfluss der konfuzianischen Ethik annehmen und verweisen weiterhin auf die oft rigorosen Verpflichtungen in hinduistischen und islamischen Sitten. Selten sind Schuldgefühle dagegen in Indonesien; gänzlich fehlen sollen sie in unteren Schichten der afrikanischen Bevölkerung.

Das Gefühl der Versündigung ist wohl überall anzutreffen, wo sich der Mensch einer persönlichen Gottheit als Wert gebender Instanz gegenübergestellt weiß und sich zur Rechenschaft über seine Handlungen aufgerufen fühlt, also vor allem in der christlichen und jüdischen Religion, aber auch im Islam, in hinduistischen Kulten und einzelnen Stammesreligionen. Eine Form religiöser Verarbeitung von Depressionen kann das Erlebnis der Krankheit als göttliche Prüfung sein; dies besonders im Islam und in strenggläubigen christlichen und mosaischen Kreisen. Schuldgefühle wegen Vorgängen, die völlig außerhalb des eigenen Willens und Vermögens liegen, finden sich unter anderem in Indien (entsprechend der Karmalehre Selbstbezichtigungen, man habe in einer früheren Inkarnation ein Verbrechen auf sich geladen oder auf andere Weise ein schlimmes Karma angehäuft). Verbreitet in Ostasien ist auch die Vorstellung, dass die Schuld eines Menschen auch seinen Nachkommen und seine Umgebung belaste.

Sehr oft wird Krankheiten, insbesondere Geisteskrankheiten, sakraler Charakter zugesprochen. Obwohl schon Hippokrates die Epilepsie in eine naturwissenschaftliche Betrachtungsweise (auf eine Störung der Hirnfunktion) rückte, hält sich vor allem in Afrika die Überzeugung, Epilepsiepatienten seien von bösen Geistern besessen. Dort ist sie auch wesentlich stärker verbreitet, unter anderem dadurch, dass die Ehe mit anfallsbelasteten Familien häufig gemieden wird, was zur Inzucht innerhalb solcher Familien und damit zu verstärkter Manifestation entsprechender Anlagen führt. Auch lässt das Fehlen geeigneter Behandlungsmöglichkeiten die Häufigkeit der Anfälle viel größer und die psychischen Auswirklungen weit schwerer werden, als dies in Industrieländern der Fall ist. Sehr ausgeprägt ist die Diskriminierung dieser Kranken: Sie werden ausgestoßen und als hoch ansteckend betrachtet, insbesondere während der Anfälle; dadurch bleibt auch jede Hilfeleistung aus, was unter anderem zu schwersten Verbrennungen (an den offenen Feuerstellen) führen kann. Die Epilepsie wird in diesen Kulturen als Strafe resp. Folge eines Tabubruchs, als Besessenheit, böser Zauber und/oder als ansteckende Krankheit gesehen. Im arabischen Raum demgegenüber genießt der Epileptiker ambivalente Verehrung, etwa weil er prophetische Gaben besitze.

2.6.5 Krankheitsverständnis im kulturellen Kontext

Jede Kultur lässt sich durch typische Bereiche kritischer Anforderung und Versagung charakterisieren; die wichtigsten davon sind:

- *Familienstruktur:* Die arrangierten Ehen in islamischen Ländern und Indien sind oft eine große, krankheitsfördernde Belastung. Für die Braut, die häufig noch ein Kind ist, bedeutet eine solche Ehe die erste Trennung vom Elternhaus, zugleich aber die Auslieferung an einen oft gleichgültigen, wenn nicht gar ablehnenden Ehepartner und dessen Familie (dies ist, vor allem in Indien, auch im Zusammenhang mit der Behandlung der Frau als «minderwertig» zu sehen); hinzu kommt die unvorbereitete, nicht selten traumatische Sexualerfahrung. Aus Indien, aber auch Nordafrika, werden in diesem Zusammenhang sowohl Suizidhandlungen als auch Besessenheitszustände beschrieben. Anders gelagerte, aber auch problematische Erfahrungen ergeben sich in der Problematik der Kernfamilie in westlichen Kulturen, insbesondere bei Einzelkindern, die mit nur einem Elternteil aufwachsen – dieses Problem gewann auch in China durch die Verordnung auf das Einkind-System an Bedeutung.

- *Überforderung durch bestimmte Aufgaben und Tätigkeiten:* Ein bei den Eskimos häufig auftretendes Syndrom ist die Kayakangst. Diese anfallsartigen Schwindelerscheinungen treten auf, wenn der Jäger bei glatter See lange Zeit bewegungslos auf das Auftauchen einer Robbe wartet (Isolierung, Reizarmut). In westlichen Ländern ist die Höhenangst, ebenso die Flugangst verbreitet. Ein erheblicher Belastungsfaktor ist in den meisten industrialisierten Ländern das Bildungssystem: Erfolg und Selbstwert werden derart miteinander verknüpft, dass ein Scheitern (Prüfungen, berufliche Stellung etc.) zur Katastrophe werden kann – erschreckend hohe Suizidhandlungen werden aus diesen Gründen aus Japan und auch Indien berichtet. In Indonesien ist es gesellschaftlich akzeptiert, wenn man sich im Zustand der Verlegenheit oder Unsicherheit aus dem Fokus der Öffentlichkeit zurückzieht; die Menschen sind Zwängen somit weit weniger ausgesetzt; die Selbstachtung, das Ansehen und das richtige Auftreten stehen in dieser Kultur im Mittelpunkt.
- *Überbetonung der Geschlechterrolle:* die Überbetonung der Unterscheidung in der Geschlechterrolle ist in vielen Kulturen derart gestaltet, dass dies für manche zu einer großen Belastung wird. Erstaunlicherweise wird aber in vielen solcher Kulturen ein Wechsel der natürlicherweise zugeschriebenen Geschlechterrolle toleriert oder gar institutionalisiert: bei Prärie-Indianern wie den Sioux war die Geschlechtsrolle des Mannes derart auf aggressives Kriegertum eingeengt, dass sich immer wieder einzelne Männer entschlossen, die Geschlechtsrolle der Frau zu übernehmen. In den Kulturen Indiens und Indonesiens mit ihren gleichfalls streng differenzierten Geschlechtsrollen kommt transvestierenden Männern eine gesellschaftlich tolerierte, wenn auch nicht immer hoch angesehene Position zu.
- *Territorialordnung:* Für Menschen auf der Kulturstufe der Jäger und Samm-

ler bedeutet bei ihrem Umherziehen die Territorialordnung eine besondere Quelle von Konflikten; bei Überschreitungen in andere Territorien, insbesondere beim Übergang vom Land in die See, müssen die Geister und höheren Kräfte milde gestimmt werden, anderenfalls es zu schweren körperlichen Krankheiten kommen kann.

2.6.6 Ausprägung von Verhaltensweisen und Einstellungen

Die Gesellschaft in jeder Kultur begünstigt einzelne Verhaltensweisen, während sie andere unterdrückt: durch Rituale der Trauer und des Abschieds wird die Ablösung vom Partner erleichtert und der Aufbau neuer Beziehungen gefördert; ebenso kann ein lebhafter Affektausdruck, der in der einen Gesellschaft verlangt wird, in einer anderen als abnorm bewertet oder gar als «hysterisch» abgewiesen werden. So können auch Ereignisse entweder verleugnet werden, oder es wird eine bewusste Auseinandersetzung mit ihnen gefördert. Im Fall von Unglück und Verlust kann die Kultur Hinnahme und Ergebung nahe legen (zum Beispiel in der indonesisch-islamischen Tugend des «ikhlas»: ergeben sein in den göttlichen Willen und damit Gleichmut bewahren), oder aber Auflehnung, aktives Bemühen um Veränderung, etwa durch Suche nach dem Schuldigen. Dabei wird die Kultur Hinweise geben, ob die Anklage auf die Umgebung zu richten ist oder ob nach eigenen Verstössen und Versäumnissen zu fahnden sei.

Weitere Merkmale, welche die Gestalt psychischer Reaktionen beeinflussen, liegen in der Kontinuität und der Abgrenzung der Person: ob ein Mensch durch sein ganzes Leben derselbe ist oder die Identität wechselt, beispielsweise mit Altersstufe, Amt, Namen oder gar von Situation zu Situation, und ob die Identität auf dieses Individuum und vielleicht nur seinen geistig-seelischen Bereich beschränkt ist oder ob sie auch den Körper oder die umgebenden Menschen (im Sinne eines «Gruppen-Ich») umfasst resp. einschließt.

In vielen Kulturen, vermehrt (oft in zyklischen Perioden) auch in industrialisierten Ländern, werden im geregelten Ablauf des Lebens Freiräume bereitgestellt, in denen sonst verpönte Verhaltensweisen ausgelebt werden dürfen – allerdings in einen begrenzten Raum eingefügt und an mehr oder weniger festgelegte Formen gebunden: Karneval, Festlichkeiten, Partys etc. mit Gelegenheit zu Rausch, Insubordination, Selbstdarstellung und freieren erotischen Kontakten. So kanalisiert die Kultur potenziell gefährliche Bedürfnisse, womit sie eine wichtige psychohygienische Funktion erfüllt!

Reinigungs-, Entschuldungs- oder Sühnezeremonien treten, auch in sehr umfangreichem Maße, in zahlreichen Kulturen und Religionen auf; diese sind daher keineswegs «neurotisch», sondern sichern als festgelegte Regeln und Rituale den ungestörten und verlässlichen Ablauf des Lebens.

Wie schon ausgeführt, sind Interpretationen und Interventionen bei verschiedenartigen Erscheinungen kulturspezifisch unterschiedlich:

- *Hochschätzung der Veränderung:* wenn Abweichungen als Manifestationen einer höheren Macht verstanden werden.
- *Hinnahme als persönliche Absonderlichkeit:* besonders bei Familienverbänden traditionsorientierter Kulturen; einerseits der Integration förderlich, doch sind auch geringschätzende oder belustigende Reaktionen möglich.
- *Fürsorgliche Zuwendung:* abhängig einerseits vom Verhalten des Betroffenen, andererseits von der Interpretation durch das soziale Umfeld: Solidarität mit dem Opfer, wenn Zauberei als Ursache definiert wird, oder eher Ablehnung bei Empfinden der Situation als zusätzliche Belastung oder böser Fluch.
- *Ausstoßung und physische Vernichtung:* wenn Verhalten des Kranken als bedrohlich oder beschämend empfunden wird, erfolgen oft Zwangsmaßnahmen und Züchtigungen: Im asiatischen Raum werden psychisch Kranke nicht selten in kleinen Käfigen oder Ställen vor der Umwelt verborgen. Die Tötung des Kranken kann damit begründet werden, dass er sein menschliches Wesen verloren habe bzw. geistig schon tot sei.

Auf Stress und Unsicherheiten basierende psychoreaktive Störungen kommen in fast allen Kulturkreisen vor; in Industrieländern herrschen Zeitdruck und Wettbewerbsdenken vor, während in traditionsbestimmten (dörflichen) Gemeinschaften Naturkatastrophen, Hungersnöte und anhaltende Kämpfe, oft auch eine feudalistische Gesellschaftsordnung oder erstarrtes Gewohnheitsrecht ein individuelles Streben verunmöglichen resp. eine vitale Bedrohung und Belastung darstellen.

2.6.7 Unsicherheit und Angst

Soziale Ängste sind, in unterschiedlicher Form und Ausprägung, weit verbreitet: in Industrieländern die Angst vor Erröten, einen unangenehmen Geruch auszuströmen, das Gefühl, missgestaltet zu sein sowie die Angst vor Blickkontakt, und im ostasiatischen Raum, insbesondere Japan, die Angst, auf andere negativ zu wirken oder einzuwirken, sowie auch das «Gesicht zu verlieren». In Ostasien wird die persönliche Interaktion besonders stark durch nonverbale Signale bestimmt, womit die eigene Unsicherheit wächst, der andere könne zu viel über den eigenen Zustand erfahren oder Falsches hineininterpretieren. Die Gründe für die starke Wertung nonverbaler Signale mag in der Notwendigkeit liegen, im engen Zusammenleben, gemäß dem konfuzianischen Ethos, Frieden und Harmonie zu sichern und damit die Bedürfnisse und Gefühle der anderen ständig zu berücksichtigen. Die gewohnte Sicherheit geht aber in fremdartigen Situationen, besonders auch gegenüber Höher Gestellten, verloren, was dann zu übersteigertem Suchen nach Rückmeldungen im (nonverbalen) Verhalten der anderen und zu Missdeutungen führen kann.

Verängstigung, Orientierungslosigkeit, Fundamentalismus, Aggressivität, gesellschaftliche Desintegration, materielle und immaterielle Not, Hoffnungslosigkeit werden von Politik, Medien und Wissenschaft mit einer zunehmenden Verunsicherung in Verbindung gebracht. Es kann zwischen verschiedenen Unsicherheiten unterschieden werden (im Englischen durch die drei Substantive *uncertainity, insecurity* und *unsafety* klarer gekennzeichnet):[89]

- *Besitzunsicherheit:* Menschen besitzen äußere Mittel im weiteren Sinne wie Geld, materielle Güter, Macht, Bildung, Prestige, Beziehungen. Sie besitzen aber auch innere Mittel, die wir nicht zufällig ebenso als Vermögen bezeichnen: Fähigkeiten des Denkens, Fühlens, Wollens und Tuns. Sind diese

Mittel nicht im Überfluss vorhanden und drohen mehrere von ihnen sogar zu schwinden, wird unsere Lebenslage prekär (Prekarität).

- *Interpretationsunsicherheit:* Ungewissheit als zweite Dimension meint Wahrnehmungs- und Interpretationsunsicherheit. Wir nehmen uns selber sowie Menschen und Dinge in unserer Umgebung wahr und deuten und werten, was in und um uns vorgeht. Wir befinden uns jedoch letztlich im Ungewissen, ob wir alles auch richtig wahrnehmen: Der Blick nach innen und nach außen kann täuschen. Wir suchen uns selber zu begreifen, und wir wollen verstehen, worum es in einer Situation geht. Wir deuten die Zeichen der Zeit, um der Ungewissheit der Zukunft ihren Schrecken zu nehmen. Doch wie können wir als Angehörige einer pluralistischen Kultur wissen, ob wir mit unseren Wahrnehmungen und Interpretationen auch richtig liegen? Immerhin mutmaßen nicht wenige, dass sich die Wirklichkeit prinzipiell nicht erkennen lässt: das Ding an sich (Kant) entzieht sich ebenso wie die Klasse an sich (Marx). Die Komplexität der Welt nimmt unablässig zu und zwingt uns zu immer größerer «Komplexitätsreduktion». In diesen Vorgang ist die Wissenschaft auf eine sehr paradoxe Weise eingebunden: War sie einstmals angetreten, den religiösen Glauben durch Wissen zu ersetzen, hat sie seither eine solche Fülle und Vielfalt von Aussagen über die Welt hervorgebracht, dass sich die verschiedenen Meinungen relativieren und oftmals gar wechselseitig aufheben. Das nährt den Zweifel, und der kulturelle Modernisierungsprozess lässt manche verzweifeln, zumal der postmoderne Diskurs der vergangenen Jahrzehnte Uneindeutigkeiten und Ambivalenzen noch betont. Die einen bekennen sich denn heutzutage zum Glauben, die anderen zum Konstruktivismus, einer Fortsetzung des Glaubens mit anderen Mitteln und selber Konstrukt.
- *Entscheidungsunsicherheit:* Risiko und Gefahr sind zwei Arten von Entscheidungsunsicherheit; sie beziehen sich auf die Möglichkeit negativer Handlungsfolgen bei Entscheidungen. Bei Risiko wird dem Individuum die Verantwortung für die Entscheidungsfolgen zugeschrieben. Dies im Unterschied zur Gefahr, bei der die Verantwortung unbeeinflussbaren äußeren Umständen zugeschrieben wird. Wir leben sowohl in einer Risikogesell-

schaft als auch in einer Gefahrengesellschaft. Risiken und Gefahren bedrängen uns vor allem dann, wenn es sich nicht nur um kleine Entscheidungen im Alltag handelt, sondern um große, die unter Umständen sogar unsere Lebensentwürfe und Lebensverläufe in Frage stellen können. Was, wenn die Entscheidung für eine Partnerschaft, ein Kind, eine Freundschaft, eine Arbeitsstelle, eine Wohnung, eine Ausbildung, einen teuren Gegenstand, eine lange Reise, eine unsichere Operation usw. nicht die erwarteten, erhofften Folgen zeitigt? Solche Fragen stellen wir uns bereits in der Gegenwart, bevor wir entschieden haben. Und auch wenn wir ein Risiko bewusst in Kauf nehmen, lauern überall noch Gefahren genug, die unsere Unternehmungen gefährden können: die unbekannte Halbwertzeit der Liebe, die Rezession, die Kündigung von Anstellung oder Wohnung, die Bildungsinflation, Unfälle und Krankheiten oder gar kriegerische Auseinandersetzungen, ökologische Katastrophen.

- *Erwartungsunsicherheit:* Kontingenz, die situative Erwartungsunsicherheit, bezieht sich auf die Unsicherheit von Handlungsabläufen, auf deren Unerwartbarkeit. Sie ergibt sich aus der wechselseitigen Unbestimmtheit der an der Situation Beteiligten. Kontingenz birgt aber ebenso viele Freiheiten wie Unsicherheiten; soziale Strukturen und Institutionen, verbindliche soziale Werte, Normen und Rollen mindern die Kontingenz. In einer Gesellschaft indessen, in welcher der Kult des Individualismus zur Massenreligion wird, werden soziale Normen immer weniger befolgt oder gar verinnerlicht – die sozialen Werte zerfallen jedoch nicht, sondern werden vielfältiger ausgelegt.
- *Selbstunsicherheit:* Erfahrungen mit Unsicherheit in ihren verschiedenen Gestalten schlagen sich im Bewusstsein und im Körper eines Menschen nieder: Sie können einverleibt werden. Dieser Prozess beginnt mit den ersten Lebensmomenten. Selbstunsicherheit bezeichnet das physische und psychische Gedächtnis, das ein Mensch in Bezug auf Unsicherheitserfahrungen entwickelt. Der/die Selbstsichere ist gewissermaßen bereit, einer unsicheren Welt den Kredit eines grundlegenden Sicherheitsgefühls zu geben.

Es ist offensichtlich, dass ein Mensch umso mehr zu Vertrauen und umso weniger zu Angst neigt, je größer seine Selbstsicherheit ist. Selbstsicherheit bedeutet auch vertrauen können, ebenso Identität: Selbigkeit, das Gefühl zu wissen, wer man ist, das Gefühl also, der eigenen Persönlichkeit habhaft, seiner selbst, seines Selbst sicher zu sein. Hier offenbart die Selbstsicherheit ihre selbstreflexive Seite. Eine verunsichernde Welt fordert und unterläuft zugleich die Selbstvergewisserung, das heißt unsere Bemühungen um eine eigene Identität. Auch sind nicht alle Menschen im gleichen Ausmaß von Unsicherheiten betroffen: Es besteht eine soziale Ungleichheit der Unsicherheiten. Als Orientierung für politische wie zivilgesellschaftliche Akteure empfiehlt sich eine Balance der Werte Freiheit, Gleichheit und Sicherheit.

Oftmals sind Menschen aus Angst vor kurzfristigem Schmerz nicht imstande, Entscheidungen zu treffen, die ihrem Eigeninteresse entsprechen – dies sowohl im persönlichen als auch im ökonomischen, sozialen und politischen Bereich. Rationales und emotionales Denken wirken hier besonders aufeinander ein: Mut, Risikobewusstsein, Selbstsicherheit, aber auch Vernunft und Umsicht werden zu unverzichtbaren Faktoren, die je nach kulturellem Hintergrund (eigene Biografie), Einfluss (menschlich wie situationsbezogen), und Umfeld (Ort, Religion, Erwartungshaltung, Sitten und Bräuche) stark divergieren resp. unterschiedlich ausgeprägt sein können.

Ängste werden vielfach dadurch gemindert, indem andere, dem Außenstehenden verwechselnde oder sinnentfremdende Bezeichnungen gefunden werden: Auf der indonesischen Insel Nias wird beispielsweise das Krokodil mit «Großmutter» benannt. Direkte Benennungen der Gefahren könnten zu lähmenden Schreckreaktionen führen.

In einzelnen Gebieten vor allem Chinas war, teilweise sogar in epidemischem Ausmaß und bis in die Gegenwart, die Angst vor dem Schwinden (sich in den Körper zurückziehen) der Genitalien («suoyang») zu verzeichnen, als Ausdruck einer Störung des Gleichgewichts im Yin-Yang-Prinzip (hier Schwinden des Yang-Prinzips); eine Angst, die mit der Kastrationsangst verglichen werden kann, doch im ostasiatischen Raum (Korea, indonesische Küstengebiete, Indien und vor allem China) von einer volksmedizinischen und allgemein populären Tradition getragen wird. Die Symptome dieser Angst können zu stunden-, manchmal tagelangen Anfällen (Panikattacken) mit schwersten körperlichen Beschwerden und Todesangst führen. Erklärungen für diese kollektiv auftretenden Erscheinungen lassen aus sozialpsychologischer Sicht einen Zusammenhang zwischen einerseits dem Harmoniebedürfnis und andererseits dem Land, Selbstbild und der Sexualität erkennen: Die Bedrohung der heimatlichen Erde (auch in Gestalt der Vertreibung oder Überfremdung!) stellt bei Menschen, die ihr Selbstgefühl aus der Bindung an Scholle und Dorfgemeinschaft beziehen, die Identität in Frage, was zu Ängsten um die Sexual- und Lebenskraft und damit zu solchen kollektiven Reaktionen führen kann.

Die Angst vor Spermaverlust hat sowohl religiöse als auch gesellschaftliche Hintergründe: In Indien, Südostasien und China entspricht ein Tropfen Sperma 60 Tropfen Blut oder der Nahrungsaufnahme von mehreren Tagen. Aber auch in Mitteleuropa wurde in der Sexualaufklärung noch Anfang des 20. Jahrhunderts die Meinung vertreten, Spermaverlust und insbesondere Masturbation verursache körperliche und geistige Schwächung bis zur Geisteskrankheit – ein eindrucksvolles Beispiel für die Bindung medizinischer Lehren an kulturelle Auffassungen, aber auch an zeitlich begrenzte Modeerscheinungen.

2.6.8 Kulturelle Eingriffe, Ausprägungen und Aufgaben

Aus den vorangehenden Ausführungen ist ersichtlich, dass hauptsächlich Form und Verlauf der (psychischen) Störung durch die Kultur beeinflusst werden, vor allem bei reaktiven Erscheinungen. Besondere Merkmale sind dabei Persönlichkeitsstruktur sowie die zeitliche Kontinuität des Ich und der Grad seiner Abgrenzung gegenüber der Gruppe.

Zu den wichtigsten Aufgaben einer Kultur gehört, den Menschen im Umgang mit seinen vitalen Bedürfnissen zu unterstützen, so dass es ihm gelingt, diese Bedürfnisse und die umgebende Welt aufeinander abzustimmen. So ergibt sich auch ein großer Einfluss auf die Gestaltung des Alltagslebens, das in folgende Lebensbereiche (die einzeln kulturspezifisch verschieden sein können) eingeteilt werden kann:[90]

- Verhältnis zur physischen Umwelt samt der Gestaltung des Lebensraumes;
- die Ernährung sowie Kultivierung der Lebensmittel;
- die Lebensrhythmen und die zeitliche Ordnung des Alltags;
- der Kräftehaushalt und der Wechsel von Tätigkeit und Muße;
- die Pflege und Kultur des Körpers;
- der Umgang mit Emotionalität und Sexualität.

Schwerwiegende kulturelle Eingriffe in vitale Grundfunktionen können sein:
- künstliche Verminderung der Bewegungsfähigkeit der Frauen durch Verkrüppelung der Füße im alten China;
- künstliche Einschränkung oder Verunmöglichung der sexuellen Empfindungsfähigkeit durch die Beschneidung der Mädchen in islamischen und afrikanischen Ländern;
- radikale Trennung der Geschlechter von Pubertät bis Verehelichung;
- Gestaltung der Kleidung von Nacktheit bis zur völligen Verhüllung samt deren Einfluss auf Wärmehaushalt und Körperpflege;
- Arrangement des Schlafens: Schlafstätte, Schlafdauer; einzeln oder in Gemeinschaft (mit welchen Gefährten); in dunklem oder beleuchtetem Raum, in Lärm oder Stille, kontinuierlich oder mit Unterbrechungen.

2.6.9 Leben in der Gemeinschaft

Stellung der Frau, Geschlechtsunterschiede

In einigen islamischen Ländern und vor allem in Indien ist die Stellung der Frau (Ansehen, Wertschätzung) ausgesprochen gering. Mädchen werden in der Familie oft als Belastung gesehen (insbesondere im Hinblick auf die später zu entrichtende Mitgift), und es stehen ihnen weit weniger Rechte zu. Uneheliche Kinder werden den Frauen angelastet; weibliche Babys werden bisweilen nach der Geburt umgebracht, und das Ansehen der Mütter richtet sich nach der Anzahl der Söhne – obwohl erwiesen ist, dass das Geschlecht der Kinder vom Chromosomensatz der Spermatoziden, also des Mannes, bestimmt wird!

Reformer in islamischen Ländern akzeptieren zwar im Gegensatz zu anderen Interpreten, dass eine Frau Präsidentin oder Parlamentsabgeordnete werden kann (hierzu macht der Koran keine klaren Angaben), aber das Recht auf das Richteramt oder das Sorgerecht für ihre Kinder nach einer Scheidung bleibt ihr weiterhin vorenthalten.[91]

Die soziale Stellung der geschiedenen Frau ist entsprechend der jeweiligen Kultur sehr unterschiedlich. Beispielsweise sind Scheidung und Wiederverheiratung in Indonesien, aber auch in Südseekulturen wie den Marshall-Inseln so gewöhnliche Ereignisse, dass man es geradezu erwartet, im Leben einmal oder mehrfach diese Erfahrung zu machen (bei Frauen sind bis zu 15, bei Männern bis zu 30 Scheidungen bekannt). In anderen Ländern wie etwa den muslimischen Gebieten Nordafrikas und des Nahen Ostens ist die Stellung der geschiedenen Frau dagegen viel ungünstiger und die Aussicht auf Wiederverheiratung gering. Wenn sich dann auch die Herkunftsfamilie gegen die Geschiedene ablehnend einstellt, ergibt sich die Gefahr wirtschaftlicher Not und besonders in der Unterschicht des Absinkens in die Prostitution.

Nicht minder von der jeweiligen Kultur ist die Stellung der Verwitweten abhängig: In traditionalen Hindu-Familien wird von einer Frau erwartet, dass sie sich nach dem Tode ihres Mannes in weitgehender Abgeschlossenheit nur mehr der Erziehung ihrer Kinder widmet; außer den nächsten Verwandten darf sie keine Männer treffen und hat bis zu ihrem Lebensende in Kleidung und Verhalten dem Bild einer Witwe zu entsprechen. In Bengalen (Nordost-Indien) gibt es Witwenverbrennungen gemäß der historischen Tradition, eine liebende Gattin folge ihrem Manne (möglichst freiwillig) in den Tod.

Im Gegensatz zu dieser einengenden Stellung sieht das islamische Gesetz eine strenge Trauerzeit von nur dreitägiger Dauer vor; Wiederverheiratung ist der Witwe bereits nach drei Monaten und zehn Tagen gestattet. In Indonesien erscheint die gesellschaftliche Stellung der Witwe (und auch der geschiedenen Frau) sogar freier als die des noch unverheirateten reifen Mädchens.

Obwohl bis heute (vor allem bis Mitte des 20. Jahrhunderts) auch in westlichen Ländern in manchen Ehen eine Dominanz des Mannes besteht, gibt es seit der juristischen Durchsetzung der Konsensehe im zwölften Jahrhundert in ganz Europa Liebesehen, die auch gegen den Willen der beiden Familien von den Brautleuten geschlossen wurden.

Seit Jahrhunderten scheinen Seelenleiden vor allem Frauen heimzusuchen, obwohl die biologischen Befunde eher dafür sprechen, dass Frauen mental das stärkere Geschlecht sind. Auch zeigen Knaben häufiger Verhaltensstörungen, sind eher hyperaktiv und bringen schlechtere Schulleistungen als Mädchen. Daher ist davon auszugehen, dass psychosoziale Einflüsse, vor allem Ohnmachtsgefühle und Angststörungen, das eigentliche Handicap vieler Frauen sind. Individuelle Seelenleiden können oft als gesellschaftliche Krankheiten gedeutet werden. Die viktorianische Prüderie hat seinerzeit Spuren als Hysterie in der weiblichen Seele hinterlassen, heute sind die so genannte multiple Persönlichkeit, das Golfkriegs- oder das Chronische-Müdigkeits-Syndrom individuelle Botschaften sozialer Leiden. Frauen leiden zwar öfter an Depressionen, Angst- und Essstörungen als Männer. Doch insgesamt geraten Männer ebenso häufig in psychische Krisen, leiden aber offenbar anders: sie werden eher von Persönlichkeitsstörungen und Suchterkrankungen geplagt, sie treiben die Kriminalitätsrate in die Höhe und machen häufiger Suizidversuche.

Der wohl folgenreichste Geschlechtsunterschied zeigt sich in den Reaktionen auf Seelentiefs: Während Männer aggressiv ihre düsteren Emotionen abreagieren, grübeln Frauen an ihrem Elend herum und verstricken sich gefühlsmäßig immer tiefer, bis irgendwann die Symptome nicht mehr von den Ursachen unterschieden werden können und die Depression den Menschen überrollt. Frauen reagieren passiver, beklagen mehr Symptome, machen sich selbst Vorwürfe und suchen rascher Hilfe. Männer dagegen reagieren aggressiver, zeigen einen weniger stark ausgeprägten Hang zur Selbstanklage, aktivieren sich durch Sport, ertränken depressive Symptome und leugnen sie selbst dann noch, wenn dadurch ihr Leben stark beeinträchtigt wird.[92]

Probleme in der Migration

In der Migration werden Frauen stärker als Männer, die im fremden Land meist leichter Kontakte knüpfen können, mit Schwierigkeiten konfrontiert. Dies betrifft insbesondere Flüchtlinge. Frau und Kinder, die zu Hause traditionell lebten und der Autorität des Großvaters unterworfen waren, sind nun in einer völlig andersartigen Umgebung. Konflikte innerhalb der Familie sind deshalb unvermeidlich; insbesondere die Vater-Tochter-Beziehung ist größten Spannungen ausgesetzt. Während das Mädchen sich integrieren und zaghaft emanzipieren will, versucht der Vater verzweifelt und vielleicht mit Gewalt, ein Regime aufrechtzuerhalten, wie es in der Heimat üblich ist. Er ist dabei auf sich allein gestellt, ihm fehlt das soziale Umfeld, das ihn in seinem Tun unterstützen würde. Zudem unterscheidet sich seine jetzige Lage so sehr von jener in der Heimat, dass für viele Situationen keine eingespielten Verhaltensmuster verfügbar sind.

In ähnlicher Lage befindet sich die Frau in der Fremde, wo sie aus ihrer Frauengemeinschaft herausgerissen ist und einen neuen Lebensmittelpunkt finden muss. Alle Familienmitglieder sind gezwungen, sich an eine neue Lebenssituation anzupassen. Gleichzeitig wird dies aber von vielen nicht gewünscht, die das oft utopische Ziel haben, in die Heimat zurückzukehren. Wer mit einer Familie in der Fremde lebt, für den wird eine Auseinandersetzung mit der Umgebung unumgänglich. Dass die meisten der wenig gebildeten und das Kleinfamilienleben ungewohnten Menschen, ob Männer, Frauen oder Kinder, diese mannigfaltigen Probleme häufig nicht meistern, liegt an der Verbindung kultureller Unterschiede mit schichtspezifischen Problemen.[93]

Dass diese vielfachen gravierenden Lebensprobleme die Gesundheit der Einwanderer und Flüchtlinge beeinträchtigen, kann nicht verwundern. Denn Krankheit ist kein isoliertes Ereignis und auch nicht ein unglückliches Scharmützel mit der Natur. Sie ist eine Form der Kommunikation – die Sprache der Organe –, durch welche sich Natur, Gesellschaft und Kultur gleichzeitig äußern. Der Körper muss sowohl als das unmittelbarste Terrain betrachtet werden, wo soziale Wahrheiten und soziale Widersprüche ausgetragen werden als auch als der Ort von persönlichem und sozialem Widerstand, Kampf und Kreativität.[94]

Sexualität und Familienplanung

Kulturell und national verschieden ist auch die Familienplanung. Sofern der Sexualakt seine Rechtfertigung allein aus der Fortpflanzung bezieht (wie teilweise in der katholischen und anderen strengchristlichen Religionen, vor allem aber bei einem großen Teil der indischen Bevölkerung), wird durch die Schwangerschaftsverhütung die geltende Sexualethik in Frage gestellt. Es bedürfte hier erst der Entwicklung einer partnerschaftlichen Beziehung, in der die sexuelle Vereinigung – auch ohne das Ziel der Fortpflanzung – als Ausdruck intimer seelischer Verbundenheit in sich wertvoll ist. In Familien mit Einzelkindern (freiwillig oder, wie zum Beispiel in China, aufgezwungenerweise) besteht die Gefahr der überhöhten Fürsorge, Zuwendung und auch des Erwartungsdrucks der Eltern, was die Reifung und Verselbstständigung ernstlich beeinträchtigen und traumatische Formen des Protestes und der Ablösung herausfordern kann.

Formen der Trauer

Bestattungs- und Trauerriten variieren nach dem Grad der Formalisierung und dem Grad des erwünschten Gefühlsausdrucks. Dabei lassen sich drei Aspekte unterscheiden:

- Veränderung im Leben des einzelnen Hinterbliebenen: emotionale Reaktionen, Loslösung, Umstrukturieren des Erlebens und Verhaltens.
- Umstrukturierung des Beziehungs- und Rollennetzes: Erkennen neuer Positionen und Entfaltungsmöglichkeiten, Umstrukturieren des Beziehungsnetzes.
- Zuweisung eines neuen Ortes im Beziehungsgefüge an den Verstorbenen: kein Ende, sondern eine Veränderung der Beziehung nach dem Tode; Aspekte des «Lebens nach dem Tode», von Seelenwanderung, Wiedergeburt usw.

Trauerarbeit – das schmerzliche Bewusstwerden und Verarbeiten eines Verlustes – ist notwendig, um die Zukunft in neuer Form bewältigen zu können. Trauer ist nicht nur ein persönliches Erlebnis oder die Auseinandersetzung eines Individuums mit einer Verlusterfahrung, sondern sie vollzieht sich innerhalb eines Beziehungsfeldes und erfasst Partnerschaft, Familie, soziale Gruppen und Gesellschaften.

Der Mensch stirbt nicht als Einzelwesen; er wird einer Gemeinschaft genommen, die er zurücklässt. Neben dem Absolvieren kulturell vorgegebener Rituale, die die gemeinsame Verarbeitung erleichtern und als Erlebnisse das spätere Gedenken unterstützen, ist die individuelle Trauerarbeit zentral.

Als Trauer werden die seelischen und körperlichen Reaktionen auf den Verlust eines nahen Menschen (gegebenenfalls auch anderen Bezugsobjektes, zum Beispiel Haustier) bezeichnet. Die Phasen des Trauerprozesses sowie deren Ausprägung sind individuell sehr unterschiedlich, abhängig auch vom sozialen und kulturellen Umfeld. Als wichtigste Aufgaben des Trauerns werden folgende Bereiche gesehen:[95]

- Trauer wird individuell ganz unterschiedlich erlebt und gestaltet. Jeder Mensch trauert anders. Jeder hat im Verlauf seiner Biografie individuelle Strategien für den Umgang mit Krisen, Verlusten und Konflikten entwickelt.
- Der Trauerprozess erfolgt nicht in aufeinander folgenden klar abzugrenzenden Phasen, sondern eher in wellenförmigen, mitunter auch als Rückschritte erscheinenden Verlaufsformen.
- Es besteht die Versuchung, «normale» bzw. «gesunde» Trauerprozesse von «kranken», pathologischen Trauerverläufen abzugrenzen. Damit wird zur Stigmatisierung der Trauer und der Trauernden auch von wissenschaftlicher bzw. von professioneller psychologischer Seite beigetragen. Statt von «pathologischer Trauer» sollte von komplizierten Trauerprozessen bzw. von Gesundheitsrisiken und zusätzlich belasteten Trauerverläufen gesprochen werden.
- Die Beschreibung von aufeinander folgenden Trauerphasen verstärkt die fragwürdige Einschätzung, Trauer sei etwas Passives, man müsse nur die verschiedenen Phasen durchleiden. Richtig ist, dass zwar der zeitliche Abstand zum einschneidenden Verlust eine Rolle spielt, aber nur eine vergleichsweise geringe, und dass Trauern vielmehr eine aktive psychische Handlung ist. Deshalb prägte Sigmund Freud treffend den Begriff der «Trauerarbeit». Jeder Trauernde muss seine eigenen, ganz individuellen Trauerreaktionen als Bestandteile einer jeweils personenspezifischen Trauerarbeit entwickeln.

Um die aktive Verpflichtung des trauernden Menschen zu betonen, wurden acht Traueraufgaben formuliert, die der Trauernde «bewältigen und lösen» muss (siehe vorangehende Fussnote):

- die Auslösung der Trauer, das heißt der Trauernde darf und soll sich «gehen lassen», seinen Verlustschmerz erleben und sich der Trauer überlassen,
- die Strukturierung der Trauer, also des Gefühlschaos,
- die Anerkennung der Realität des Todes und des Verlustes,
- die Entscheidung zum Leben,
- das Aussprechen von gesellschaftlich nicht akzeptierten Gefühlen,
- die Bewertung des Verlustes sowie die Einschätzung des unwiederbringlich Verlorenen,
- die Inkorporation («Einverleibung») des Toten,
- die neue Lebensorientierung in einem Leben ohne den Verstorbenen.

Trotz zeitlich und lokal, kulturgeschichtlich und theologisch bedingten Verschiedenheiten weisen die Bräuche und Riten des Trauerns weitgehend große Ähnlichkeit auf. Riten und rituelle Handlungen sind symbolische Handlungen, die Neues, Außerordentliches und Bedrohliches «begreifbar» machen und integrieren, indem sie auf die Kontinuität tradierter religiöser Vorstellungswelten und symbolischer Sinnsysteme zurückgreifen. Riten und Symbole erfüllen eine zweifache Funktion: Einerseits wird der Verstorbene in ein neues Leben nach dem Tode «eingeweiht» und erhält den sozialen Status eines Toten, andererseits mildern Ritus und Kult die Verlustschmerzen der trauernden Angehörigen, indem sie den Ausdruck von Gefühlen, Hoffnungen, Wünschen, Ängsten und Gedanken unterstützen, verdichten, regulieren und kommunizieren.

Die jüdische, christliche und islamische Tradition kennt das Lob der Tränen, den Dank für die Gabe des Weinens. In der alten katholischen und orthodoxen Liturgie gibt es die Bitte um Tränen, um den gefährlichsten, den tränenlos starren Schmerz zu lindern und zu lösen. Während heute das öffentliche Weinen – außer es sei medial inszeniert – im sozialen Umfeld eher Gefühle der Verunsicherung und Peinlichkeit hervorruft, gehören das Wehgeschrei und das Trauerweinen, die zeremonielle Totenklage und das Weinen als

Sitte zur Grundausstattung archaischer und religiöser Kulturen. Es wurde nachgewiesen, dass das leib-seelische Befinden der Trauernden durch die Teilnahme an solchen Zeremonien deutlich verbessert wird.[96]

2.6.10 Bewusstseinszustände und Besessenheit

In Kulturen auf fast allen Kontinenten gibt es, meist unter Trance, Übergänge in andere Bewussteinszustände: Besessenheitsriten und andere ekstatische und meditative Phänomene. Besessenheit ist nicht ein umschriebenes Psychosyndrom, sondern eine Interpretation, die besagt, dass die Verhaltensänderung nicht dem Betroffenen zuzurechnen sei, sondern durch eine immaterielle Wesenheit bewirkt werde.

Der Überwältigung, dem Ich-Verlust der Besessenheit, steht in der Ekstasis eine aktivere Haltung gegenüber, die mit einer außerordentlichen Erweiterung der Möglichkeiten des Ichs einhergeht (zum Beispiel Schamanismus bei sibirischen Stämmen, in Indonesien oder vielen anderen Gebieten); sie kann sowohl auf rein meditativem Wege als auch mit Hilfe von Drogen erreicht werden. Häufige Merkmale ekstatischer Riten sind ungewöhnliche Leistungen (automatische Bewegungen, ungewöhnliche Kräfte), weiterhin Schmerzlosigkeit und Unverletzlichkeit durch Waffen und Feuer. Diese Erscheinungen können an tiefere Bewusstseinszustände gebunden sein, aber auch mit weitgehender Besonnenheit und kontrolliertem Verhalten erreicht werden. Wunden nach größeren Selbstverletzungen oder Feuerlaufen im Trancezustand heilen überaus schnell, wenn nicht gar sofort … Medizinisch lassen sich diese Phänomene durch Reaktionen im veränderten Hormonhaushalt, Antigen-Antikörperreaktionen sowie veränderte bioelektrische Vorgänge wie Hirnströme (hochamplitudige Theta-Aktivität) nachvollziehen, doch sind die Ursachen für diese Fähigkeiten, insbesondere die Übergänge in andere Bewusstseinszustände, (noch) nicht naturwissenschaftlich nachweisbar, so wie parapyschologische Vorgänge wohl nie naturwissenschaftlich belegbar sein werden.

Verhaltensweisen, die in einer Kultur als abwegig oder abnormal erscheinen, können in einer anderen Kultur oder Subkultur normgemäß, ja geradezu gefordert sein. Pathologische Ereignisse fallen dadurch auf, dass sie einer sinnvollen Einordnung widerstehen, dass sie weiter fremdartig und unverbindlich bleiben. Dabei ist zu beachten, dass eine «sinnvolle Einordnung» durchaus den Charakter des Erschütternden, Innovativen, ja des Umstürzenden haben kann, und zwar sowohl im Hinblick auf das Leben des Einzelnen wie auch auf das der Gesellschaft. Fähigkeiten zu modifizierten Bewusstseinszuständen können allerdings auch zu Abhängigkeiten (von Gruppen oder «Gurus») führen, was den Bezug zur Realität und zu den Mitmenschen beeinträchtigt.

Wie schon ausgeführt, ist die Abgrenzung zwischen Normalität und Pathologie nicht nur situativ-individuell, sondern auch kulturbezogen verschieden. Der Genuss eines Rauschmittels beispielsweise, in gleicher Form und Menge, kann bei derselben Person, je nach Situation und Gemütszustand, ganz verschiedenartig wirken. Den Beeinträchtigungen kritischen Urteilsvermögens unter Drogeneinfluss stehen ggf. therapeutische und adaptive Ziele gegenüber, aber auch eine Möglichkeit zur Erlangung und Erweiterung spiritueller Erfahrungen. Doch wie die oben beschriebenen, durch Trance und andere mentale Fähigkeiten erreichbaren veränderten Gemütszustände (dazu zählt zum Beispiel auch die Adrenalinsucht bei Extremsportarten) ist auch hier, biophysiologisch noch in verstärktem Maße die Gefahr der Abhängigkeit gegeben.

Die Erkenntnis gilt demnach auch in diesem Zusammenhang, dass, unter Berücksichtigung von Individuum, Situation, Gruppe, Umfeld und Kultur, diese besonderen Erlebnisse und Zustände einen großen Wert darstellen können – somit als normal und ggf. förderungswürdig angesehen werden dürfen – aber bei (längerfristig) negativen resp. destruktiven Auswirkungen auf Individuum, Situation, Gruppe, Umfeld oder Kultur diese Entwicklung nicht nur unwillkommen, sondern eine pathogene Diagnose (Beurteilung der Person oder Situation als abnormal oder krankhaft) berechtigt ist.

2.6.11 Suizid

Selbst suizidale Handlungen (Selbsttötung) sind in verschiedenen Kulturen (religiös) motiviert oder gar institutionalisiert: Während im Christentum, aber auch im Islam, jede Art von Suizid moralisch streng verworfen wird, herrscht im Hinduismus eine zwiespältige Meinung darüber: Suizid aus individuellen Beweggründen wird, sowohl von Philosophen als auch vom Gesetzgeber, scharf verurteilt, mit Ausnahme jedoch (ohne göttliche Strafe, jedoch mit verschlechtertem Karma für das nächste Leben) bei schweren Krankheiten oder im Alter als Mittel, angesichts der eigenen desolaten sozialen oder gesundheitlichen Situation die eigene Würde zu wahren. Im Kult des Bhairava gegenüber dem Gott Shiva (neben Brahma und Vishnu dritter Gott der Hindutrinität), tilgt die Selbstopferung auch die schwersten Sünden – selbst von Unreinen und Kastenlosen – und öffnet den Zugang in eine Welt höchster Freude. Bei den Sannyasin (der Welt entsagende, nach dem Einswerden mit Gott strebende Hindus; weniger jedoch bei den europäischen und amerikanischen Anhängern der Bhagwan-Bewegung, die sich auch Sannyasin nennen) gibt es geweihte Orte und besondere Todesarten, wo – nicht aus einer momentanen Gemütsbewegung, sondern nach langer, teilweise zeremonieller Vorbereitung – Suizid begangen und akzeptiert wird.

Dass Witwen, aber auch andere Angehörige und Diener dem Herrn in den Tod folgen, reicht in früh-arische Zeiten zurück und lässt sich im ganzen eurasischen Kontinent nachweisen, ebenso in China, in Mittel- und Südamerika bei Inkas und Azteken sowie in Zentralafrika und im pazifischen Raum (vor allem Polynesien).

In altindischer Zeit hat sich das freiwillige Selbstopfer der Witwe auf die höchsten Familien beschränkt, später breitete sich diese Institution in weiten Schichten der indischen Bevölkerung aus und fand sogar unter Sikhs und Muslimen trotz Verbot Eingang. Wenn auch die Freiwilligkeit offiziell immer betont wurde, mag doch Sitte und gesellschaftliche Erwartung der Witwe oft kaum einen anderen Weg offen gelassen haben. Noch heute finden dort Witwenverbrennungen hohe Anerkennung, auch wenn die Regierung mit verschärften Gesetzen dagegen vorzugehen versucht.

Höchste ästhetische Kultivierung und Verklärung findet der Suizid bei den Samurai in Japan, wo er im elaborierten Ritual einen überpersönlichen Charakter erfährt, welcher das individuelle Schicksal in der umfassenden Ordnung aufgehen lässt und damit die tradierten Werte und Ordnungen bestätigt. Suizide kommen in Japan auch oft vor, um das «Gesicht» zu wahren, schon im jugendlichen Alter nach Misserfolgen in Schule und Studium, bei Verantwortungsträgern nach wirtschaftlichen Misserfolgen, bei Ärzten oder Pflegepersonal nach verschuldeten Todesfällen bei Patienten. Ein Sicherheitsingenieur verübte Suizid, nachdem bei einem Bergwerksunglück mehrere Bergleute getötet worden waren, obwohl er immer wieder wegen der unsicheren Verhältnisse in diesem Bergwerk gewarnt hatte. Schon in der Kindheit werden hohe Erwartungen gesetzt, die auch später in einem ständigen Vergleich zwischen Leistung und Ich-Ideal beurteilt werden; eine Abweichung hat Schuldgefühle (der sozialen Rolle nicht mehr zu genügen) zur Folge, die bis zum Suizid als ehrenvolle Konsequenz (und Schuldübernahme) führen können.

Am höchsten war die Suizidrate in Japan nach 1945 (bei den 20- bis 24-jährigen Männern annähernd ein Prozent!). Die gegenwärtig höchste Suizidrate besteht nicht in den Großstädten, sondern in den ländlich-konservativen Bergprovinzen im Inneren der Insel Hondo, zurückzuführen meist auf Verlust kultureller Werte und Ordnung durch Veränderungen, ohne einen Ersatz finden zu können. 1999 wurde mit 33 048 Suiziden die bisher höchste Suizidrate in Japan verzeichnet; die meisten Opfer sind männlich und über 40-jährig; Hauptgründe sind vielfach Schulden oder der Verlust des Arbeitsplatzes. Das «Verschwinden» Einzelner oder auch ganzer Familien wird «Yonige» («Flucht in der Nacht») genannt.[97]

Auch erzwungene Migration oder Veränderung der Lebensgewohnheiten kann Verwahrlosung, Depressionen und Suizid zur Folge haben, wie etwa bei den Indianern der kanadischen Westküste oder den Eskimos, denen das Stadtleben aufgezwungen worden war.

Dieses Phänomen war auch in den achtziger Jahren des 20. Jahrhunderts bei vielen vietnamesischen Flüchtlingen, den «boat people», die es nach Frankreich verschlagen hatte, zu beobachten.

2.6.12 Körper und Seele

Es ist nachgewiesen, dass viele körperlichen Symptome resp. Krankheiten auf seelische oder emotionale Zustände zurückgehen. Psychosomatische, also psychisch verursachte oder beeinflusste Krankheiten können beispielsweise durch Stress verursacht sein: Die psychische Spannung bewirkt ein Zusammenziehen und die sekundäre Erweiterung der Kopfarterien sowie Muskelspannung im Nackenbereich, was seinerseits zu Kopfweh führt. Ebenso können sich Trauer, Traumata (Schockzustände oder unverarbeitete Schreckerlebnisse) und andere Ungleichgewichte des seelisch-geistigen Befindens in körperlichen Beschwerden äußern, vor allem wenn dieses Ungleichgewicht über einen längeren Zeitraum anhält oder sich gar verstärkt.[98] In der Behandlung kann die östliche Medizin (zum Beispiel Akupunktur) der westlichen absolut ebenbürtig sein.

Die in diesem Kapitel erwähnten Beispiele sind relativ ausführlich beschrieben, um das Verständnis für die kulturell bedingt teilweise großen Unterschiede zu fördern, aber auch um darzulegen, dass sowohl psychische als auch körperlich manifestierte Krankheiten zum Teil, aber auch vollumfänglich auf kulturspezifische oder interkulturelle Ursachen und Problemfelder zurückzuführen sind.

Auch soll festgehalten werden, dass die erwähnten Beispiele keinesfalls zu Verallgemeinerungen, Auf- oder Abwertung einzelner Kulturen, Religionen oder Nationen führen dürfen: Situationen, Empfindungen, Gemeinsamkeiten und Unterschiede können sowohl individuell als auch im Allgemeinen (gruppen- oder kulturspezifisch) in Form und Ausprägung äußerst verschieden sein. Probleme können in weitgehend geschlossenen Kulturen, oft aber auch erst im (vergleichenden oder wertenden) Kontakt mit anderen Kulturen auftreten und insbesondere, wenn eine oder mehrere (beteiligte) Parteien über wenig oder keine interkulturelle Erfahrung verfügen.

2.7 Besondere Aspekte

2.7.1 Kulturwissenschaft und Kulturwandel

In einem Gespräch der «Neuen Zürcher Zeitung» mit dem in Paris lebenden bulgarischen Kulturwissenschaftler Tzvetan Todorov[99] betont dieser, dass sich im Dialog zwei oder mehrere Instanzen bemühen, einander besser zu verstehen. Für das Leben des Einzelnen ist die Einsicht in das Anderssein der Menschen, die uns umgeben, ein bestimmender Faktor – und damit auch die Notwendigkeit, mit ihnen zu kommunizieren. Unser Leben ist durch Vereinsamung bedroht, aber auch durch die Weigerung, das Anderssein des Mitmenschen zu akzeptieren. Auch für das Zusammenleben der Kulturen ist es wichtig, die Differenz des anderen zu akzeptieren und mit ihm in Kontakt zu treten, damit ein Austausch möglich wird.

Kultur heißt, dass Menschen gewisse Werte, gewisse Vorstellungen teilen: So kann der einzelne Mensch zwangsläufig verschiedene Kulturen in sich vereinigen, zum Beispiel die Sprache mit der einen Gruppe teilen, andere Gewohnheiten, Präferenzen, Erfahrungen, den Beruf oder vieles weitere gleichzeitig mit anderen Gruppen. Die Kommunikation in den einzelnen Gruppen kann sehr verschieden von derjenigen in den anderen Gruppen sein. Die Nationalität ist eine Komponente unter vielen. Aus historischer und anthropologischer Sicht ist die Idee einer Kultur, die sich jeder Interaktion mit anderen Kulturen entzieht, eine reine Fiktion, denn eine Kultur kommt ja gerade dadurch zustande, dass sie fremde Einflüsse aufnimmt, diese auf ihre Weise ordnet und hierarchisch gliedert, wobei sie einem ständigen Wandel unterworfen ist! Obwohl wir im Grunde genommen verschiedene Kulturen in uns tragen, geben wir uns gern der Illusion hin, einer ganz bestimmten Kultur anzugehören.

Kulturelle Interferenzen empfinden wir oft als Bedrohung. Umso wichtiger ist es, sich zu vergegenwärtigen, dass der Mensch im oben skizzierten Sinn ein hybrides Wesen ist. Wir haben das Recht, fremde Einflüsse abzuwehren, wenn sie uns schädlich erscheinen, doch darf dies nicht im Namen einer wie auch immer begründeten Reinheit geschehen. Trotzdem sollte man die Ängste der

Menschen ernst nehmen und in jedem Fall prüfen, ob sie auf realen Bedrohungen beruhen, denn der Mensch hat ein legitimes Bedürfnis nach Sicherheit.

2.7.2 Übersättigung

Durch die zunehmende Globalisierung und Vernetzung sind sich viele Menschen oberflächlich näher gekommen. Wir können uns heute viel leichter bewegen, begegnen überhaupt mehr fremden Menschen, als dies früher der Fall war. Ob alle aus dieser Art von Begegnungen auch einen größeren Gewinn ziehen, ist allerdings ungewiss: Es kann sich auch ein Gefühl der Übersättigung einstellen, das dazu führt, dass wir Unterschiede kaum mehr wahrnehmen. Wohin man auch geht, werden die gleichen Hamburger gegessen, hört man die gleiche Musik, sind die Leute gleich angezogen ...

Natürlich sieht die Welt nicht überall gleich aus, doch gibt es eine uniforme Oberfläche, die unsere Wahrnehmung trübt und den Blick auf das andere verstellt. Echte Begegnungen sind dadurch nicht leichter geworden, doch mit etwas Neugier, hinter die Fassade schauen zu wollen, und der Offenheit gegenüber anderen Menschen können wir unsere Ansichten und das Leben allgemein sehr bereichern – ganz abgesehen von der oftmals unumgänglichen Kommunikation auch und gerade in unbekannter Umgebung!

2.7.3 Problemfelder interkultureller Kommunikation

Es gibt eine ganze Reihe von Problemfeldern der interkulturellen Kommunikation – von der Ebene ganzer Völker und Nationen bis hin zur Ebene der Organisationen und bikulturellen Familien. Dabei geht es um das (Miss-) Verstehen zwischen den Kulturen, um nonverbale Kommunikation, um interkulturelle Aspekte des Erzählens und um konkrete interkulturelle Konfliktsituationen, ebenso um die Methoden der Vermittlung interkultureller Kompetenz.[100]

Ein wichtiger Faktor ist auch das Informations- und Wissensgefälle zwischen Industrie- und Entwicklungsländern: Es wurde erkannt, dass eine Grundausbildung und der Zugang möglichst breiter Bevölkerungsschichten zum Internet eine Voraussetzung für Kommunikation und berufliches wie privates Weiterkommen ist.[101]

Zum Erkennen der latenten Problemfelder, ebenso zur Sensibilisierung für deren Erkennung ist es wichtig, den Prozess der Kulturen in Interaktion zu verstehen; am Beispiel von Deutschland – USA – Japan wurde dies auf ethnologischer Basis, aber interdisziplinär sehr ausführlich, am Berufsalltag der Auslandsentsandten mehrerer Firmen beschrieben und analysiert.[102]

Konfliktstoffe im interkulturellen Umgang ergeben sich häufig aus folgenden Widerspruchslagen:[103]

- Abschlussorientiertes gegenüber beziehungsorientiertem Verhalten: Vor allem im Geschäftsleben werden zu stark zielorientierte Menschen als aufdringlich, aggressiv oder unverblümt empfunden, während zu stark beziehungsorientierte als zögerlich, vage und schwer fassbar gesehen werden.
- Informelle gegenüber formellen Kulturen: Lockere stehen eher statusbewussten Umgangsformen gegenüber.
- Zeitfixierte gegenüber zeitoffenen Kulturen: Auf der einen Seite gibt es höhere Wertschätzung von Pünktlichkeit und Terminkalender, auf der anderen Seite eine höhere Wertschätzung von Entspannung und Beziehungen.
- Expressive gegenüber reservierten Kulturen: Augenscheinlich wird dies in der unterschiedlichen Lautstärke der Stimme, aber auch in der differenzierten Gestik oder Mimik (paraverbale Kommunikation).

Als abschlussorientierte Kulturen gelten Nord- und Nordwesteuropa, Großbritannien, Nordamerika, Australien, Neuseeland und Südafrika; als zurückhaltend abschlussorientierte Kulturen Südeuropa, Osteuropa, Mittelmeerraum, Hongkong und Singapur; als beziehungsorientierte Kulturen die arabischen Länder, der größte Teil Afrikas, Lateinamerika und der größte Teil Asiens. Bei der Kontaktaufnahme in beziehungsorientierten Kulturen ist es beispielsweise sehr wichtig, von einem glaubwürdigen Dritten eingeführt zu werden (und nicht durch sich selbst).

Sehr informelle Kulturen sind Australien und die USA; gemäßigt informelle Kulturen Kanada, Neuseeland, Dänemark und Norwegen; förmliche Kulturen der größte Teil Europas, der Mittelmeerraum, arabische Länder, Lateinamerika und der größte Teil Asiens.

Stark monochrone (zeitfixierte) Kulturen sind Nord- und deutschsprachiges Europa, Nordamerika und Japan; relativ monochrone Kulturen sind Australien, Neuseeland, Osteuropa, Südeuropa, Singapur, Hongkong, Taiwan, China und Südkorea; polychrone Geschäftskulturen sind in den arabischen Ländern, Afrika, Lateinamerika, Süd- und Südostasien anzutreffen.

Als stark expressive Kulturen werden der Mittelmeerraum, das romanische Europa und Lateinamerika gesehen; als relativ expressive Kulturen USA und Kanada, Australien und Neuseeland, Osteuropa und Südasien; als reservierte Kulturen Ost- und Südostasien, Skandinavien, der deutschsprachige Raum, Holland und Großbritannien.

2.7.4 Nationale Unterschiede

Aus sozial- und kulturwissenschaftlicher Sicht, unter Berücksichtigung der politischen und institutionellen Rahmenbedingungen, kann die zwischenmenschliche Kommunikation auch im Kontext der nationalen Verschiedenheiten aufgeschlüsselt werden.[104] Die unverändert «nationale» Logik, auf der selbst internationale Organisationen wie die UNO, NATO, EU, ASEAN unter anderem basieren, zeigt, dass der «Nation» und dem «Nationalstaat» auch in der fortschreitenden «interkulturellen» und «internationalen» Vernetzung der Welt noch immer eine ganz besondere Rolle als politisches und soziales Ordnungsprinzip zukommen, sodass der (National-)Staat und die staatlichen Organisationen in die Analyse interkultureller Kommunikationsprozesse notwendigerweise mit einbezogen werden müssen.

Aspekte, Perspektiven, theoretische und methodische Ansätze zur interkulturellen Begegnung im Rahmen des Nationalstaates können aus sozial- und kulturwissenschaftlicher Sicht in folgende Bereiche unterteilt werden:

- Theoretische Betrachtungen zur interkulturellen Kommunikation

- Interkulturelle Kommunikation im (inter-)nationalen Kontext
- Interkulturelle Kommunikation im historisch multikulturellen Raum
- Interkulturelle Kommunikation im Migrantenkontext

2.7.5 Interkulturelle Symmetrie

Die Fähigkeit, Fremdes nicht nur aus dem eigenen Blickwinkel resp. dem eigenen kulturellen Hintergrund, sondern wertneutral zu betrachten, wird als interkulturelle Symmetrie bezeichnet. Beispielsweise die fragwürdige Absicht, bei einer Übersetzungsarbeit eine «kulturelle Hebungsleistung» zu vollbringen, indem nicht nur der Text, sondern die Gesamtheit (Zusammenhänge und Hintergründe) nach persönlichem Geschmack «übersetzt» werden, zeugt von interkultureller Asymmetrie[105], ebenso die Beurteilung – noch mehr die «Bewertung» – einer anderen Religion, Nation usw. nur aus dem eigenen Standpunkt.

Interkulturelle Asymmetrie sowie die Absicht, diese beizubehalten – eine der Ursachen für interkulturelle Inkompetenz –, kann zu Unverständnis, Intoleranz und Fanatismus führen. Dies betrifft auch Gleichgültigkeit gegenüber sozialen Zuständen oder Entwicklungen, beispielsweise Armut und Not, in der sich politische Strömungen entwickeln können. Ethnische Vielfalt, ungelöste Grenzfragen, Wasser- und Landknappheit, religiöse Konflikte sowie eine schnell wachsende Bevölkerung sind ein Nährboden für Spannungen und Extremismus.[106] Interkulturelle Symmetrie im Sinne des Verständnisses für andere Lebensweisen, Wertauffassungen und das Schicksal der Mitmenschen bewirkt also auch die Fähigkeit, vorausschauend Zustände und Entwicklungen wahrzunehmen und ggf. antizipativ darauf einwirken zu können.

2.7.6 Geschichte

Alle Gesellschaften haben ihre Erfahrungen mit Migration – ohne den «homo migrans» wäre die Geschichte besonders der letzten 200 Jahre nicht denkbar. Angesichts der vielschichtigen wechselseitigen Einflüsse muss bewusst werden, dass die Alternative der rein monokulturellen Gesellschaft gar nicht existiert. Daher muss es oberstes Ziel sein, an friedlichen Lösungen der dazugehörigen Probleme zu arbeiten.

Besonders die Länder Nordamerikas und Lateinamerikas waren in den vergangenen 150 Jahren klassische Einwanderungsgebiete; vor allem die Europäer sind immer wieder in anderen Ländern aufgenommen worden.

Spanien war und ist teilweise immer noch Schleusenland für Einwanderer aus Afrika. Besonders im Mittelalter war Spanien eine ausgeprägte multikulturelle Nation: Christen, Juden und Muslime hatten stets ein klares Bewusstsein ihrer Identität als voneinander verschiedene Gruppen, und diese prägte sich trotz gegenseitiger Beeinflussung mit der Zeit immer stärker aus. Innerhalb der festgefügten ideologischen Rahmenbedingungen war zwischen den drei beteiligten Kulturen ein begrenzter Austausch möglich, doch kann nicht von einer Verschmelzung oder gar Herausbildung einer gemischten Kultur gesprochen werden.[107]

Auch die Ethnisierung der deutschsprachigen Namibier ist ein historischer Prozess, der maßgeblich abhängig ist von wirtschaftlichen, sozialen und politischen Bedingungen und Entwicklungen und der zu differenzieren ist nach Kriterien wie Klasse, Ethnie, Generation und Geschlecht. Des Weiteren formiert er sich auf der Ebene der kulturellen Alltagspraxis zu jener Ideologie, die sich dann in massiven Grenzziehungen äußert.[108]

Auch Völker, die nie auswanderten, können sich plötzlich in fremdem Umfeld wiederfinden, wie die komplexe interethnische Situation im Nordwesten der ehemaligen Sowjetunion zeigt, die dadurch gekennzeichnet ist, dass Angehörige der früheren gesamtsowjetischen Mehrheitsgesellschaft, nämlich Russen, plötzlich zur Minderheit und Angehörige ehemaliger Minderheiten in ihren nunmehr eigenen Staaten zu ethnischen und nationalstaatlichen Mehrheiten werden.

Von weiteren historischen wie teilweise noch gegenwärtigen Migrationsbewegungen oder auch Minderheitenproblemen allgemein sind unter anderem folgende Völker betroffen:

- Zigeuner (Sinti, Roma, Manouche, Calé) in Gesamteuropa,

- Juden (weltweit),
- Polen (vor allem im Ruhrgebiet Deutschlands),
- Türken (in benachbarten Ländern sowie in Deutschland),
- Maghrebiner (vor allem in Frankreich),
- Deutsche (unter anderem in Südwesteuropa, viele deutsche Pensionäre in Spanien),
- Kroaten (vor allem in Österreich).

Zu den betroffenen regionalen Minderheiten zählen unter anderem:
- Basken (in Spanien),
- Südtiroler (in Italien),
- Rätoromanen (in der Schweiz),
- Sorben (in Deutschland).

Nicht zu vergessen sind die teilweise großen Flüchtlingsströme und Asylsuchenden, die meist durch Kriege in ihrer Heimat verursacht werden.

Durch die Betrachtung der Lebensläufe von Schriftstellern, Philosophen und Gelehrten, aber auch Migranten, die in und zwischen verschiedenen Kulturen gelebt haben oder leben, gewinnt Interkulturalität Kontur als Lebens- und Erklärungsmuster.

Auch innereuropäische Migration in der Schweiz und anderswo demonstriert «plurale Identität» mit innovativen Vermittlerfunktionen. Erklärungsmuster von Interkulturalität wie «das Eigene und das Fremde» bleiben hinter der Lebenswirklichkeit zurück: Die Realität verlangt nach Offenheit, Kommunikation und gegenseitiger Bereitschaft, aufeinander zuzugehen.

Anmerkungen

1 Duden, Band 10 (Bedeutungswörterbuch)
2 Stavenhagen, R.: Cultural rights and universal human rights; 1995
3 Keesing, R.: Theories of culture; 1974; S. 77
4 Bormann, R.: Multikulturalität; 1997; S. 286 ff.
5 Stahl, G., Langeloh, C., Kühlmann, T.: Geschäftlich in den USA; 1999; S. 15 f.
6 Ruben, B. D., Kealey, D. J.: Behavioral assessment of communication competency; 1979
7 Arthur, W., Bennet, W.: The international assignee; 1995
8 Hoffmann, S.: Duties beyond borders; 1981
9 Kopper, E., Kiechl, R.: Globalisierung; 1997
10 Bell, C. R.: Customers as partners; 1996
11 Crosby, P.: Qualitätsmanagement; 2000
12 Barlow, J., Maul, D.: Emotional value; 2000
13 Oliver, R. W.: The shape of things to come; 1999
14 Torre, J., Dreher, H.: Joe Torre's ground rules for winners; 1999
15 Hilb, M.: Intergriertes Personal-Management; 1997
16 Blanchard, K., O'Connor, M.: Die neue Management-Ethik; 1998
17 Martin, C.: Net Future; McGraw-Hill, USA-New York; 1999
18 Lanz, A.: Das Schwarz-Weiß-Buch der Mitarbeiter-Motivation; 1998
19 Blanchard, K., Carlos, J., Randolph, A.: Management durch Empowerment; 1999
20 Institut für Interkulturales Management; Königswinter
21 Mintzberg, H., Ahlstrand, B., Lampel, J.: Strategy Safari; 1999
22 Covey, S. R.: Die effektive Führungspersönlichkeit; 1993
23 Mutafoff, A., Riekehof, R.: Die sieben Seiten des perfekten Managers; 1999
24 Suter, R.: Wie die Kultur Führungsrollen definiert; NZZ, 21.11.2000; S. B8
25 Stenz, T.: Vormarsch des Immateriellen; NZZ, 26.7.2000; S. 21
26 Krebs, A., Studer, T.: Management buyout; 1998
27 Jamme, C.: Ethnologie und Philosophie im Gespräch; NZZ, 31.5.1997; S. 70
28 Konersmann, R.: Die Kultur kann sterben; NZZ, 8.4.2000; S. 78
29 Schuster, L.: Banking Cultures of the World; 1996
30 Socher, K.: Weltweit verschiedene Bankkulturen; NZZ, 3.4.1998; S. 83
31 Schwarzkopf, H. Norman: It doesn't take a hero; 1992
32 Clark, Wesley K.: Waging modern war; 2001
33 Roberts, W.: Leadership secrets of Attila the hun; 1985
34 Schmitt, G.; «Schweizer Schule»; 1998
35 Häusler, M., Luginbühl, D.: Qualität in multikulturellen Schulen; 1998
36 NZZ; 50 Nationalitäten auf einem Campus; 16.9.2000; S. 48
37 Senti, M.: Karrieristen und Weltveränderer; NZZ, 2.7.2001; S. 10

38 Ihle, P.: Bilden ausländische Kinder eine Risikogruppe?; NZZ, 23.1.1999; S. 55
39 Felber, T.: Ein Kuss als Schande für die Familienehre?; NZZ, 21.2.2001; S. 41
40 Erck, C.: Die Last der Ehre; NZZ, 3.7.2001; S. 53
41 Rathgeb, U.: Bodyguards und andere Weiblichkeiten; NZZ, 7.7.2001; S. 101 ff.
42 Ihle, P.: Mit einem Paten zum Erfolg; NZZ, 21.8.1998; S. 51
43 Guggenbühl, A.: Pädagogendeutsch oder die Kunst der Missverständnisse; NZZ, 27.1.2000; S. 73
44 BMW: 1997; S. 1
45 Ehlers, J., Bentner, A, Kowalczyk, M..: Mädchen zwischen den Kulturen; 1997
46 Hagemann-White, C.: Sozialisation: weiblich – männlich?; 1984
47 Nyssen, E.: Aufwachsen im System der Zweigeschlechtlichkeit; 1990
48 Spoerri, B.: Vom ungesunden Leben der Männer; NZZ, 13.3.2001; S. 47
49 Egger, C.: Wenn der Tunnel- den Panoramablick stört; NZZ, 9.5.2001; S. 85
50 Bilden, H.: Geschlechtsspezifische Sozialisation; 1991; S. 294
51 Auernheimer, G.: Einführung in die interkulturelle Erziehung; 1996; S. 178
52 Schäfer, B.: Entwicklungslinien der Stereotypen- und Vorurteilsforschung; 1988; S. 11 ff.
53 Hoffmann/Even: Soziologie der Ausländerfeindlichkeit; 1984; S. 21
54 Prengel, A.: Pädagogik der Vielfalt; 1995; S. 71
55 Johann, E., Michely, H., Springer, M.: Interkulturelle Pädagogik; 1998; S. 12
56 Grünbuch zur europäischen Dimension des Bildungswesens; 1993
57 Wahl, K.: Den tieferen Wurzeln der Fremdenfeindlichkeit auf der Spur; NZZ, 9.9.2000; S. 101
58 Czock, H., Radtke, F.: Der heimliche Lehrplan der Diskriminierung; 1984; S. 34–39
59 Benz, U.: Schnellbleiche oder früh geübte Diskussionskultur? NZZ, 3.3.2001; S. 101
60 Demorgon, J, Lipiansky, E., Müller, B.: Formen interkultureller Ausbildung
61 NZZ: Eine Brücke schlagen; 9.9.2000; S. 47
62 NZZ: Multikultureller Religionsunterricht; 4.12.2000; S. 35
63 NZZ: Religion in der multikulturellen Gesellschaft; 2.5.2001; S. 50
64 Bloom, B. S.: Taxonomie von Lernzielen im kognitiven Bereich; 1972
65 Gage, N. L., Berliner, D. C.: Pädagogische Psychologie; 1986
66 Schneewind, K. A.: Persönlichkeitstheorien; 1982
67 Gonschorrek, U.: Verwaltungspädagogik und Führungslehre; 1989; S. 29
68 Staehle, W.: Management; 1989; S. 176
69 Ullrich de Muynck, R.: Standardisierung des Selbstsicherheitstrainings für Gruppen; 1973; S. 254
70 Blohowiak, D.: Querdenker an der langen Leine; 1995
71 Wheatley, M. J., Kellner-Rogers, M.: A simpler way; 1996
72 Fromm, E.: Die Furcht vor der Freiheit; 1975
73 Neuberger, O.: Führen und geführt werden; 1994; S. 32 ff.
74 Sprenger, R. K.: Motivation; 1998; S. 181 ff.

75 Fatehi, K.: International Management; 1996; S. 227 ff.
76 Bruce, A., Pepitone, J. S.: Motivating employees; 1998
77 Wiswede, G.: Führungsforschung im Wandel; 1998; S. 18
78 Kellner, H.: Die Teamlüge; 1997
79 Katzenbach, J.: Teams an der Spitze; 1998
80 Deutsch, M.: Konfliktregelung; 1976
81 Regnet, E.: Konflikte in Organisationen; 1992; S. 12 ff.
82 Dahrendorf, R.: Gesellschaft und Freiheit; 1961
83 Hugo-Becker, A., Becker, H.: Psychologisches Konfliktmanagement; 2000
84 Mitroff, I.: Smart thinking for crazy times; 1998
85 Madritsch, W.: Kriminologisches Bulletin; 1983; S. 25 ff.
86 Obrist van Euwijk, B.: Gesundheitliche Betreuung; 1999; S. 6 ff.
87 Pfeiffer, W. M.: Transkulturelle Psychiatrie; 1994
88 Laubscher, J. F.: Sex, custom and psychopathology; 1937; S. 8 ff.
89 Husi, G.: «Sicher ist, dass nichts mehr sicher ist»; NZZ, 26.5.2001; S. 93
90 Schipperges, H.: Die Regelkreise der Lebensführung; 1988
91 Sarkohi, F.: Wenn Gott das letzte Wort hat; NZZ, 19.12.2000; S. 58
92 Kuntz, R.: Frauen, das verrückte Geschlecht?; NZZ, 6.6.2001; S. 73
93 Bokovska, N.: «Jugoslawen» in der Schweiz; NZZ, 21.10.2000; S. 99
94 Scheper-Hughes, N.: The Mindful Body; 1987
95 Mettner, M.: Von der Lebenskraft des Trauerns; NZZ, 16.12.2000; S. 93
96 Mettner, M.: Ich sehe deine Tränen; NZZ, 16.12.2000; S. 95
97 NZZ, 21.10.2000; S. 63
98 Wunderli, J.: Moderne Psychosomatik; 1970
99 Todorov, T.: NZZ, 14.5.1998
100 Roth, K.: Mit der Differenz leben; 1996
101 Enz, W.: Produktivitätsschübe dank Internet; NZZ, 24.7.2000; S. 14
102 Moosmüller, A.: Kulturen in Interaktion; 1997
103 Gesteland, R.: Global Business Behaviour; 1999; S. 14 ff.
104 Giordano, C., Colombo, R. & Kappus, E.: Interkulturelle Kommunikation im Nationalstaat; 1998
105 Bogner, R., Brandtner, A.: Interkulturelle Asymmentrie; 1999
106 Namangan, C.: Gefährlicher Konfliktstoff im Fergana-Tal; NZZ, 4.7.2000, S. 8
107 Moreno, E. M.: Al-Andalus: Austausch und Toleranz der Kulturen?; 1998; S. 118
108 Schmidt-Lauber, B.: Die verkehrte Hautfarbe; 1998

Teil III

Anwendungen interkultureller Kompetenz

In den bisherigen Teile wurden vor allem Beispiele für das große Spektrum unterschiedlicher kultureller Werte und Normen aufgezeigt, ebenso die Rahmenbedingungen unter denen sich interkulturelle Kompetenz entwickeln kann. Das wirft die Frage auf, wie sie zu erlangen ist, vor allem aber auch, wie mit dem interkulturellen Dialog, zum Beispiel in Geschäftsbeziehungen, umgegangen werden sollte. Im Folgenden soll ein Überblick gegeben werden über den Stand der Forschung in dieser Frage, welche Wege zur Erlangung größerer interkultureller Kompetenz beschritten werden können und auf welchen Wegen man sich Informations- und Training- bzw. Coaching-Möglichkeiten verschaffen kann.

3.1 Möglichkeiten

Bei Auftreten von Konflikten im Umgang mit kulturellen Unterschieden sind unter anderem folgende Vorgangsweisen denkbar:

- die Unterschiede gar nicht wahrnehmen, in der Annahme, dass der Geschäftslauf sowieso weitergeht;
- Minimieren des Einflusses durch Schaffung einer starken Unternehmenskultur in der Absicht, Unterschiede weitgehend zu vereinheitlichen oder aber jeder Kultur ihren Weg zuzugestehen;
- Nutzung kultureller Unterschiede als Quelle eines Wettbewerbsvorteils.

3.2 Lösungssuche

Bei der Lösungssuche sollten folgende Fragen gestellt werden:

- Worin besteht der kulturelle Unterschied, und in welchem Ausmaß betrifft er nationale, unternehmensbezogene, funktionale oder industrielle Kultur, Rasse, Geschlecht oder andere Ursachen?
- Worin können in den kulturellen Unterschieden Chancen, aber auch Gefahren erkannt werden?
- Wie gehen Menschen und Unternehmungen im eigenen Land oder Kontinent mit kulturellen Unterschieden um, wie die Partner anderer Herkunft? Gibt es lokalisierbare Umgehensweisen mit anderen Kulturen im eigenen kleinen Umfeld?
- In welcher Weise beeinträchtigt der Umgang mit kulturellen Unterschieden die Leistung?
- In welchem Umfang beeinflusst Übernahme und Interpretation von «Unterschieden» eine erfolgreiche (grenzüberschreitende) Implementierung von (Geschäfts-)Praktiken bei konkreten Handlungen wie Verträgen, Zusammenarbeit, Joint Ventures und Firmenübernahmen?[1]

3.3 Globales Denken

Die Fähigkeit, global zu denken – und damit eine anzuvisierende Einstellung – kann folgendermassen definiert werden: «The global mindset is the capacity to appreciate, value, and act on the factors that influence the beliefs, values, behaviours, and business practices of individuals and organizations from a variety of regions and cultures around the world.»[2]

3.4 Kommunikationslogik

Der Grund für die meisten Missverständnisse und Probleme in der Zusammenarbeit mit anderen Kulturen liegt in einem unzureichenden Verständnis anderer Kommunikationslogik. Allgemeine, auf persönliche Erfahrungen begründete Verhaltensregeln können richtungsweisenden Charakter haben, doch ist Kommunikation oft sehr kontextgebunden; Verallgemeinerungen können daher problematisch sein, ebenso erschwert das spontane Element die Anwendung dieses Wissens[3].

3.5 Kulturelle Verhaltensweisen

Das kulturell bedingte Verhalten muss bekannt sein: Anhand dieser und weiterer Informationen über die Teammitglieder oder Verhandlungspartner kann proaktiv möglichen Reibungspunkten begegnet werden. Das Aushandeln von Spielregeln ist wichtig, da Managementstile, Denk- und Arbeitsweisen in unterschiedlichen Kulturen auch unterschiedlich bewertet werden. Dies kann bereits bei der Zeiteinteilung beginnen (beispielsweise möchten Deutsche eine Sache nach der anderen erledigen, während ihre russischen Kollegen mehrere Dinge gleichzeitig anpacken und Wartezeiten als sinnvoll und nutzbar betrachten). Bei der Einführung solcher Spielregeln hat sich meist die «demokratische Diktatur» bewährt: Auch in Teams mit gleichberechtigten Partnern übernimmt praktisch immer jemand eine führende Rolle, sei es, weil sie offiziell bei dieser Person liegt, oder aber auch, weil sie einfach übernommen wird und meist akzeptiert wird.

3.6 Fähigkeiten interkultureller Teams

Neben den oft überbewerteten und an den bisherigen Leistungen beurteilten fachlichen Kompetenzen erleichtern folgende Fähigkeiten die Arbeit in interkulturellen Teams:[4]

1. Ich-Dimension: Stressresistenz sowie die Fähigkeit, sich aus einer schwierigen Situation (zeitweise) zurückziehen zu können, ist oft bei Personen zu

beobachten, die ausgeprägte Hobbys haben (wie zum Beispiel malen) oder Tagebücher schreiben. Beim Auslandeinsatz kommt die Fähigkeit zur kulturspezifischen Substitution hinzu: Jemand, der sich in Deutschland für Fussball begeistert, sollte sich in den USA beispielsweise für American Football interessieren können.

2. Soziale Dimension: Kommunikationsfähigkeit ist Voraussetzung für Erfolg in multikulturellen Teams. Sprachkenntnisse, aber vor allem die Fähigkeit, auf den Gesprächspartner eingehen zu können, sind von großem Nutzen: Einfühlungsvermögen sowie eine Antenne für die nonverbale Kommunikation.
3. Wahrnehmungsdimension: Erfolg in internationalen Teams hängt von der Fähigkeit zur flexiblen Attribution ab, das heißt der Mitarbeiter muss in der Lage sein, unterschiedliche Verhaltensweisen nicht nur zu erkennen, sondern auch nach möglichen kulturspezifischen Erklärungen zu suchen. Zudem reicht es nicht aus, nur festzustellen, dass die anderen anders und vielleicht nach eigenen Maßstäben nicht optimal handeln.

3.7 Verhaltensorientierung

Die Förderung der folgenden vier Dimensionen ist anzustreben:[5]

- *Self-Oriented* (Psychohygiene, Selbstwertgefühl, Umgang mit Stress, Kompensation heimatlicher Annehmlichkeiten);
- *Others-oriented* (kommunikative Eigenschaften und Fähigkeiten zum Aufbau positiver Beziehungen zu Fremden);
- *Perceptual* (Verständnis für fremde Lebensart, nichtwertende Wahrnehmung des Verhaltens);
- *Cultural-thoughness* (unterschiedliche Anforderungen an kulturelle Anpassungsfähigkeit, je nach kultureller Distanz).

3.8 Vorgehen in multikultureller Arbeit

Folgende Vorgehensweisen tragen zur Optimierung multikultureller Teamzusammenarbeit und damit zur interkulturellen Synergie bei:[6]

- «Unfreezing» – sich Zeit nehmen für gegenseitiges Kennenlernen, nach Möglichkeit außerhalb der Arbeitsumgebung;
- Interesse für den Hintergrund der anderen Teammitglieder und für ihre Besonderheiten zeigen, Gemeinsamkeiten herausfinden und betonen;
- Flexible Haltung der Arbeitssprache, damit sich alle Teammitglieder beteiligen können;
- Methodisch-arbeitsorganisatorisches und fachlich-inhaltliches Expertenwissen zusammentragen, es gezielt, aber nicht unüberprüft übernehmen und bald zwischenbilanzieren;
- Sachlogische Arbeitsteilung und -schrittfolgen einführen, ohne dabei den Überblick zu verlieren; hilfreich sind ein Moderator resp. Koordinator/Beobachter, ebenso regelmäßige Gruppengespräche;
- Eignung der Teammitglieder betreffend Kompetenz und Motivation für die übernommenen Aufgabenbereiche regelmäßig bilanzieren, bevor Überforderung oder Frust einsetzen;
- Wichtige, bereichsübergreifende Daten für alle sichtbar aufschreiben als Hintergrundinformation, vor allem aber Fokuspunkt für gemeinsame Abstimmung;
- Positive Ergebnisse bewusst zur Kenntnis nehmen und gemeinsam feiern.

3.9 Schlüsseldimensionen und Unternehmenskultur

Im Werk «Riding the Waves of Culture» von F. Trompenaars und C. Hampden-Turner (siehe Bibliographie) werden sieben Schlüsseldimensionen im Geschäftsleben beschrieben:

1. Beziehungen und Regeln
2. Gruppe und Individuum
3. Gefühle und Beziehungen
4. persönlicher Miteinbezug
5. Statusdenken
6. Zeitmanagement
7. Beziehung zu Umwelt und Natur.

Jede Schlüsseldimension wird ausführlich beschrieben und anhand weltweit durchgeführter Untersuchungen analysiert; am Ende jedes Kapitels werden Tipps in drei Kriterien aufgeführt:
1. Erkennen der Unterschiede
2. Empfehlungen für das Geschäftsleben
3. Führen und Geführtwerden

Anhand ebenso aufgeführter Kurztests können die Schlüsseldimensionen mit vier corporate cultures in Verbindung gebracht werden:
1. *Familie:* eher diffuse Beziehungen untereinander, Chef ist Vaterfigur, Intuition, intrinsische Motivation (zum Beispiel in Japan, Spanien, Belgien);
2. *Eiffelturm:* mechanisches, interaktionsbezogenes System, Distanz zum Vorgesetzten, logische, analytische und rational effiziente Beziehungen, Motivation durch Karriere und Macht (zum Beispiel große französische und deutsche Unternehmen);
3. *Lenkwaffe:* spezifische Aufgabenzuteilung, dezentrale und projektgruppenorientierte Organisation, problemzentriertes und bereichsübergreifendes Denken, «management by objectives» (zum Beispiel in USA und England);
4. *Brutkasten:* spontane, kreative Beziehungen, Status durch individuelle Kreativität und Leistungen, prozessorientiertes Denken, Motivation durch Enthusiasmus und Identifikation mit der Arbeit (zum Beispiel Silicon Valley in den USA, Forschungszentren wie Max-Planck-Institute in Deutschland oder IBM-Labor in Rüschlikon/Schweiz).

Zusammenfassend gesehen erfolgt die erfolgreiche Zusammenarbeit mit anderen Kulturen in drei Schritten:

1. Bewusstsein der vorliegenden kulturellen Unterschiede (setzt voraus, dass die eigene Kultur bekannt und bewusst ist);
2. Anerkennen und respektieren der kulturellen Unterschiede;
3. Abtragen der für die interkulturelle Kommunikation inhärenten Problempunkte.

3.10 Wandel: «structure follows culture»

Selbst Werte und Normen, an denen wir uns orientieren wollen und müssen, sind einem ständigen Wandel unterworfen. Eine erfolgreiche Kommunikation, sowohl privat als auch gesellschaftlich oder geschäftlich, bedingt Selbstsicherheit, authentische, ehrliche Selbstdarstellung und die Fähigkeit, Veränderungen erfassen und auf sie angepasst und zielorientiert eingehen zu können. Keineswegs sollte man alle Strömungen und Veränderungen ungefragt übernehmen – man muss sie erkennen und sich entscheiden, wie weit eine Veränderung den eigenen Zielen und Möglichkeiten entspricht, und wie diese Ziele auf kreativen, allenfalls neuen Wegen erreicht werden können.

Anlass zu Veränderungen können objektive Gegebenheiten oder auch ein «Gefühl im Bauch» sein; meist eine Kombination dieser Faktoren, damit eine Vision entsteht, und oft beginnt der Wandel bei sich selbst: Die Arbeitseinstellung verändert sich, man gibt sich eine Mission und macht sich auf den Weg, diese zu erfüllen – ein «neuer Wind» entsteht.

In jedem Falle sollte gelten: *structure follows culture.* Bei Schwierigkeiten in der trans-, inter- oder multikulturellen Assimilation sollte man sich das Ziel und die persönliche Einstellung vor Augen halten. Eine Hilfe beim «Umdenken» können die acht Kompetenzen der Selbsttransformation geben (in Klammer der jeweilige Schritt in der Unternehmenstransformation):[7]

1. *das Prozessverständnis* – von der Strukturgläubigkeit zur Prozessorientierung (Situations-Sensitivität);

2. *das Empowerment* – vom Captain-Stil zur Coach-Haltung (Entrepreneurship);
3. *die Bildung lokaler Theorien* – von der wissenschaftlichen Wahrheit zum hausgemachten Konsens (Spiegelwahrheit);
4. *die Vogelperspektive* – vom operativen Detaildenken zum strategisch-konzeptionellen Denken (Vision);
5. *die Ja-Grundhaltung* – von der Ausblendung des Unguten zur «Wahr»-Nehmung der Defizite und Ressourcen (Vernetzung);
6. *die Deltanutzung* – von der Gleichmacherei zur Wertschätzung von Unterschieden (Benchmarking);
7. *der Looping* – vom Konservenwissen zum sozialen Lernen vor Ort (Durchbruchprojekte);
8. *die Spannungstoleranz* – vom Harmoniestreben zum Konflikttraining (Werkstätten).

3.11 Gefühl

Einer der wichtigsten Punkte ist sicherlich das Gefühl bei der Sache: Alle besprochenen Kompetenzen wie Wissen, Fähigkeiten, rationales Denken und Motivation sind zweifellos notwendig, aber ausschlaggebend ist, dass unsere «Antennen» positive Signale aussenden und empfangen: Eine gesunde (emotionale) Sensibilität ist bei allen Tätigkeiten angebracht und hilfreich, denn wenn sich ein «Alarmlämpchen» (meist dumpfes Gefühl im Bauch, oder beginnende Errechnung möglicher Alternativstrategien im Gehirn) meldet, ist zusätzliche Vorsicht geboten (Risikoabschätzung und Prioritätensetzung).

Die Entwicklung einer gesunden, auf Erfahrungen beruhenden Sensibilität fördert das intuitive Denken und Wahrnehmen; für andere werden wir dann auch gefühlsmäßig authentischer.

3.12 Dreidimensionales Denken

Der dreidimensionale Mensch:

- mentale Dimension: Kopf (Verstand; Intellekt; IQ)
- emotionale Dimension: Herz (Gefühl; Einstellung, Anschauung, Haltung; EQ)
- spirituelle Dimension: Bauch (Intuition; Eingebung, Ahnung, «Aha-Effekt»; SQ)

In der englischen Fachliteratur wird von «ERI» (emotion, reason, intuition) gesprochen. Die größten Hindernisse, um einen Konflikt lösen zu können, sind negative Emotionen: Ärger, Neid, Misstrauen und Angst. Als erster Schritt müssen diese Gefühle erkannt und akzeptiert werden – man muss mit ihnen umgehen können. Im nächsten Schritt wird aus eigenem Antrieb versucht, die Möglichkeiten zu erkennen, die den Konflikt lösen können, und eine geeignete Strategie entworfen. Der letzte Schritt nutzt die Intuition, um aus den verschiedenen Alternativen die beste auszuwählen, wobei, zielorientiert, die «IWN's» (interests, wants and needs) der Beteiligten mit berücksichtigt werden.[8]

Wichtige Entscheidungen, aber auch längerfristige Projekte sollten von allen drei Dimensionen unterstützt sein. Nach «alter» Lehre wurden Entscheide vor allem durch den Kopf gefällt, erst in zweiter Linie wurde allenfalls die emotionale, sehr selten die spirituelle Dimension beachtet – die Erfahrung zeigt aber, und auch die Lehrmeinung akzeptiert dies nun weitgehend, dass der Ausschlag bei Entscheidungen meist «im Bauch» gegeben wird, stark unterstützt vom Gefühl, bei vorauszusetzendem rational-analytischem Denkvermögen.

3.13 Literatur

Als Literatur zur Weiterbildung interkultureller Kompetenz im Selbststudium können, ergänzend zu den bisher erwähnten Werken, besonders folgende Bücher empfohlen werden:

«Education for the Intercultural Experience» von R. Paige:[9] dieses Buch ist auf zwei Fundamenten aufgebaut: 1. Interkulturelle Erfahrungen sind eine emotional starke Herausforderung; und 2. Aus- und Weiterbildung interkultureller Kompetenz bedarf anderer Lehrmittel und Vermittlungstechnik als Instruktion reiner «Inhaltsvermittlung».

Es werden verschiedene Aspekte und eine übersichtliche Konzeption interkultureller Lernprozesse aufgezeigt, insbesondere zur Vermeidung und Überwindung von Kulturschocks sowie zur Vereinfachung kultureller Aufnahme- und Anpassungsfähigkeit, sowie der hiefrür effizientesten Lern- und Trainingsmethoden.

«Reflections on Multiculturalism» von R. Eddy[10] bietet in kurzen, fokussierten Aufsätzen eine Einführung in folgende multikulturelle Themen: Wege multikulturellen Verstehens, Metaphern, Sprachen und Kultur, ethnische Einflüsse, Einflüsse aus Literatur und Kolonialzeit, interkulturelle Partnerschaften, Verhandeln im interkulturellen Umfeld.

Eine Auswahl von Fallstudien bietet das «Survival Kit for Multicultural Living» von E. Summerfield.[11] Im ersten Teil des Buches wird schwerpunktmäßig auf US-amerikanische transkulturelle Probleme eingegangen, während der zweite Teil konkrete Schritte zum multikulturellen Zusammenleben beschreibt. Der Band ist geeignet sowohl als Arbeitsgrundlage für Gruppenarbeiten als auch zum individuellen Studium.

Weitere Fallbeispiele führen in «Transcultural Odysseys» von G. Shame[12] zu einem erweiterten Weltbild durch die Entwicklung eines globalen Menschen in kurzen Geschichten über Kulturschock, Anpassung, Kommunikation, Sprachen, Wohlbefinden, Sicherheit, Karriere sowie Schwierigkeiten bei der Rückkehr ins Heimatland. Die einzelnen Geschichten werden im Schlusskapitel zusammengeführt und ergeben, einem Puzzlespiel ähnlich, den transkulturellen Menschen: Der Band ist amüsant und kurzweilig zu lesen.

Das 1987 erschienene Standardwerk «Intercultural Communication: A Perceptual approach» von M. Singer erschien in überarbeiteter und aktualisierter Fassung[13] und bietet unzählige Denkanstösse zur Dynamik zwischen Persönlichkeit und Kultur sowie deren Spannungen und Herausforderungen. Beschrieben werden transkulturelle Wahrnehmungsmöglichkeiten, interkulturelle Kommunikationskonzepte sowie anschauliche Beispiele zu jedem Thema. Obwohl wissenschaftlich fundiert, ist das Werk im Konversationsstil geschrieben und damit «leicht verdaulich».

In ein Taschenbuch ist «Developing Intercultural Awareness» von L. Kohls und J. Knight.[14] Verpackt: In Übungen, Simulationsspielen und Fallbeispielen wird transkulturelles Training stufenweise aufgebaut. Dieses Werk beantwortet vor allem die Frage, «wie kann man interkulturelles Bewusstsein aufbauen» und ist insbesondere für Ausbilder sehr hilfreich. Als wissenschaftliches Kompendium hingegen gilt das «Handbook of Intercultural Training»[15] von D. Landis und R. Bhaget, eine fundierte Zusammenstellung der wichtigsten Artikel der bekanntesten Autoren.

Übersichtlich und sehr empfehlenswert vor allem zur Vorbereitung von Auslandeinsätzen, aber auch für kürzere geschäftliche und private Reisen, ist das Werk «Vorsicht Kulturschock» von E. Marx. Hier werden unterschiedliche Gefühle, Denk- und Verhaltensweisen beschrieben, mit Informationen über einzelne Länder und Kulturbereiche, Tipps betreffend Partner und Kinder; ebenso erleichtern verschiedene Checklisten den Überblick.

Wie multikulturelle Konflikte konstruktiv gelöst werden können, wird anhand von Beispielen und Rollenspielen im Werk «Multikulti: Konflikte konstruktiv» von P. Haumersen aufgezeigt.[16] Interkulturelle Mediation, wie hier beschrieben, ist sicherlich nicht nur im Konfliktfall notwendig, sondern als Grundwissen zur Fähigkeit interkulturellen Verstehens und zur rechtzeitigen Erkennung von Konfliktpotenzial – das ja gerade in diesem Themenbereich fast omnipräsent ist.

Interessante Texte zu verschiedenen Aspekten interkultureller Kompetenz finden sich auch in den Arbeitstexten des Deutsch-Französischen Jugendwerkes zur Entwicklung Interkultureller Kompetenz (DFJW).[17]

Eine aufschlussreiche Möglichkeit zur «kulturellen Selbstfindung» teilweise über Internet ist das «Culture Bank Alter Identity Workshop» von W. Drake:[18] Innerhalb vier bis sechs Wochen werden dem Workshop insgesamt 12 bis 16 Stunden gewidmet:

- 2 bis 4 Stunden Erklärung, Diskussion, Planung,
- 4 mal je 2 Stunden online (pro Woche eine Session),
- 4 Stunden Schlussbesprechung mit ggf. Erstellung eines Aktionsplans.

Zu Beginn wählt jeder Kandidat eine ihm fremde kulturelle Identität und erhält der gewählten Identität entsprechende Unterlagen (Bücher, Tonband- und Videoaufnahmen sowie ein Workshop-Manual mit weiteren Informationen auch über Geschäftswelt etc.). Die Beschreibung der kulturellen Identitäten basiert auf den Forschungen von Geert Hofstede. Der Kandidat entwickelt im Laufe der Sessions ein eigenes kulturelles Profil, das mit einer Datenbank von über 120 000 Individuen aus über 70 Ländern verglichen wird. Anhand dieser Daten können bemerkenswert zutreffende Schlüsse gezogen werden betreffend geschäftsspezifischen Handlungen und Herausforderungen sowie auch weit über das Geschäftsleben hinaus. Diese Methode ist sowohl als Analyse und Information über sich selbst geeignet als auch als sehr gute Vorbereitung auf Auslandeinsätze.

Anmerkungen

1 Schneider, S.: Managing across cultures; Personaljahrbuch 1997/98; S. 144 ff.
2 Ready, D. A: Globalization is a state of mind; 1996
3 Sencar, P.: Über die Kunst der indirekten Kommunikation; io-management Nr. 9; 1998; S. 88 ff.
4 Macharzina, K., Oesterle, M., Wolf, J.: Europäische Managementstile; 1998
5 Mendenhall, M.; Oddou, G: Readings and Cases in International HR-Management; 1999
6 Forschungsprojekt «Interkulturelle Synergie», Institut für Psychologie, Universität Regensburg
7 Müri, P., Schmid, S.: Praxishandbuch Unternehmenswandel; 1998
8 Scott, G. G.: Work with me.; 2000
9 Paige, R.: Education for the Intercultural Experience; 1993
10 Eddy, R.: Reflections on Multiculturalism; 1996
11 Summerfield, E.: Survival Kit for Multicultural Living; 1997
12 Shames, G.: Transcultural Odysseys; 1997
13 Singer, M.: Perception and Identy in Intercultural Communication; 1998
14 Kohls, L., Knight, J.: Developing Intercultural Awareness; 1994
15 Landis, D., Bhagat, R.: Handbook of Intercultural Training; 1996
16 Haumersen, P.: Multikulti: Konflikte konstruktiv; 1999
17 Arbeitstexte DFJW
18 Drake, W.; Culture Bank; 1997

Schlusswort

Das Thema «Interkulturelle Kompetenz» ist erstaunlich vielseitig und kann für weit umfangreichere Untersuchungen genutzt werden. Es wurde hier versucht, einen Einblick in diese faszinierende Materie sowie einen Überblick über die verschiedenen Instrumente zu geben.

Da das Thema im Rahmen der fortschreitenden Globalisierung und Informationsvernetzung auch in Zukunft an Wichtigkeit zunehmen wird, ist eine weitere Beschäftigung mit den möglichen Instrumenten zur Beurteilung und Bewertung der interkulturellen Kompetenz unumgänglich, ebenso die persönliche Weiterbildung und Weiterentwicklung in diesem Bereich.

Einen Beitrag an die persönliche Weiterbildung mit Blick auf Weltoffenheit und Unternehmensführung vermittelt ein ausgezeichnetes Werk in der gegenwärtigen Managementliteratur, das die Kernaussagen der wichtigsten Standardwerke auf jeweils fünf bis sieben Seiten zusammenfasst: S. Crainer, Die ultimative Management-Bibliothek; ähnliche Angebote bestehen im Internet unter anderem auf www.getabstract.com und www.summary.com.

Abschliessend soll noch ein ausgezeichnetes Werk erwähnt werden, das sehr viele der im vorliegenden «Handbuch Interkulturelle Kompetenz» erwähnten Aspekte behandelt, teilweise in einem anderen Licht beleuchtet und daher als Ergänzung – ebenfalls auch als Nachschlagewerk – sehr empfohlen werden kann: «International Management. A cultural approach» von C. Rodrigues. Sowohl in Theorie, als auch in vielen Beispielen, Grafiken und Lernmodellen werden alle in der Interkulturalität relevanten Bereiche, mit Schwerpunkt auf Management-Tätigkeiten, vertieft.

Offenheit, Interesse, geistige Flexibilität und Authentizität im Sinne von

Glaubwürdigkeit und «Spürbarkeit» sind sicherlich die Grundvoraussetzungen für eine erfolgreiche Kommunikation über viele, wenn nicht alle Schranken hinweg. Der Weg dahin führt einerseits über Kritik-, Konflikt- und Lernfähigkeit, andererseits aber auch die Bereitschaft und den Willen, immer dazulernen zu wollen, Meinungen und Erfahrungen auszutauschen und sich so unabhängiger und fundierter eine eigene Meinung bilden zu können.

Wenn erwartete oder unerwartete Schwierigkeiten nicht als Hindernisse, sondern als Herausforderung gesehen werden, und wenn das erwähnte Interesse am Menschen, der Welt und am Dazulernen besteht, ermöglicht uns dies eine Fülle von interessanten Erlebnissen und Erfahrungen. Da dies nicht immer intuitiv möglich ist, sondern oft auch analysiert und geplant werden muss, gerade um unbekannte Dinge besser verstehen und mit den Erfahrungen die Fähigkeit zur Intuition verbessern zu können, braucht es den Zugang zu den richtigen Informationen, um dieses Potenzial nutzen und weiterentwickeln zu können.

Wenn mit der vorliegenden Arbeit ein Überblick zum Thema Interkulturelle Kompetenz und deren Beurteilung gegeben und Schritte auf dem Weg zur interkulturellen Zusammenarbeit aufgezeigt oder erleichtert werden konnten, und wenn das Interesse dafür geweckt wurde, ist das Ziel dieser Arbeit erreicht. Die Vertiefung in die Grundlagen, die Entwicklung der Messbarkeit interkultureller Kompetenz sowie Forschung und praktische Anwendungsbereiche, folgt in einem weiteren Band.

Anhang

Sachwortregister

Orts-, Völker- und geografisches Register

Bibliographie

Abdallah-Pretceille, M.: L'éducation interculturelle; Presses universitaires de France, F-Paris; 1999

v. Adelsberg, D., Trolley, E. A.: Running training like a business. Delivering unmistakable value; Berrett-Koehler publishers, USA-San Francisco; 1999

Adorno, T. W.: Studien zum autoritären Charakter; Verlag Suhrkamp; D-Frankfurt/Main; 1999

Agular, L., Stokes, L.: Multicultural Customer Service: providing outstanding services across cultures; Irwin Professional Publishing; USA Burr Ridge; 1995

Albrecht, K.: Corporate Radar. Tracking the forces that are shaping your business; Amacom books, USA-New York; 2000

Alessandra, A.: Charisma. Seven keys to developing the magnetism that leads to success; Warner books, USA-New York; 2000

Allport, G.: Die Natur des Vorurteils; D-Köln; 1971; S. 452

Altmann, H. C.: Die hohe Kunst der Überzeugung. 100 Tips für mitreißende Rhetorik, effektive Kommunikation und erfolgreiche Verhandlungen; Verlag MVG, D-Landsberg am Lech; 1999

Amidon, D.: Das stille Erwachen. Innovationsstrategie für die Wissenswirtschaft; Frankfurter Allgemeine Buch, D-Frankfurt/Main; 1999

Amon, I.: Die Macht der Stimme. Persönlichkeit durch Klang, Volumen und Dynamik; Verlag Ueberreuter, D-Frankfurt/Main; 2000

Angst, K.: Zufriedene Schweizer? NZZ Neue Zürcher Zeitung, CH-Zürich; 5.8.2000; S. 13

Arbeitsgruppe Ethik: Texte zum Ethik-Unterricht, Recht und Gerechtigkeit; D-Donauwörth; 1979

Arbeitstexte des Deutsch-Französischen Jugendwerkes zur Entwicklung Interkultureller Kompetenz (DFJW); Internet-Seite: www.dfjw.org/paed/arbeitstexte.html

Arendt, H.: Vita Activa oder Vom tätigen Leben; Verlag Piper, D-München; 1999; S. 27 ff.

Argyle, M.: Körpersprache und Kommunikation. Innovative Psychotherapie und Humanwissenschaften; Verlag Junfermannsche, D-Paderborn; 1996

Armstrong, M.: Wie man ein noch besserer Manager wird. Aktuelles Kompendium der Managementtechniken; Verlag Ueberreuter, A-Wien; 1994

Arnot, R.: The bilolgy of success. Set your mental thermostat to high; Little, Brown & Co., USA-New York; 2000

Arquint, R.: Vielvölkerstaat Georgien. Probleme der Georgisierung seit der Unabhängigkeit; NZZ Neue Zürcher Zeitung, CH-Zürich; 25.5.2001; S. 9

Arthur, W., Bennet, W: The international assignee: The relative importance of factors perceived to contribute to success. Personnel Psychology, 48, 1, 99–114; 1995

Arzt, G.: Juristisches, moralisches und politisches Labyrinth. Die Verstrickungen der internationalen Rechtshilfe in Strafsachen; NZZ Neue Zürcher Zeitung; CH-Zürich; 9.6.2001; S. 103

v.Au, F.: Knigge 2000. Sichere Umgangsformen für alle Gelegenheiten; Verlag Ludwig, D-München, 1997

Austin, J. E.: The collaboration challenge. How nonprofits and businesses succeed through strategic alliances; Jossey-bass publishers, USA-San Francisco

Auernheimer, G.: Einführung in die interkulturelle Erziehung; D-Darmstadt; 1996; S. 178

Axtell, R., Briggs, T., Corcoran, M., Lamb, M.: Do's and Taboos around the World for Women in Business; John Wiley & Sons, USA-Yarmouth; 1997

Baake, D.: Individualisierung und Privatisierung von Religion. Neue religiöse Ausdrucksformen bei Jugendlichen. In: Lohmann, I., Weiße, W. (Hrsg.): Dialog zwischen den Kulturen; D-Münster 1994

Baechler, G.: Mediation in der Bearbeitung ethnopolitischer Konflikte; NZZ Neue Zürcher Zeitung, CH-Zürich; 6.5.2000; S. 101

Baldwin, R.: Globalisierung ohne Steuerharmonisierung; NZZ Neue Zürcher Zeitung, CH-Zürich; 29.7.2000; S. 75

Barlow, J., Maul, D.: Emotional value. Creating strong bands with your customers; Berrett-Koehler publishers, USA-San Francisco, 2000

Barnouw, V.: Culture and personality; USA-Homewood; 1979; S. 196

Bartu, F.: Die USA als Sieger der Globalisierung? Ermahnende Worte der Unctad; NZZ Neue Zürcher Zeitung, CH-Zürich, 20.9.2000; S. 25

Bausch, K. H., Schewe, W., Spiegel, H.: Fachsprachen – Terminologie, Struktur, Normung; Verlag Beuth, D-Berlin; 1976

Bausinger, H.: Name und Stereotyp; in: Gerndt (Hrsg.): Stereotypvorstellungen im Alltagsleben. Beiträge zum Themenkreis Fremdbilder, Selbstbilder, Identität; Münchner Beiträge zur Volkskunde; Ludwig-Maximilians-Universität, D-München; 1988; S. 13

Beattie, J.: Other Cultures; GB-London; 1964; S. 197

Beck, U.: Perspektiven der Weltgesellschaft; Verlag Zweite Moderne, Suhrkamp D-Frankfurt/Main; 1997

Beckwith, H.: The invisible touch. The four keys to modern marketing; Warner books; USA-New York; 2000

Bell, C. R.: Customers as partners. Building relationships that last; Berrett-Koehler publishers, USA-San Francisco; 1996

Bell, C. R., Harari, O.: Beep beep. Competing in the age of the road runner; Warner books; USA-New York; 2000

Benini, F.: Das neue Image der «Party-Stadt» trägt Früchte; NZZ Neue Zürcher Zeitung, CH-Zürich; 11.8.2000; S. 27

Bennet, M.: Basic Concepts of Intercultural Communication. Selected Readings; Intercultural Press; USA-Yarmouth; 1998

Bennet, M.: Towards Ethnorelativism: A Development Model of Intercultural Sensitivity; Education for the Intercultural Experience; Intercultural Press; USA-Yarmouth, ME; 1995

Benton, D. A.: How to think like a CEO. The vital trails you need to be the person at the top; Warner books, USA-New York; 1996

Benton, D. A.: Lions don't need to roar. Using the leadership power of professional presence to stand out; Warner books, USA-New York; 1992

Benz, U.: Schnellbleiche oder früh geübte Diskussionskultur? Zivilcourage – ein Resultat gesellschaftlicher Lernprozesse; NZZ Neue Zürcher Zeitung, CH-Zürich; 3.3.2001; S. 101

Berelson, B.: Steiner, G.: Human behaviour; USA-New York; 1964; S. 316

Bergler, R., Six., B.: Stereotype und Vorurteile; in: Graumann, C. F. (Hrsg.): Handbuch der Sozialpsychologie (2. Halbband); S. 1374

Bernauer, T.: Staaten im Weltmarkt; Verlag Leske und Budrich, D-Opladen; 2000

Bickley, V. C.: Language as the bridge; in: Bochner, S. (Hrsg.): Cultures in Contact: Studies in Cross-Cultural Interaction (International Series in Experimental Social Psychology; V.1); GB-Oxford; 1983; S. 108

Bilden, H.: Geschlechtsspezifische Sozialisation; in: Hurrelmann, Ul: Neues Handbuch der Sozialisationsforschung; D-Weinheim; 1991; S. 294

Birdwhistell, R. L.: Kinesics and context; USA-Philadelphia; 1970; S. 55

Bischofskonferenz Deutschlands; Wort zum Frieden; D-Bonn; 1983

Bishop, R.: Getting to know you; The Juggernaut Company, USA-Phoenix AZ; 1996

Blanchard, K., Carlos, J., Randolph, A.: Management durch Empowerment. Das neue Führungskonzept – Mitarbeiter bringen mehr, wenn sie mehr dürfen; Verlag Rowohlt, D-Hamburg; 1999

Blanchard, K., O'Connor, M.: Die neue Management-Ethik (managing by values); Verlag Hoffmann und Campe, D-Hamburg; 1998

Blohowiak, D.: Querdenker an der langen Leine. Kühn wie Edison, klug wie Einstein, kreativ wie da Vinci; Verlag Moderne Industrie, D-Landsberg/Lech; 2000

Bloom, B. S. (Hrsg.): Taxonomie von Lernzielen im kognitiven Bereich; Verlag Belz, D-Weinheim; 1972

BMW AG (Hrsg.): Life. Ideen und Materialien für interkulturelles Lernen (Grundwerk); D-München; 1997

Bochner, S.: Cultures in Contact: Studies in Cross-Cultural Interaction (International Series in Experimental Social Psychology; V.1); GB-Oxford; 1983; S. 168

Bogner, R., Brandtner, A. (Herausgeber): Interkulturelle Asymmetrie. Edward Samhabers Übertragung des slowenischen Nationalautors France Prešeren; Böhlau-Verlag, A-Wien; 1999

Böhm, D., Böhm, R., Deiss, B.: Handbuch interkulturelles Lernen; Verlag Herder, D-Freiburg; 1999

Böning, U. (Hrsg.): Interkulturelle Business-Kompetenz. Geheime Regeln beachten und unsichtbare Barrieren überwinden; Verlag Frankfurter Allgemeine, D-Frankfurt/Main; 2000

de Bono, E.: Six thinking hats. An essential approach to business management; Little, Brown & Co., USA-New York; 1999

Bormann, R.: Multikulturalität; Schweiz. Zeitschrift für Soziologie, CH-Zürich; 1997

Bokovska, N.: «Jugoslawen» in der Schweiz. Von der pflegeleichten Minderheit zur problembehafteten grössten Ausländergruppe; NZZ Neue Zürcher Zeitung, CH-Zürich; 21.10.2000; S. 99

Brake, T., Walker, D.: Doing Business Internationally. Vol. 1: The resource Book to Business and Social Etiquette (1997). Vol. 2: The Workbook to Cross-Cultural Success (1995); Princeton Training Press; USA-Yarmouth

Brandstätter, H.: Sozialpsychologie: Psychologie sozialer Erfahrung; Kohlhammer-Verlag, D-Stuttgart (1983)

Bredemeier, K., Neumann, R.: Nie wieder sprachlos. Ihr persönliches Lern- und Übungsbuch für kommunikative Intelligenz; Verlag Orell Füssli, CH-Zürich; 1999; S. 136

Brickenkamp, R.: Handbuch psychologischer und pädagogischer Tests; Verlag für Psychologie, Hofgrefe; D-Göttingen, 1975

Bright, D.: On the edge and in control. A proven 8-step program for taking charge of your life; McGraw-Hill, USA-New York; 1999

Brill, H., Brill, J., Feigenbaum, C.: Investing with your values. Making money and making a difference; Bloomberg press, USA-New York; 1999

Brislin, R. W.: Cross-cultural encounters: face-to-face interaction; Pergamon Press, USA-New York; 1981

Brislin, R., Yoshida, T.: Intercultural communication training. An introduction; Sage; USA-Thousand Oaks; 1994

Brockhaus Enzyklopädie in 24 Bänden, 19. Auflage; F. A.Brockaus GmbH, D-Mannheim

Brown Glaser, C., Steinberg Smalley, B.: Swim with the dolphins. How women can succeed in corporate America on their own terms; Warner books, USA-New York; 1995

Bruce, A., Pepitone, J. S.: Motivating employees. Creating a motivating workplace – factor fun into work – unleash synergy among all employees; McGraw-Hill, USA-New York; 1998

Bruck, P. A.: Interkulturelle Entwicklung und Konfliktlösung; in: Luger, K., Renger, R. (Hrsg.): Dialog der Kulturen; 1982; S. 345

Brugger, W.: Philosophisches Wörterbuch; D-Freiburg; 1976

Busse, G., Paul-Kohlhoff, A., Wordelmann, P.: Fremdsprachen und mehr. Internationale Qualifikationen aus der Sicht von Betrieben und Beschäftigten. Eine empirische Studie über Zukunftsqualifikationen; Bertelsmann-Verlag, D-Bielefeld; 1995

Bütler, H.: Himmel und Hölle fusionieren nicht. Betrachtungen an der Jahrhundertwende; NZZ Neue Zürcher Zeitung, CH-Zürich; 30.12.2000; S. 1

Büttner, C.: Identität und Fremdenangst. In: Diakonia, Internationale Zeitschrift für die Praxis der Kirche. Die Anderen; Verlag Herder, A-Wien; September 1993; S. 313 ff.

Byram, M.: Teaching and Assessing Intercultural Communicative Competence; Multilingual Matters; GB-Clevedon; 1997

Carducci, B.: Erfolgreich schüchtern. Der Weg zu einem neuen Selbstwertgefühl; Verlag W. Krüger, D-Frankfurt/Main; 2000

Carrel, A.: L'homme, cet inconnu ; Verlag Plon, F-Paris ; 1997 (Erstausgabe 1935)

Cathcart, D.: Japanese social experience and concept of groups; in: Samovar, L. A., Porter, R. E. (Hrsg.): Intercultural communication; Wadsworth Publishing Company, USA-Wadsworth; 1999; S. 60

Cerwinka, G, Schranz, G.: Die Macht des ersten Eindrucks; Verlag Ueberreuter, A-Wien, 1998

Cerwinka, G., Schranz, G.: Die Macht der versteckten Signale; Verlag Ueberreuter, A-Wien; 1999

Christinger, D.: Zeitschrift «Der Brückenbauer 24», CH-Zürich;13.6.2000; S. 17 f.

Cialdini, R.: Überzeugen im Handumdrehen. Wie und warum sich Menschen beeinflussen und überzeugen lassen; MVG-Verlag, D-München; 1993

Clark, Wesley, K.: Waging modern war; Public affairs publishing, USA-New York; 2001

Class, E., Bischofberger, S.: Das Arbeitszeugnis und seine «Geheimcodes»; Verlag SKV, CH-Zürich; 1995

Commer, H., Thadden, J.: Managerknigge 2000. Top-Informationen über 74 Länder; Econ Verlag, D-Düsseldorf; 1997

Condon, J., Fathi, Y.: An introduction to intercultural communication; USA-Indianapolis; 1975; S. 182

Corbitt, J. N.: Global Awareness Profile (GAPtest); Intercultural Press; USA-Yarmouth, Maine; 1998

Costanza, R.: Four visions of the century ahead; in: The Futurist 2/1999; USA-Bethesda; Internet-Seite: www.wfs.org/futurist.htm

Couchepin, P.: Ansprache an Uno-Sozialkonferenz in Genf; in MZZ Neue Zürcher Zeitung, CH-Zürich; 1.7.2000; S. 14

Covey, S. R.: Die effektive Führungspersönlichkeit. Management by principles; Campus-Verlag, D-Frankfurt/Main; 1993

Crainer, S.: Die ultimative Management-Bibliothek. 50 Bücher, die Sie kennen müssen; Campus-Verlag; D-Frankfurt/Main; 1997

Crommer, H., Grünther, L.: Clever reisen – Tipps und Regeln für Manager; Verlag Moderne Industrie, D-Landsberg/Lech; 1999

Crosby, P.: Qualitätsmanagement – quality is free; Verlag Ueberreuter, D-Frankfurt/Main; 2000

Czock, H., Radtke, F.: Der heimliche Lehrplan der Diskriminierung. In: päd.extra 10/1984; S. 34–39

D'Amato, G.; Wildmann, D.: Beherzter Einsatz für die Sache des Rechtsstaates. Zivilcourage, ziviler Ungehorsam und die Grenzen der Demokratie; NZZ Neue Zürcher Zeitung, CH-Zürich; 3.3.2001; S. 99

Daborn-Doering, C.: NZZ Neue Zürcher Zeitung, CH-Zürich; 13.6.2000, S. 24 und 19.7.2000, S. 65

Dahrendorf, R.: Gesellschaft und Freiheit. Zur soziologischen Analyse der Gegenwart; Verlag Piper, D-München; 1961

Daimagüler, M., Mathiopoulos, M.: Plädoyer für ein Miteinander auf Augenhöhe. Zwei deutsche Patrioten über Deutschlands Lei(d)tkultur; NZZ Neue Zürcher Zeitung, CH-Zürich; 29.12.2000; S. 7

Dalai Lama: Das Buch der Menschlichkeit. Eine neue Ethik für unsere Zeit; Verlag Lübbe, D-Bergisch Gladbach; 2000

Daniels, A.: Bringing out the best in people. How to apply the astonishing power of positive reinforcement; McGraw-Hill, GB-London; 1994

Danthe, M.: Zeitschrift «Der Brückenbauer 14», CH-Zürich; 4.4.2000; S. 3

Danthe, M.: Zeitschrift «Der Brückenbauer 38», CH-Zürich; 19.9.2000; S. 3

Davies, S., Meyer, C.: Das Prinzip Unschärfe. Managen in Echtzeit; Verlag Gabler, D-Wiesbaden, 1998

Davison, W. P.: International political communication; USA-New York; 1965; S. 176 f.

Day, L.: PI, Praktische Intuition; DTV-Verlag, D-München; 1998

Deep, S., Sussman, L.: Erfolgsmanagement; Econ Verlag; D-Düsseldorf; 1990

Demorgon, J., Lipiansky, E., Müller, B.: Erweiterte und vertiefte Formen interkultureller Ausbildung; Deutsch-Französisches Jugendwerk zur Entwicklung Interkultureller Kompetenz (DFJW), D-Berlin; Internet-Seite: www.dfjw.org/paed/texte/ausbild.html

Deutsch, M.: Konfliktregelung; Verlag Reinhardt, D-München; 1976

DeVos, G. A., Hippler, A. A.: Cultural psychology; in: Lindzey, G., Aronson, E. (Hrsg.) Handbook of social psychology; Oxford University Press; GB-Oxford; 1998

Diawara, M.: Globalisierung, Entwicklungspolitik und lokales Wissen. Warum technokratische Lösungsansätze zum Scheitern verurteilt sind; NZZ Neue Zürcher Zeitung, CH-Zürich; 11.11.2000; S. 101

Diversity Resource Office, Purdue University, West Lafayette, USA-Indiana. Internet-Seite: www.purdue.edu/humanrel/HTML_Files/Diversity/Welcome.html

DNLA Potentialmessverfahren; Software für Management und Personalentwicklung (SMP); D-Oelde; Internet-Seite: www.dnla.com

Dollar, D., Kraay, A.: Growth is good for the poor; Worldbank organisation; Internet-Seite: www.worldbank.org/research/growth

Domtsch, M., Lichtenberger, B.: Der internationale Personaleinsatz in Führung von Mitarbeitern: Handbuch für erfolgreiches Personalmanagement; Schäffer Verlag, D-Stuttgart; 1991

Drake, W.: Culture Bank Alter Identity Workshop; Culture Bank Services. Internet-Seite: www.culturebank.com

Drolshammer, J.; Wenger, A.: Hochschulen unter Amerikanisierungsdruck. Europa sollte sich der Herausforderung stellen; NZZ Neue Zürcher Zeitung; CH-Zürich; 9.6.2001; S. 9

Duden (in 12 Bänden), aktuelle Ausgaben 1999; Duden-Verlag, D-Mannheim

Duden (Der grosse Duden; Anhang zur Brockhaus Enzyklopädie; siehe unter 76.)

Eales-White, R.: Ask the right question. How to get what you want every time and in any situation; McGraw Hill, USA-New York; 1998

Eddy, R.: Reflections on Multiculturalism; Intercultural Press; USA-Yarmouth; 1996

Edwards, M, Ewen, A.: 360°-Feedback. The powerful new model for employee assessment and performance improvement; Amacom books, USA-New York; 1996

Egger, C.: Wenn der Tunnel- den Panoramablick stört. Geschlechtsspezifisches Verhalten am Arbeitsplatz; NZZ Neue Zürcher Zeitung, CH-Zürich; 9.5.2001; S. 85

Ehlers, J., Bentner, A., Kowalczyk, M.: Mädchen zwischen den Kulturen. Anforderungen an eine interkulturelle Pädagogik; IKO Verlag für interkulturelle Kommunikation, D-Frankfurt/Main; 1997

Enz, W.: Produktivitätsschübe dank Internet; NZZ Neue Zürcher Zeitung, CH-Zürich; 24.7.2000

Erck, C.: Die Last der Ehre. Wenn Frauen für die Vergehen von Männern büssen; NZZ Neue Zürcher Zeitung, CH-Zürich; 3.7.2001; S. 53

Erikson, E.: Identität und Lebenszyklus; D-Frankfurt/Main; 1976

Erny, H.: Fit für die Medien. Ein praktischer Ratgeber; Verlag Orell Füssli, CH-Zürich; 1999

Evans, P., Wurster, T.: Web Attack. Strategien für die Internet-Revolution; Verlag Hanser, D-München; 2000

Fatehi, K.: International Management. A Cross-Cultural and Functional Perspective; Prentice Hall, USA-New Jersey; 1996

Fatzer, G. (Hrsg.): Organisationsentwicklung für die Zukunft; Edition Humanistische Psychologie (EHP); D-Köln; 1993

Faix, W. G., Laier, A.: Soziale Kompetenz ; Verlag Gabler, D-Wiesbaden ; 1991 ; S. 37

Felber, T.: Ein Kuss als Schande für die Familienehre? Junge Frau vom Bruder zu ertränken versucht; NZZ Neue Zürcher Zeitung, CH-Zürich; 21.2.2001; S. 41

Finkelstein, B., Eder, E.: Hidden messages. Instructional materials for Investigating Culture; Intercultural Press; USA-Yarmouth; 1998

Fischer, P. A.: Personalleiter zwischen Wunsch und Wirklichkeit. International vergleichende Studie von Manpower reflektiert Wandel im Arbeitsalltag; NZZ Neue Zürcher Zeitung, CH-Zürich; 20.9.2000; S. 83

Fischer, P. A.: Fachkompetenz allein genügt nicht. Interkulturelles Training soll Arbeitnehmer auf einen Einsatz in Osteuropa besser vorbereiten; NZZ Neue Zürcher Zeitung, CH-Zürich; 21.3.2001; S. 79

Fisher, G.: International Negotiation. A Cross-Cultural Perspective; Intercultural Press; USA-Yarmouth; 1980

Fisher, G.: Mindsets. The Role of Culture and Perception in International Relations; Intercultural Press; USA-Yarmouth; 1997

Fisher, G.: The Mindsets Factor in Ethnic Conflict. A Cross-Cultural Agenda; Intercultural Press; USA-Yarmouth; 1998

Fisher, R., Ury, W.: Das Harvard-Konzept, sachgerecht verhandeln – erfolgreich verhandeln. D-Frankfurt/Main; 1990

Fontaine, G.: Intercultural & International References; University of Hawaii; USA-Hawaii. Internet-Seite: www2.hawaii.edu/~fontaine/uirefs.html

Forgas, J. P.: Sozialpsychologie. Eine Einführung in die Psychologie der sozialen Interaktion; Psychologie Verlags Union, D-München, 1986

Frank, A., Weschke, B.: Ethik (Band 1 und 2); Stam-Verlag, D-Köln; 1998

Frankfurter Rundschau, D-Frankfurt/Main; 24.3.1997

Freud, S.: Das Ich und das Es; Gesammelte Werke, Bd. 13; Fischer-Verlag, D-Frankfurt am Main; 1968

Frey, D., Greif, S. (Hrsg.): Sozialpsychologie. Ein Handbuch in Schlüsselbegriffen; Psychologie Verlags Union, D-München, 1987

Frey, D., Hoyos, C. Graf, Stahlberg, D. (Hrsg.): Angewandte Psychologie. Ein Lehrbuch; Psychologie Verlags Union, D-München; 1988

Fritz, S., Jeserich, W.: Individual diagnose and development of intercultural competence; Verlag für qualitative Personalarbeit, D-Bergisch Gladbach; 1998

Fromm, E.: Die Furcht vor der Freiheit; Europäische Verlagsanstalt, D-Frankfurt/Main; 1975

Gage, N. L., Berliner, D. C.: Pädagogische Psychologie; Psychologie Verlags Union, D-Weinheim; 1986

Gaines Robinson, D., Robinson, J.: Performance Consulting. Moving beyond training; Berrett-Koehler publishers, USA-San Francisco; 1995

Gao, G., Gudykunst, W. B.: Uncertainity, anxiety and adaptation; International Journal of Intercultural Relations, 5, 301–317; 1990

Gardner, H.: Frames of mind: Multiple intelligences; Harper Collins, USA-New York; 1993

Gates, B.: Business at the speed of thought. Succeeding in the digital economy; Warner books, USA-New York; 2000

Gee, V., Gee, J.: Super Service. Seven keys to delivering great customer service; McGraw Hill, USA-New York; 1999

Geffken, M. (Hrsg.): Das grosse Handbuch Werbung; Verlag Moderne Industrie, D-Landsberg/Lech; 1999

Gerber, U., Makrosch, R., Schmidt, H.: Ethik 9/10; 1997

Gerdes, P.: Gedrückte Stimmung in Fidschi. Ethnische Spannungen und wirtschaftlicher Niedergang; NZZ Neue Zürcher Zeitung, CH-Zürich; 28.11.2000; S. 9

Gesteland, R.: Global Business Behaviour. Erfolgreiches Verhalten und Verhandeln im internationalen Geschäft; Verlag Orell Füssli, CH-Zürich; 1999; S. 14 ff.

Giddens, A.: Politiker-Guru; Zeitschrift «Der Brückenbauer 29», CH-Zürich; 18.7.2000

Giordano, C., Colombo, R., Kappus, E. (Hrsg.): Interkulturelle Kommunikation im Nationalstaat; Münchener Beiträge zur Interkulturellen Kommunikation; Ludwig-Maximilians-Universität; D-München; 1998

Glenn, E. S.: Man and mankind; USA-Norwood; 1981; S. 247

Glenn, E. S.: Meaning and behaviour; USA-Norwood; 1981; S. 190

Gochenour, T.: Beyond Experience. An Experiential Approach to Cross-Cultural Education; Intercultural Press; USA-Yarmouth; 1993

Goldmann, H.: Erfolg durch Kommunikation. Die 12 goldenen Regeln für Könner; Econ Verlag; D-Düsseldorf; 1999

Goleman, D.: Emotional Intelligence; Bantam Books, USA-New York; 1995

Gonschorrek, U.: Verwaltungspädagogik und Führungslehre; Verlag Decker, D-Heidelberg; 1989; S. 29

Gore, A.: Wege zum Gleichgewicht. Ein Marshallplan für die Erde; Verlag Fischer, D-Frankfurt/Main; 1995

Goswamy, B. N.; Hoskote, R.: Die Barbarei von Bamian. Zwei indische Kunstwissenschafter nehmen Stellung; NZZ Neue Zürcher Zeitung, CH-Zürich; 12.3.2001; S. 29

Graduate Business School, CH-St. Gallen; Internet-Seite: www.ksgbs.com

Graeser, A.: Philosophie und Ethik; Verlag Parerga, D-Düsseldorf; 1999; S. 103–110

Graf, H. G.: Globale Szenarien. Megatrends im weltweiten Kräftespiel; NZZ-Verlag, CH-Zürich; 2000; S. 127

Graumann, C. F.: Interaktion und Kommunikation; in: Handbuch der Sozialpsychologie; 2. Halbband: Forschungsberichte; D-Göttingen; 1972; S. 1179

Graumann, C. F.: Pädagogische Psychologie; Fischer-Taschenbuchverlag; D-Frankfurt/Main; 1974

Gross, R.; Konitzer, W.: Geschichte und Ethik. Zum Fortwirken der nationalsozialistischen Moral; in: Mittelweg 36; Zeitschrift des Hamburger Instituts für Sozialforschung 4; D-Hamburg; 1999; S. 44–69

Grossrieder, B.: Nomaden der Arbeit. Globalisierung, Flexibilität, Mobilität – Freud und Leid des Wohnens auf Zeit; NZZ Neue Zürcher Zeitung, CH-Zürich; 28.10.2000; S. 15

Grove, A.: Nur die Paranoiden überleben. Strategische Wendepunkte vorzeitig erkennen; Campus-Verlag, D-Frankfurt/Main; 1997

Grünbuch zur europäischen Dimension des Bildungswesens; KOM(93)457; Europäische Kommission, F-Strassburg; 1993; Internet-Seite: http://europa.eu.int/comm/off/green/index_de.htm

Grunig, J. E., Hunt, T.: Managing Public Relations; USA-New York; 1984; S. 21 ff.

Gsteiger, M.: Vom «gemeineidgenössischen Nationalgefühl» zum «Plurikulturalismus». Der Begriff «Helvetismus» ist äusserst schillernd; NZZ Neue Zürcher Zeitung, CH-Zürich; 9.12.2000; S. 99

Gugel, G., Jäger, U.: Welt-Sichten. Die Vielfalt des Globalen Lernens; Verein für Friedenspädagogik, D-Tübingen; 1999; S. 75

Guggenbühl, A.: Pädagogendeutsch oder die Kunst der Missverständnisse. Wenn Sprache zum Verschleierungsmittel wird; NZZ Neue Zürcher Zeitung, CH-Zürich; 27.1.2000; S. 73

Gustafson, T.: Capitalism Russian-style; Cambridge University Press, GB-Cambridge; 1999

Gwartney, J.: Economic Freedom of the World. 2001 Annual Report; The Frazer Institute, CA-Vancouver; 2001; Internet-Seite: www.freetheworld.com/release.html

Habeck, M, Kröger, F., Träm, M.: Wi(e)der das Fusionsfieber. Die sieben Schlüsselfaktoren erfolgreicher Fusionen; Verlag Gabler, D-Wiesbaden; 1999

Habermaas, J.: Moral consciousness and communicative action; MIT Press, USA-Cambridge; 1990

Habermeyer, W.; Microsoft Encarta Enzyklopädie, 1999

Hagemann-White, C.: Sozialisation: weiblich – männlich?; D-Opladen; 1984

Hahn, R., Stickel, N.: Die Sprache der Sieger. So setzen Sie Kommunikative Intelligenz für Ihren Erfolg ein; Verlag MVG, D-Landberg/Lech; 2000

Hall, E., M.: Understanding Cultural Differences. Germans, French and Americans. Intercultural Press; USA-Yarmouth; 1989

Hall, E. T.: The hidden dimension; Garden City; USA-New York; 1969; S. 75

Hall, E. T.: The silent language; USA-Garden City; 1959; S. 105

Hampden-Turner, C., Trompenaars, F.: The Seven Cultures of Capitalism. Value Systems for Creating Wealth in the United States, Britain, Japan, Germany, France, Sweden, and the Netherlands; Doubleday, USA-New York; 1993

Hampden-Turner, C.: Charting the Corporate Mind, From Dilemma to Strategy; The Free Press, GB-Cambridge; 1990

Hampden-Turner, C.: Creating Corporate Culture. From Discord to Harmony; The Economist Books; 1992

Hank, R.: Das Ende der Gleichheit oder warum der Kapitalismus mehr Wettbewerb braucht; Verlag S. Fischer, D-Frankfurt/Main; 2000

Harper, T.: Moscow madness. Crime, corruption and one man's pursuit of profit in the new Russia; McGraw-Hill, USA-New York; 1999

Harris, J. E., Morgan, R. T.: Managing Cultural Differences – 3rd ed.; USA-Houston, Texas; 1991

Harss, C.: kulturelle Länderstudie; Unternehmensberatung Twist, D-München

Hartmann, M., Funk, R., Arnold, C.: Gekonnt moderieren; Beltz-Verlag, CH-Basel; 2000

Hasenstab, M.: Interkulturelles Management. Bestandsaufnahme und Perspektiven; Verlag Wissenschaft & Praxis, D-Sternenfels; 1998

Hauchler, I., Messner, D., Nuscheler, D. (Hrsg.): Globale Trends 2000. Fakten, Analysen, Prognosen; Stiftung Entwicklung und Frieden; Verlag Fischer, D-Frankfurt/Main; 1999

Haumersen, P., Liebe, F.: Multikulti: Konflikte Konstruktiv – Mediation in der interkulturellen Arbeit; Verlag an der Ruhr, D-Mülheim a. d. Ruhr; 1999

Hauser, R.: Soziale Kompetenz trainieren; Fit for Business, D-Regensburg, 1999

Häusler, M., Luginbühl, D.: Qualität in multikulturellen Schulen; Zeitschrift «Schweizer Schule»; Reinhardt-Verlag, CH-Basel; 6/98

Heiman, S. E., Sanchez, D.: The new strategic selling; Warner books; USA-New York; 1998

Heiman, S, Sanchez, D., Tuleja, T.: The new conceptual selling. The face-to-face sales method that helps leading companies stay on top; Warner books, USA-New York; 1999

Herbrand, F.: Interkulturelle Kompetenz. Wettbewerbsvorteil in einer globalisierenden Wirtschaft; Verlag Haupt, CH-Bern; 2000

Hertwig, S.: Testtrainer für Hochschulabgänger; Verlag Falken, D-Niedernhausen; 2000

Hesse, J., Schrader, H.D.: Das neue Test-Programm; Eichborn-Verlag, D-Frankfurt/Main; 1988

Hesse, J., Schrader, H.D.: Testtraining 2000; Eichborn-Verlag, D-Frankfurt; 1998

Heusser, R.: Die Falle der eindimensionalen Identität. Populismen und Fundamentalismen in der offenen Gesellschaft; NZZ Neue Zürcher Zeitung, CH-Zürich; 1.7.2000; S. 93

Heusser, R.: Recht auf Sexualleben, nicht auf Reproduktion? Fragen zur Sterilisation geistig Behinderter; NZZ Neue Zürcher Zeitung, CH-Zürich; 10.7.2000; S. 9

Hiebeler, R., Kelly, T., Ketteman, C.: Best practices. Building your business with customer-focused solutions; Arthur Anderson LLP, USA-New York; 1998

Hiebert, M.; Klatt, B.: The Encyclopedia of Leadership. A practical guide to popular leadership theories and techniques; McGraw-Hill, USA-New York; 2001

Hilb, M.: Integriertes Personal-Management. Ziele – Strategien – Instrumente; Verlag Luchterhand, D-Neuwied; 1997
Hill, R.: We Europeans; Europublic SA/NV; USA-Yarmouth; 1997
Hinz-Rommel, D.: Ein neues Anforderungsprofil für die interkulturelle Kompetenz; Verlag Waxmann, D-Münster; 1994
Hock, D.: Birth of the chaordic age; Berrett-Koehler publishers, USA-San Francisco; 1999
Hoffmann, S.: Duties beyond borders. On the limits and possibilities of ethical international politics (The Frank W. Adams Lectures); Syracuse University Press, USA-New York; 1981
Hoffmann-Nowotny, H.: Chancen und Risiken multikultureller Einwanderungs-Gesellschaften; Forschungspolitische Früherkennung Nr. 119; CH-Bern; 1992
Hoffmann/Even: Soziologie der Ausländerfeindlichkeit. In: Auernheimer, G.: Einführung in die interkulturelle Erziehung; D-Darmstadt; 1996
Hofmann, D.: Bildhafte Kommunikation in brenzligen Situationen; NZZ Neue Zürcher Zeitung, CH-Zürich; 6.6.1998; S. 80
Hofmann, D.: Das Unbehagen an der Globalisierung. Gilt die liberale Wirtschaftsordnung nur bei schönem Wetter? NZZ Neue Zürcher Zeitung, CH-Zürich; 29.9.2000; S. 85
Hofstede, G.: Cultures and Organizations: Intercultural Cooperation and its Importance for Survival; McGraw-Hill, GB-London; 1994
Hofstede, G.: Cultures consequences: International differences in workrelated values; Sage publications; USA-Beverley Hills; 1980
Hofstede, G.: Lokales Denken, globales Handeln, D-Beck, 1991
Hogen, J.: Entwicklung interkultureller Kompetenz; Verlag Metropolis, D-Marburg; 1998
Höltschi, R.: Fusionskontrolle als weltweite Aufgabe? Klein schlägt «globale Wettbewerbsinitiative» vor; NZZ Neue Zürcher Zeitung, CH-Zürich; 15.9.2000; S. 48
Holzgang, A., Meier, P.: Der Strukturwandel verändert die Aktienwelt. Vom Länder- zum Branchenansatz beim Anlageentscheid; NZZ Neue Zürcher Zeitung, CH-Zürich; 16.10.1999; S. 29
Hondrich, K. O.: Eine globale Wirtschaft braucht eine kulturelle Basis. Sozialpolitische Herausforderungen in den alten Industrieländern; NZZ Neue Zürcher Zeitung, CH-Zürich; 16.6.2001; S. 97
Hsu, F. L. K.: Clan, caste and club; Van Nostrand Publishers, USA-Princeton; 1963
Hübner, T.: Und sie wissen nicht, was sie wissen. Das verborgene Know-how der Mitarbeiter als strategische Ressource; NZZ Neue Zürcher Zeitung, CH-Zürich; 27.9.2000; S. 79
Hübner, T.; Stahl, G.: Auslandaufenthalt mit unerwünschten Nebenwirkungen. Wenn die Arbeit in der Fremde zum Karrierehemmer wird; NZZ Neue Zürcher Zeitung, CH-Zürich; 21.3.2001; S. 79
Hufschmid, P.: Die Ismailiten des Hunzatals; NZZ Neue Zürcher Zeitung, CH-Zürich; 12.8.2000; S. 7
Hugo-Becker, A., Becker, H.: Psychologisches Konfliktmanagement. Menschenkenntnis, Konfliktfähigkeit, Kooperation; Verlag DTV, D-München, 2000
Hunter, J. E., Hunter, R. F.: Validity and utility of alternative predictors of job performance; Psychological Bulletin, 96, 72–98; 1984
Huntington, S. P.: Kampf der Kulturen; Verlag Europa, D-Hamburg; 1997

Husi, G.: «Sicher ist, dass nichts mehr sicher ist». Versuch über die verschieenen Gesichter der Unsicherheit; NZZ Neue Zürcher Zeitung, CH-Zürich; 26.5.2001; S. 93

Ihle, P.: Bilden ausländische Kinder eine Risikogruppe? Referat von S. Schuh, Schulpsychologischer Dienst Stadt Zürich; NZZ Neue Zürcher Zeitung, CH-Zürich; 23.1.1999; S. 55

Ihle, P.: Mit einem Paten zum Erfolg. Projekt für Unterricht mit mehrsprachigen Schulklassen; NZZ Neue Zürcher Zeitung, CH-Zürich; 21.8.1998; S. 51

Imai, M.: Gemba Kaizen. A common sense, low-cost approach to management; McGraw-Hill, GB-London; 1997

Imhasly, B.: Eunuch als «Stadtväterin» von Gorakhpur. Indiens Hijras werden gesellschafts- und politikfähig; NZZ Neue Zürcher Zeitung, CH-Zürich; 28.11.2000; S.5

Imhasly, B.: Zwischen «Big Brother» und älterem Bruder. Indiens schwieriges Verhältnis zu seinen Nachbarn; NZZ Neue Zürcher Zeitung, CH-Zürich; 16.5.2001; S. 9

Inkeles, A., Levinson, D. J.: National character. A psycho-social perspective; Transaction Publishers ; 1996

Institut für Interkulturelles Management (IFIM), D-Königswinter. Internet-Seite: www.ifim.de

Institut für Psychologie: Forschungsprojekt «Interkulturelle Synergie» (gefördert von der Volkswagenstiftung); Universität D-Regensburg.

Intercultural Communication Institute, USA-Portland, Oregon. Internet-Seite: www.intercultural.org

Islamway: Comparative Religion; CDA-Quebec, 2000; Internet-Seite: www.islamway.com; http://www.islamway.com/eng/html/article.php?sid=32

ITU International Telecommunication Union; CH-Geneva; Globus, Gd-4412; 6.10.1997; Internet-Seite: www.itu.int

Jaeger, F., Stier, W.: Neue Konturen einer liberalen Wirtschaftspolitik; Verlag Gasser Media, CH-Chur; 1998

Jaeger, R. D., Ortiz, R.: In the company of giants. Candid conversations with the visionaries of the digital world; McGraw-Hill, USA-New York; 1997

James, G.: Digitale Elite. 34 Management-Strategien für das 21. Jahrhundert; Verlag Midas, CH-Zürich; 1997

Jamme, C.: Ethnologie und Philosophie im Gespräch; NZZ Neue Zürcher Zeitung, CH-Zürich; 31.5.1997; S. 70

Jelenz, S.: Wie viel Rendite darf es sein? Kirchen zwischen Gewinn und Ethik; NZZ Neue Zürcher Zeitung, CH-Zürich; 11.6.2001; S. 30

Jensen, R.: The dream society; McGraw-Hill, GB-London; 1999

Jeserich, W., Fritz, S.: Das Strukturierte Biographische Interview zur Analyse Interkultureller Kompetenzen; Verlag für Qualitative Personalarbeit; D-Bergisch Gladbach; 1998

Johann, E., Michely, H., Springer, M.: Interkulturelle Pädagogik. Methodenhandbuch für sozialpädagogische Berufe; D-Berlin; 1998; S. 12

Jones, L. B.: The Path. Creating your mission statement for work and for life; Hyperion books, USA-New York; 1996

Journal Simulation and Gaming: Problem framing through gaming: learning to manage complexity, uncertainity and value adjustments; USA-Thousand Oaks; Vol. 27, Nr. 1, Issue March 1996; Internet-Seite: www.unice.fr/sg

Jung, C. G.: Psychologische Typen; 6. Auflage, Rascher-Verlag, CH-Zürich; 1950

Kahn, M.: Das Tao der Kommunikation. Wie wir einander besser verstehen. Verlag Deuticke, A-Wien; 1999

Kälin, K., Müri, P.: Sich und andere Führen. Psychologie für Führungskräfte und Mitarbeiter; Ott-Verlag, CH-Thun; 1993

Kälin, W.: Grundrechte im Kulturkonflikt; NZZ-Verlag, CH-Zürich; 2000

Kalthoff, O., Nonaka, I., Nueno, P.: Zurück zur Spitze. Unternehmen in Europa – durch Innovation und Kreativität zum Erfolg; Verlag Midas, CH-St. Gallen; 1999

Kant, I.: Werke, Band 6; Verlag Wissenschaft, D-Darmstadt; 1983; S. 81 ff.

Kant, I.: Zum ewigen Frieden: Ein philosophischer Entwurf; Verlag Akademie, D-Berlin; 1995

Karras, E. J., McMillan, R. F., Williamson, T. R.: Interviewing for a cultural match; Personnel Journal, 4, 276–279; 1971

Katzenbach, J.: Teams an der Spitze. Teams at the top: the unleashing potential of both teams and individual leaders; Verlag Ueberreuter, D-Frankfurt/Main; 1998

Kauffmann, N., Martin, J., Weaver, H.: Students abroad, strangers at home. Education for a global society. Intercultural press; USA-Yarmouth, Maine; 1992; Appendix 1 and 2

Kealey, D. J.: A study of cross-cultural effectiveness: theoretical issues, practicl applications. International journal of Intercultural Relations, 13, 387–428; 1989

Kealey, D. J., Ruben, B. D.: cross-cultural personnel selection: criteria, issues and methods; in Landis, D., Brislin, R. W.: Handbook of intercultural training, Pergamon Press, USA-New York, 1983

Keck, M.: Von Seattle nach Prag. Der wachsende Einfluss der Nichtregierungsorganisationen; NZZ Neue Zürcher Zeitung, CH-Zürich; 29.9.2000; S. 83

Keesing, R.: Theories of culture. Annual Review of Anthropology. 3, 73–97; 1974

Kelley, C., Meyers, J.: The Cross-Cultural Adaptability Inventory; NCS Assessments, Inc.; Intercultural Press; USA-Yarmouth, Maine, 1997

Kellner, H.: Die Teamlüge. Von der Kunst, den eigenen Weg zu gehen; Verlag Eichborn, D-Frankfurt/Main; 1997

Kenter, M. E.: Entsendung von Stammhausdelegierten, in Macharzina, K. und Welge, M. K.: Handwörterbuch Export und Internationale Unternehmung; Poeschel-Verlag, D-Stuttgart, 1989

Kiel, E.: Die Entwicklung interkultureller Kompetenz als ein zentrales Ziel globalen Lehrens und Lernens; Institut für interkulturelle Didaktik, D-Göttingen; 1996;
Internet-Seite: www.gwdg.de/~kflechs/iikdiaps3-96.htm#1

Kim, Y. Y., Ruben, B. D.: Intercultural transformation, in: Kim, Y. Y., Gudykunst, W. B. (Hrsg.): Theories in intercultural communication (International and intercultural communication Annual, Vol. 12); 1988; S. 302

Kimmel, P.: Der Sieger-Instinkt. Intuitives Entscheiden als Schlüssel zum Erfolg; Verlag Econ, D-München; 2000

Kirschner, J.: Manipulieren – aber richtig. Die acht Gesetze der Menschenbeeinflussung; Verlag Droemer Knaur, D-München; 1999

Klabbers, J., Gust, M.: ICuMS Inter-Cultural Management Simulation; KMPC; NL-Bemmel; Internet-Seite: www.antenna.nl/kmpc

Klineberg, O.: Contact between ethnic groups; in: Bochner, S. (Hrsg.): Cultures in Contact: Studies in Cross-Cultural Interaction (International Series in Experimental Social Psychology; V. 1); GB-Oxford; 1983; S. 48

Klinvex, K., O'Connell, M., Klinvex, C.: Hiring great people; McGraw-Hill, USA-New York; 1999

Kluckhohn, C., Kelly, W. H.: The concept of culture; in: Freilich, M. (Hrsg.): The pleasures of anthropology; S. 221-248

Kluckhohn, F., Strodtbeck, F. L.: Variations in value orientations; USA-Evanston; 1961

Kocher, V.: Jagd auf Tschador-Mörder in Iran. Unliebsames Schlaglicht auf Pilgerprostitution; NZZ Neue Zürcher Zeitung, CH-Zürich; 14.7.2001; S. 56

Köcher, A., Birchmeier, E.: Public Relations? Public Relations. Konzepte, Instrumente und Beispiele für erfolgreiche Unternehmenskommunikation; Verlag Industrielle Organisation, CH-Zürich; 1992; S. 79 ff.

Kohlberg, L.: development of moral character and moral ideology. In M. L. Hoffman, L. W. Hoffman, eds., Review of child development research, Vol. I. New York: Russel Sage Foundation, S. 381–431; USA-New York; 1964

Kohls, L., Knight, J.: Developing Intercultural Awareness. A Cross-Cultural Training Handbook; Intercultural Press; USA-Yarmouth; 1994

Konersmann, R.: Die Kultur kann sterben. Der «cultural turn» im philosophischen Denken der Gegenwart. NZZ Neue Zürcher Zeitung, CH-Zürich; 8.4.2000; S. 78

Kopper, E., Kiechl, R. (Hrsg.): Globalisierung: von der Vision zur Praxis; Versus-Verlag, CH-Zürich; 1997

Korten, D.: The post-corporate world. Life after capitalism; Berrett-Koehler publishers, USA-San Francisco; 1999

Kotler, P., Bliemel, F.: Marketing-Management. Analyse, Planung, Umsetzung und Steuerung; Verlag Schäffer-Poeschel, D-Stuttgart; 1999; S. 138 ff.

Krappmann, L.: Soziologische Dimensionen der Identität. Strukturelle Bedingungen für die Teilnahme am Interaktionsprozess; D-Stuttgart; 1979

Krebs, A., Studer, T.: Management buyout. Probleme, Lösungen, Erfahrungen; Verlag Gasser Media, CH-Chur; 1998

Krech, D., Crutchfield, R.: Grundlagen der Psychologie. Studienausgabe; Psychologie Verlags Union, D-München, 1992

Kremer, A.: Reich durch Beziehungen; Verlag Moderne Industrie, D-Landsberg/Lech; 2000

Kriegel, R. J., Patler, L.: If it ain't broke... break it. And other unconventional wisdom for a changing business world; Warner books, USA-New York; 1992

Krieger, P., Hantschel, H. J.: Handbuch Rhetorik. Reden, Gespräche, Konferenzen; Verlag Falken, D-Niedernhausen; 1998; S. 16 ff.

Kroehl, H.: Corporate Identity als Erfolgsfaktor im 21. Jahrhundert; Franz Vahlen Verlag, C-München; 2000

Küng, H.: Projekt Weltethos; Verlag Piper, D-München; 1996

Kuntz, R.: Frauen, das verrückte Geschlecht? Kaum erforschte Aspekte bei psychischen Leiden; NZZ Neue Zürcher Zeitung, CH-Zürich; 6.6.2001; S. 73

Kunzmann, P., Burkard, F, Wiedmann F.: DTV-Atlas zur Philosophie; DTV-Verlag, D-München; 1991

Kurth, H.: Menschenkenntnis auf den ersten Blick. Eine praktische Anleitung zur Charakterdeutung; Verlag MVG, D- Landsberg/Lech; 1981

Kymlicka, W.: Multicultural Citizenship. A Liberal Theory of Minority Rights; GD-Oxford; 1995

Landis, D., Bhagat, R.: Handbook of Intercultural Training; Sage Publications, GB-London, 1996; Internet-Seite: www.sagepub.co.uk/shopping/detail.asp?id=4968

Landis, D., Brislin, R. W.: Handbook of intercultural training, Pergamon Press, USA-New York, 1983

Lang, R. W.: Schlüsselqualifikationen; Beck-Wirtschaftsberater; Verlag DTV, D-München; 2000

Lanz, A.: Das Schwarz-Weiss-Buch der Mitarbeiter-Motivation; Smart Books Publishing, CH-Kilchberg; 1998

Larcher, D.: Die Liebe in den Zeiten der Globalisierung; Drava-Verlag, A-Klagenfurt; 2000

Laubscher, J. F.: Sex, costum an psychopathology. A study of south African pagan Natives. Routledge & Keagan, GB-London; 1937; S. 8 ff.

Lauterbach, B.: Perspektiven und Probleme einer multikulturellen Gesellschaft in Europa und die Aufgaben kulturwissenschaftlicher Forschung; Schweizerisches Archiv für Volkskunde, Nr. 96 (Schweiz. Gesellschaft für Volkskunde); CH-Basel; S. 15 ff.

Lautner, H.: Nimm Dir einfach mehr vom Leben. Die 3 entscheidenden Regeln, mit denen Sie mehr Spass, Erfolg und Energie gewinnen; Verlag Thieme, D-Stuttgart; 1998

Lay, R.: Dialektik für Manager. Einübung in die Kunst des Überzeugens; Verlag Rowohlt, D-Hamburg; 1976

Lay, R.: Führen durch das Wort; Verlag Rowohlt, D-Hamburg, 1981

Leibold, F., Brenner, D.: Das grosse Buch der Eignungstests für Schule und Beruf; Verlag Humboldt, D-München, 1989

Leider, R. J.: Lebe, was dich glücklich macht. So erreichen Sie das, was Sie sich vom Leben wirklich wünschen; Moderne Verlagsgesellschaft, D-Landsberg/Lech; 1999

Lermer, S.: Psychologie des Glücks; Verlag Moderne Industrie, D-Landsberg/Lech; 1985; S. 64–76

Lewis, R.: Handbuch internationale Kompetenz; Campus-Verlag; D-Frankfurt/Main; 2000

Lind, G.: Moral Judgement Test; Universität D-Konstanz; 1998. Internet-Seite: www.uni-konstanz.de/ag-moral/mut/mjt-engl.htm

Littmann-Wernli, S.: Gleichstellung auf dem Arbeitsmarkt; Verlag Gasser Media, CH-Chur; 1999

Lück, H. E.: Psychologie sozialer Prozesse. Eine Einführung in das Selbststudium der Sozialpsychologie. D-Opladen, 1985

Luger, K.: Offene Grenzen in der Kommunikationswissenschaft; in: Luger, K., Renger, R. (Hrsg.): Dialog der Kulturen; 1982; S. 55

Lutz, C.: Leben und Arbeiten in der Zukunft; Verlag Herbig, D-München; 1997; S. 326 f.

Macchiavelli, N.: Der Fürst; zitiert in: Hoerster, N. (Herausgeber): Klassische Texte der Staatsphilosophie, D-München; 1976

Macharzina, K., Oesterle, M. (Hrsg.): Handbuch internationales Management. Grundlagen, Instrumente, Perspektiven; Betriebswirtschaftlicher Verlag, D-Wiesbaden; 1997

Macharzina, K., Oesterle, M., Wolf, J.: Europäische Managementstile. Eine kulturorientierte Analyse; in: Berger, R. (Hrsg.): Auf dem Weg zur europäischen Unternehmensführung. Ein Lesebuch für Manager und Europäer; Verlag Beck, D-München; 1998; S. 137 ff.

Madritsch, W.: Kriminologisches Bulletin, Schweiz. Arbeitsgruppe für Kriminologie, CH-Brugg; 12/1983; S. 25 ff.

Maletzke, G.: Interkulturelle Kommunikation. Zur Interaktion zwischen Menschen verschiedener Kulturen. Westdeutscher Verlag, D-Opladen; 1996; S. 42 ff.

Manager-Seminare (Zeitschrift); D-Pörnbach-Puch; Ausgabe 2/98; Heft 31

Marsden, G. M.: Understanding fundamentalism and evangelicalism; Eerdmans Publishing, USA-Grand Rapids; 1991

Martel, A.: Bremst wirtschaftliche Freiheit Korruption? Erweiterte Ergebnisse einer Vergleichsstudie; NZZ Neue Zürcher Zeitung, CH-Zürich; 1.6.2001; S. 23

Martin Luther King: Freiheit. Aufbruch der Neger Nordamerikas; Verlag Oncken, D-Kassel; 1964; S. 29 f.

Martin, C.: Net Future; McGraw-Hill, USA-New York; 1999

Märtin, D., Boeck, K.: Small Talk. Die hohe Kunst des kleinen Gesprächs; Heyne Verlag; D-München; 1998

Marx, E.: Vorsicht Kulturschock. So wird Ihr beruflicher Auslandseinsatz zum Erfolg; Verlag Campus, D-Frankfurt/Main; 2000

Mast, C.: Effektive Kommunikation für Manager. Informieren, diskutieren, überzeugen; Verlag Moderne Industrie, D-Landsberg/Lech; 2000; S. 10

McCormack, M.: Die Schule der Kommunikation; Campus-Verlag; D-Frankfurt/Main; 1998

Meier, H. P.: CH-Rümlang (ehem. Leiter Swissair-Pilotenselektion). Email: hpmeier@compuserve.com

Meier, P.: Global. Egal? Eine Aktivmappe zur nachhaltigen Entwicklung; Berner Lehrmittel- und Medienverlag, CH-Bern; 1998

Mendenhall, M; Oddou, G.: Readings and Cases in International Human Resources Management; South-Western College Publishing, USA-Cincinnati ; 1999

Mettner, M.: Von der Lebenskraft des Trauerns. Individuelle Aspekte und Aufgaben des Abschiednehmens; NZZ Neue Zürcher Zeitung, CH-Zürich; 16.12.2000; S. 93

Mettner, M.: Ich sehe deine Tränen. Trauerriten und Tröstungspotentiale in den monotheistischen Religionen; NZZ Neue Zürcher Zeitung, CH-Zürich; 16.12.2000; S. 95

Mill, J.: Der Utilitarismus; Verlag Reclam, D-Stuttgart; 1976; S. 13 f.

Miner, J.: The four routes to entrepreneurial success; Berrett-Koehler publishers, USA-San Francisco; 1996

Mintzberg, H., Ahlstrand, B., Lampel, J.: Strategy Safari. Eine Reise durch die Wildnis des strategischen Managements; Verlag Ueberreuter, D-Frankfurt/Main; 1999

Mitchell, C.: Interkulturelle Kompetenzen im Auslandgeschäft entwickeln und einsetzen; Deutscher Wirtschaftsdienst, D-Köln; 2000

Mitroff, I.: Smart thinking for crazy times. The art of solving the right problems; Berrett-Koehler publishers, USA-San Franzisco; 1998

Mittelstrass, J.: Wissenschaft und Ethik; in: Allgegenwärtige Wissenschaft. Verständigungsschwierigkeiten zwischen Wissenschaft und Gesellschaft; NZZ Neue Zürcher Zeitung, CH-Zürich; 2.5.2001; S. B3

Mohr, H.: Natur und Moral. Ethik in der Biologie; Verlag Wissenschaft; D-Darmstadt; 1987

Molcho, S.: A–Z der Körpersprache; Rowohlt-Systhema Verlag, D-München; 1998

Moosmüller, A.: Kulturen in Interaktion. Deutsche und US-amerikanische Firmenentsandte in Japan; Münchener Beiträge zur Interkulturellen Kommunikation; Ludwig-Maximilians-Universität; D-München; 1997

Moreno, E. M.: Al-Andalus: Austausch und Toleranz der Kulturen? Das islamische Zeitalter der iberischen Halbinsel in Ideologie, Mythos und Geschichtsschreibung; in: Fischer, M.: Fluchtpunkt Europa; Verlag Suhrkamp, D-Frankfurt/Main, 1998; S. 118

Morrison, T., Borden, G., Conaway, W.: Kiss, Bow, or Shake Hands. How to Do Business in Sixty Countries; Bob Adams Publishing; USA-Yarmouth; 1994

Moss Kanter, R.: Global denken – lokal handeln – Weltklasse erreichen. Wegweisende Konzepte für Entscheidungsträger in Wirtschaft und Politik; Verlag Ueberreuter, D-Frankfurt/Main; 2000

Müller, J.: Fach Interkulturelle Kommunikation; Philosoph. Fakultät, TU, D-Chemnitz. Internet-Seite: www.tu-chemnitz.de/studium/studgang/magister/96intkom.htm

Multikulturelles Zentrum Trier; D-Trier. Internet: www.multicultural-center.de/

Müri, P.: 3-dimensional führen mit Verstand, Gefühl und Intuition; Ott Verlag, CH-Thun; 1995

Müri, P., Schmid, S.: Praxishandbuch Unternehmenswandel. Von der Vision zum Entwicklungssprung; Ott-Verlag, CH-Thun; 1998

Mutafoff, A., Riekehof, R.: Die sieben Seiten des perfekten Managers. Mit Kernkompetenzen richtig führen; Verlag Moderne Industrie, D-Landsberg/Lech; 1999

Namangan, C.: Gefährlicher Konfliktstoff im Fergana-Tal. Die soziale Not als Nährboden für Islamisten in Usbekistan; NZZ Neue Zürcher Zeitung, CH-Zürich; 4.7.2000; S. 8

Neuberger, O.: Führen und geführt werden; Verlag Enke, D-Stuttgart; 1994; S. 32 ff.

Neuberger, O., Kompa, A: Wir die Firma. Der Kult um die Unternehmenskultur; Heyne-Verlag, D-Weinheim; 1987

Newell, F.: loyalty.com – customer relationship management in the new era of internet marketing; McGraw-Hill, USA-New York; 2000

Nieke, W.: Interkulturelle Erziehung und Bildung. Wertorientierung im Alltag; D-Opladen; 1995; S. 73

Nobel, P.: Globalisierung und nationales Wirtschaftsrecht; NZZ Neue Zürcher Zeitung, CH-Zürich; 28.9.2000; S. 16

Nyssen, E.: Frauen im System der Zweigeschlechtlichkeit; in: Metz-Göckel, S., Nyssen, E.: Frauen leben Widersprüche. Zwischenbilanz der Frauenforschung; D-Weinheim; 1990

NZZ Neue Zürcher Zeitung: Eine Brücke schlagen. Caritas Zürich eröffnet ein Integrationsbüro; CH-Zürich; 9.9.2000; S. 47

NZZ Neue Zürcher Zeitung: 50 Nationalitäten auf einem Campus; 16.9.2000; S. 48

NZZ Neue Zürcher Zeitung: Die Frauen als Thema des Uno-Weltbevölkerungsfonds. Diskriminierung mit hohen Kosten; CH-Zürich; 21.9.2000; S. 2

NZZ Neue Zürcher Zeitung: Japans Regierung plant ein Anti-Selbstmord-Projekt; CH-Zürich; 21.10.2000; S. 63

NZZ Neue Zürcher Zeitung: Soziale Kompetenz – «Tool» oder Grundhaltung? Gedankenaustausch zur Sozialarbeit auf Zeit im Projekt «Seitenwechsel»; CH-Zürich; 8.11.2000; S. 85

NZZ Neue Zürcher Zeitung: Multikultureller Religionsunterricht. Pläne für Obligatorium an der Oberstufe; CH-Zürich; 4.12.2000; S.35

NZZ Neue Zürcher Zeitung: Schweinehälften und die deutsche Leitkultur. Streit um einen muslimischen Metzgerlehrling in Ostwestfalen; CH-Zürich; 29.12.2000; S. 7

NZZ Neue Zürcher Zeitung: Religion in der multikulturellen Gesellschaft. Seilziehen um den Religionsunterricht an der Volksschule; CH-Zürich; 2.5.2001; S. 50

Nipporica Associates Hofner, S.: Ecotonos; Intercultural Press; USA-Yarmouth; 1997

Nolting, H. P., Paulus, P.: Psychologie lernen. Eine Einführung und Anleitung; Psychologie Verlags Union, D-München; 1996; S. 147 f.

Obrist van Euwijk, B.: Gesundheitliche Betreuung. Ethnozentrierte, interkulturelle oder transkulturelle Ansätze? In: Soziale Medizin 6/1999; S. 6 ff.

Oliver, R. W.: The shape of things to come. Seven imperatives for winning in the new world of business; McGraw-Hill, USA-New York; 1999

Oppermann, K., Weber, E.: Frauensprache – Männersprache; MVG-Verlag, D-Landsberg/Lech; 1998

Orsborn, C.: Inner excellence at work. The path to meaning, spirit and success; Amacom books, USA-New York; 2000

Ostwald, S.: Amerikas neue Aussteiger. Die fundamentalistischen Christen ziehen sich zurück und bilden eine Gegenkultur; NZZ Neue Zürcher Zeitung, CH-Zürich; 20.5.2000; S. 103

Otis-Cour, L.: Lust und Liebe. Geschichte der Paarbeziehungen im Mittelalter; Verlag Fischer, D-Frankfurt/Main; 2000

Paige, R.: Education for the Intercultural Experience; Intercultural Press; USA-Yarmouth, 1993

Pannenberg, W.: Frieden; Verlag Reclam, D-Stuttgart; 1967; S. 56 ff.

Papmehl, A., Siewers, R. (Hrsg.): Wissen im Wandel. Die lernende Organisation im 21. Jahrhundert; Verlag Ueberreuter, D-Frankfurt/Main; 1999

Patai, R.: The arab mind; USA-New York; 1973

Pearl, J. A.: Kids and money. Giving them the savvy to succeed financially; Bloomberg press, USA-New York; 1999

Pedrosa, C.: Renewing the United Nations; The Philippine Star, PH-Manila; 8.10.2000; S. 8

Peter, H.: Globalisierung, Ethik und Entwicklung; Hrsg.: Institut für Wirtschaftsethik der Universität St. Gallen; Verlag Haupt, CH-Bern; 1999; S. 20 ff.

Peters, T., Waterman, R. H.: In search of excellence. Lessons from America's best-run companies; Warner books, USA-New York; 1982

Petersen, O., Egger, H.: Gesundheit ist Chefsache. Leistungssteigerung und Stressbewältigung im Unternehmen; Smart Books Publishing, CH-Kilchberg; 2000

Petzinger, T. jr.: The new pioneers. The men and women who are transforming the workplace and marketplace; Thomas Petzinger Publishing, USA-New York; 1999

Pfeiffer, W. M.: Transkulturelle Psychiatrie; Verlag Thieme, D-Stuttgart; 1994

Pfetsch, F. R.: Konflikt und Konfliktbewältigung. Beispiele für Formen zwischenstaatlicher Auseinandersetzungen; Verlag Klett, D-Stuttgart; 1994; S. 2

Pickens, J.: The art of closing any deal. How to be a master closer in everything you do; Warner Books, USA-New York; 1991

Pieske, R.: Benchmarking in der Praxis. Erfolgreiches Lernen von führenden Unternehmen; Verlag Moderne Industrie, D-Landsberg/Lech; 1997

Piet-Pelon, N., Hornby, B.: Women's Guide to Overseas Living; Intercultural Press; USA-Yarmouth, 1992

Pino, R.: Das Aikido-Prinzip. Die Energie des Unternehmens strategisch einsetzen und mit der Kraft des Wettbewerbs Wachstum schaffen; Econ Verlag, D-München; 1999

Popper, K. R.: Auf der Suche nach einer bessern Welt; CH-Zürich; 1987

Porter, M., Takeuchi, H., Sakakibara, M.: Can Japan compete?; Macmillan Press, GB-London; 2000

Porter, R. E., Samovar, L.A.: Communicating interculturally; in: Samovar, L.A., Porter, R.E. (Hrsg.): Intercultural communication; Wadsworth Publishing Company, USA-Wadsworth; 1999; S. 13 ff.

Posé, U.: Führen durch Überzeugen. Das Erfolgsprogramm; Econ Verlag, D-Düsseldorf; 1988

Postma, P., Kotler, P.: The new marketing era. Marketing to the imagination in a technology-driven world; McGraw-Hill; 1998

Prengel, A.: Pädagogik der Vielfalt. Verschiedenheit und Gleichberechtigung interkultureller, feministischer und integrativer Pädagogik; D-Opladen; 1995

Pro Mind Consulting AG: Sigmund-Test zur Mitarbeiter-Potentialerfassung und Unternehmensklimaanalyse; CH-Pully. Email: promind@planet.ch

Probst, G., Deussen, A., Eppler, M., Raub, S.: Kompetenz-Management. Wie Individuen und Organisationen Kompetenz entwickeln; Betriebswirtschaftlicher Verlag, D-Wiesbaden; 2000

Probst, G., Mercier, J., Bruggimann, O., Rakotobarison, A.: Organisation. Strukturen, Lenkungsinstrumente Entwicklungsperspektiven; Verlag Moderne Industrie, D-Landsberg/Lech; 1993

Prodolliet, S. (Hrsg.): Blickwechsel. Die multikulturelle Schweiz an der Schwelle zum 21. Jahrhundert; Verlag Caritas, CH-Luzern; 1999

Prodolliet, S.: Interkulturelle Kommunikation. Eine Einführung in die Praxis; Verlag Caritas, CH-Luzern; 2000; S. 12

Quack, H.: Internationale Kooperationen. Ein Wegweiser für mittlere und kleine Unternehmen; Frankfurter Allgemeine Buch, D-Frankfurt/Main; 2000

Qutb, S.: The islamic concept and its characteristics; Amer Trust Publ., USA-Washington; 1992

Rathgeb, U.: Bodyguards und andere Weiblichkeiten. Reisenotizen aus Libyen; NZZ Neue Zürcher Zeitung, CH-Zürich; 7.7.2001; S. 101 ff.

Rawls, J.: The law of peoples; Harvard University Press; USA-Cambridge; 1999

Ready, D. A.: Globalization is a state of mind; International consortium for executive development research; USA-Lexington; 1996; Internet-Seite: www.icedr.org

Reddi, U. V.: How indians see the world; Media Asia; 1982; S. 32–39

Regnet, E.: Konflikte in Organisationen; Verlag für Angewandte Psychologie, D-Göttingen; 1992; S. 12 ff.

Renger, R.: Der Kultur auf der Spur; in: Luger, K., Renger, R. (Hrsg.): Dialog der Kulturen; 1982; S. 80 f.

Rickenbacher, I.: Reiz der Verpackung; Zeitschrift «Der Brückenbauer» 33, CH-Zürich, 15.8.2000; S. 77 ff.

Rifkin, J.: Access. Das Verschwinden des Eigentums; Campus-Verlag, D-Frankfurt/Main; 2000

Roberts, W.: Leadership secrets of Attila the hun; Warner books, USA-New York; 1985

Rodrigues, C.: International Management. A cultural approach; South-Western college publishing, USA-Cincinnati; 2001

Roetzel, B.: Der Gentleman. Handbuch der klassischen Herrenmode; Verlag Könemann, D-Köln; 1999

Rohe, C.: Werkzeuge für das Innovationsmanagement. So schaffen Sie eine lebendige und erfolgreiche Wachstumskultur; Frankfurter Allgemeine Buch, D-Frankfurt/Main; 1999

Romano, D.: Intercultural marriage. Promises and Pitfalls; Intercultural Press; USA-Yarmouth, 1997

Ropers, N.: Die Bearbeitung von Mehrheiten-Minderheiten-Konflikten in der Zivilgesellschaft; in: Heintze, H. J. (Hrsg.): Moderner Minderheitenschutz; Verlag Dietz, D-Bonn; 1998; S. 88 f.

Rosenberg, M.: Vom höfischen Zeremoniell helvetischer Beziehungspflege. Zu den Hintergründen protokollarischen Gepflogenheiten; NZZ Neue Zürcher Zeitung, CH-Zürich; 13.5.2000; S. 15

Roth, H. J.: Moral und Ethik in einer globalen Welt. Für eine neue Balance zwischen Individuum und Gesellschaft; NZZ Neue Zürcher Zeitung, CH-Zürich; 22.9.2000; S. 87

Roth, K.: Mit der Differenz leben. Europäische Ethnologie und Interkulturelle Kommunikation; Münchener Beiträge zur Interkulturellen Kommunikation; Ludwig-Maximilians-Universität; D-München; 1996

Rowland, D.: Japanese business etiquette. A practical guide to success with the japanese; Warner books; USA-New York; 1985

Ruben, B. D., Kealey, D. J.: Behavioral assessment of communication competency and the prediction of cross-cultural adaption. Intercultural Journal of Intercultural Relations, 3, 15.47; 1979

Rückerl, T.: Sinnliche Intelligenz; Junfermann-Verlag, D-Paderborn; 1999

Rudolph, U.: Überlegungen zum radikalen Islamismus. Die Lehren des Saiyid Qutb; NZZ Neue Zürcher Zeitung, CH-Zürich; 20.5.2000; S. 101 f.

Rürup, B.: Arbeitsmigration – Migration der Arbeit. Konsequenzen und Optionen; in: Rat für Migration (Hrsg.): Migrationspolitik in Deutschland. Eine Zwischenbilanz; IMIS Institut für Migrationsforschung und Interkulturelle Studien; Universität, D-Osnabrück; 1999; S. 35 ff.

Russett, B.; Oneal, J.: Triangulating Peace. Democracy, Independence and International Organization. Norton Publishers, USA-New York; 2001

Sabel, H.: Arbeitszeugnisse. Richtig schreiben und bewerten; Lexika Verlag, D-Würzburg; 1998

Sampson, D. L., Smith, H. P.: A scale to measure world-minded attitudes; Journal of Social Psychology, 45, 99–106; 1957

Sampson, E. E. : Identity politics: Challenges to psychology's understanding. American Psychologist, 48, 1219-1230.; 1993

Sarkohi, F.: Wenn Gott das letzte Wort hat. Islam und Demokratie – Chance oder Widerspruch? NZZ Neue Zürcher Zeitung, CH-Zürich; 19.12.2000; S. 58

Schäfer, B.: Entwicklungslinien der Stereotypen- und Vorurteilsforschung. In: Schäfer, B., Petermann, F.: Vorurteile und Einstellungen. Sozialpsychologische Beiträge zum Problem der Orientierung; D-Köln; 1988; S. 11 ff.

Scheper-Hughes, N.: The Mindful Body. Prolegomena to future work in medical anthropology. In: Medical Anthropology Quarterly 1987/1; USA-Iowa City; S. 31

Schiffauer, W.: Die Angst vor der Differenz. Zu neuen Strömungen in der Kulturanthropologie; in: Zeitschrift für Volkskunde 92, D-Göttingen; 1996; S. 21

Schipperges, H., Vescovi, B., Geue, J., Schlemmer, J.: Die Regelkreise der Lebensführung; Deutscher Ärzte-Verlag, D-Köln; 1988

Schmitt, C.: Politische Theologie. Vier Kapitel zur Lehre von der Souveränität; Verlag Duncker & Humblot, D-Berlin; 1996 (Erstausgabe: 1922)

Schmid, G.: Zeitschrift «Der Brückenbauer 24», CH-Zürich; 13.6.2000; S. 66

Schmid, U.: China und Russland – Kolosse im Umbruch. An der Politik führt kein Weg vorbei; NZZ Neue Zürcher Zeitung, CH-Zürich; 31.8.2000; S. 9

Schmid, U.: Die chinesische KP simuliert Korruptionsbekämpfung. Dosierte und willkürliche Aktionen gegen die Bestechlichkeit; NZZ Neue Zürcher Zeitung, CH-Zürich; 16.9.2000; S. 11

Schmid, U.: Hartes Leben am Südrand Chinas. Besuch bei der Yao-Minderheit in der Provinz Yunnan; NZZ Neue Zürcher Zeitung, CH-Zürich; 19.12.2000; S. 9

Schmid, U.: Götterdämmerung an der Seidenstrasse. Vernichtungsfeldzug Pekings gegen die uigurische Kultur; NZZ Neue Zürcher Zeitung, CH-Zürich; 9.6.2001; S. 11

Schmid, W.: Heiter an dunklen und hellen Tagen; Zeitschrift «Der Brückenbauer 21», CH-Zürich; 23.5.2000; S. 81

Schmidt-Lauber, B.: Die verkehrte Hautfarbe. Ethnizität deutscher Namibier als Alltagspraxis; Verlag Reimer Dietrich, D-Berlin; 1998

Schmitt, G.: Zeitschrift «Schweizer Schule»; Reinhardt-Verlag, CH-Basel; 6/98

Schneewind, K. A.: Persönlichkeitstheorien 1. Alltagspsychologie und mechanistische Ansätze; Verlag Wissenschaftliche Buchgesellschaft, D-Darmstadt; 1982

Schneider, S.: Managing across cultures; Personaljahrbuch 1997/98; Verlag Huber, CH-Frauenfeld, 1997

Schoettli, U.: Die Kunst des Nehmens. Freundschaft im Land der ewigen Verpflichtung; NZZ Neue Zürcher Zeitung, CH-Zürich; 28.8.2000; S. 23

Schoettli, U.: Ise – Hort der japanischen Identität. Mythologische Wurzeln einer Nation; NZZ Neue Zürcher Zeitung, CH-Zürich; 13.12.2000; S. 11

Schoettli, U.: Neue Wege für die japanischen Frauen. Sozialer Wandel in einer konservativen Gesellschaft; NZZ Neue Zürcher Zeitung, CH-Zürich; 14.9.2000; S. 11

Schulz von Thun, F.: Miteinander reden. Bd. 1: Störungen und Klärungen (Allgemeine Psychologie der Kommunikation); Bd. 2: Stile, Werte und Persönlichkeitsentwicklung (Differentielle Psychologie der Kommunikation); Bd. 3: Das «innere Team» und situationsgerechte Kommunikation» (Kommunikation – Person - Situation); Verlag Rowohlt, D-Reinbek; 1997; Bd. 1, S. 25 ff.

Schuster, L. (Hrsg.): Banking cultures of the world, Verlag Fritz Knapp, D-Frankfurt/Main; 1996

Schwartz, P.: The Art of the Long View. Planning for the Future in an Uncertain World; Doubleday, USA-New York; 1991

Schwarzkopf, Norman H.: It doesn't take a hero; Bantam books, USA-New York; 1992

Scott, G. G.: Work with me. Resolving everyday conflict in your organisation; Verlag Davies-Black, USA-Palo Alto; 2000

Sehr, M.: Das grosse EQ-Testbuch; Falken-Verlag, D-Niedernhausen; 1998

Seifert, H.: Mediale «Ghettos» als Integrationshilfe. Reethnisierung des Medienkonsums in Deutschland?; NZZ Neue Zürcher Zeitung, CH-Zürich; 14.7.2000; S. 67

Seiler, A.: Leadership ist mehr denn je gefragt. Der Leader entwickelt ein Gespür für das Wesentliche; NZZ Neue Zürcher Zeitung, CH-Zürich; 21.11.2000; S. B1

Seligman, S. D.: Chinese business etiquette. A guide to protocol, manners and culture in the people's republic of china; Warner books, USA-New York; 1999

Sencar, P.: Über die Kunst der indirekten Kommunikation; IO-Management (Zeitschrift); Betriebswissenschaftliches Institut der ETH, CH-Zürich; Nr. 9, 1998; S. 88 ff.

Senghaas, D.: Den Frieden denken; Verlag Suhrkamp; D-Frankfurt/Main; 1995; S. 196–223

Senti, M.: Konforme Rebellen. Aktualisierter Bericht «Skinheads in der Schweiz»; NZZ Neue Zürcher Zeitung, CH-Zürich; 20.9.2000; S. 14

Senti, M.: Karrieristen und Weltveränderer. Fachspezifische Lernmotivation bei Studierenden; NZZ Neue Zürcher Zeitung, CH-Zürich; 2.7.2001; S. 10

Serna, A.: Arm sein in einem reichen Land. Brasiliens Bürde einer verfehlten Sozialpolitik; NZZ Neue Zürcher Zeitung, CH-Zürich; 13.6.2001; S. 25

Shames, G.: Transcultural Odysseys. The Evolving Global Consciousness; Intercultural Press; USA-Yarmouth, 1997

Siebert, H.: Wirtschaftliche Perspektiven für alternde Gesellschaften. Welche Herausforderungen auf Europa in den nächsten vierzig Jahren zukommen; NZZ Neue Zürcher Zeitung, CH-Zürich; 26.8.2000; S. 103

Siewert, H.: Test-Intensivtraining; MVG-Verlag, D-Landsberg/Lech, 1988

Simmons, G., Abramms, B.: Questions of Diversity; ODT Press; USA-Yarmouth; 1994

Simonis, U. E., Ayres, R. U.: Industrial metabolism. Restructuring for sustainable development; United Nations Press; USA-New York; 1994

Singer, M.: Perception and Identy in Intercultural Communication; Intercultural Press; USA-Yarmouth; 1998

Smith, H. W.: Die 10 Naturgesetze für ein erfolgreiches Zeit- und Lebensmanagement; Warner Books, USA-New York; 1995

Socher, K.: Weltweit verschiedene Bankkulturen. Internationaler Vergleich am Beispiel von 45 Ländern; NZZ Neue Zürcher Zeitung, CH-Zürich; 3.4.1998; S. 83

Sollmann, U.: «Den kenn ich doch!» Zum Trend der Personifizierung von Politik; NZZ Neue Zürcher Zeitung, CH-Zürich; 29.7.2000; S. 73

Soros, G., Wien, B., Koenen, K.: Soros on Soros. Staying ahead of the curve; John Wiley & Sons, USA-New York; 1995

Spillane, M.: Image-Guide für den Mann; Image-Guide für die Frau; Verlag Hallwag, CH-Bern; 1994

Spoerri, B.: Vom ungesunden Leben der Männer. Alkohol, Tabak und Stress; NZZ Neue Zürcher Zeitung, CH-Zürich; 13.3.2001; S. 47

Sprenger, R. K.: Motivation; in: Heinrich, P., Schulz, J.: Wörterbuch der Mikropolitik; Verlag Leske&Budrich; D-Opladen; 1998; S. 181 ff.

Staehle, W.: Management; Verlag Vahlen, D-München; 1989; S. 176

Staewen, C.: Kulturelle und psychologische Bedingungen der Zusammenarbeit mit Afrikanern; Welt-forum Verlag; D-Köln; 1991; S. 144

Stahl, G., Langeloh, C., Kühlmann, T.: Geschäftlich in den USA. Ein interkulturelles Trainings-handbuch; Verlag Ueberreuter, D-Frankfurt/Main; 1999; S. 15 f.

Stahl, G.: Ein strukturiertes Auswahlinterview für den Auslandseinsatz. Zeitschrift für Arbeits- und Organisationspsychologie, 39,2, 84–90; 1995

Stahl, G.: Die Auswahl von Mitarbeitern für den Auslandseinsatz: Wissenschaftliche Grundlagen. In: T. M. Kühlmann (Hrsg.): Der Auslandseinsatz von Mitarbeitern; D-Stuttgart; Verlag für Angewandte Psychologie; 1995

Stahl, G.: Entwicklung und Durchführung eines Assessment Centers zur Diagnose interkultureller Kompetenz; Verlag für Angewandte Psychologie, D-Göttingen

Stamm, M.: Zur Hochkonjunktur von Hochbegabung. Blinde Flecken in einer Erfolgsgeschichte; NZZ Neue Zürcher Zeitung, CH-Zürich, 22.5.2001; S. 80

Stangl, A.: Führen muss man können. Die psychologischen Probleme der Menschenführung; Econ Verlag, D-Düsseldorf; 1987

Stangl, A.: Die Sprache des Körpers. Menschenkenntnis für Alltag und Beruf; Econ Verlag, D-München; 1997

Starr, J. B.: Understanding china. A guide to china's economy, history and political structure; erlag Hill and Wang, USA-New York; 1997

Stavenhagen, R.: Cultural rights and universal human rights; Asbjørn: Economic, social and cultural rights; GB-London; 1995

Steiger, R.: Menschenorientierte Führung; Huber Verlag; CH-Frauenfeld; 1990

Steiner, R.: Job Fit; Assessment Center Training; DSV Studenten-Verlag, CH-St. Gallen, 1995

Stenz, T.: Vormarsch des Immateriellen.Anpassung der Finanz-Berichterstattung in der New Economy; NZZ Neue Zürcher Zeitung, CH-Zürich; 26.7.2000; S. 21

Sternberg, R.: Erfolgsintelligenz; Lichtenberg-Verlag, D-München; 1998

Stoll, B.: Migration und Public Health. Patienten aus anderen Kulturen erfordern ein komplexes Krankheitsverständnis; NZZ Neue Zürcher Zeitung, CH-Zürich; 31.7.1998; S. 75

Summerfield, E.: Survival Kit for Multicultural Living; Intercultural Press; USA-Yarmouth; 1997

Suter, B., Koch, M.: Suchen & Finden im Internet; Verlag Midas, CH-St. Gallen; 2000

Suter, R.: Wie die Kultur Führungsrollen definiert. Als Vorgesetzter in der Schweiz und in Südkorea; NZZ Neue Zürcher Zeitung, CH-Zürich; 21.11.2000; S. B8

Swissair, Abt. OTR (Rekrutierung Flugbesatzungen und Management; Leiter: B. Benninger), CH-Zürich-Flughafen

Sylla, R.: Am Anfang war das Finanzsystem – dann kam der Erfolg; NZZ Neue Zürcher Zeitung, CH-Zürich; 24.6.2000; S. 99

Szalay, L. B., Deese, J.: subjective meaning and culture; USA-Hillsdale; 1978

Tannen, D.: Job-Talk; D-München, 1997; S. 386

Tapscott, D.: Net Kids. Die digitale Generation erobert Wirtschaft und Gesellschaft; Verlag Gabler, D-Wiesbaden; 1998

Testkatalog 1998/99: Testzentrale der Schweizer Psychologen AG, CH-Bern (und Testzentrale Göttingen).

Thiagarajan, S., Steinwachs, B.: Barnga. A Simulation Game on Cultural Clashes; Intercultural Press; USA-Yarmouth; 1990

Thiele, A.: Die Kunst zu Überzeugen. Faire und unfaire Dialektik; Verlag Springer, D-Berlin; 2000

Thiele, J.: Verflucht sinnlich. Die erogenen Zonen der Religion; Verlag List; D-München, 2000

Thompson, H.: The customer centered enterprise; McGraw-Hill, USA-New York; 2000

Thum, B., Keller, T.: Interkulturelle Lebensläufe; Stauffenburg-Verlag, D-Stuttgart; 1997

Thürer, D.: Globalisierung – Wirtschaftsmacht und Menschenrechte; NZZ Neue Zürcher Zeitung, CH-Zürich; 10.6.2000; S. 101

Thurnherr, U.: Angewandte Ethik zur Einführung; Verlag Junius, D-Hamburg; 2000; S. 11–13

Thurnherr, W.: Diplomatie im Dienst der Interessenwahrung. Politische Arbeit hinter den Kulissen; NZZ Neue Zürcher Zeitung, CH-Zürich; 5.5.2001; S. 93

Tobler, V.: Zweierlei Kernkultur im Einwanderungsland. Von der Erkenntnis der Unterschiede zur Integration; NZZ Neue Zürcher Zeitung, CH-Zürich; 16.3.2001; S. 15

Todorov, T.: Die Differenz des Anderen akzeptieren. B. Gyger im Gespräch mit T. Todorov; NZZ Neue Zürcher Zeitung, CH-Zürich; 14.5.1998; S. 54

Töndury, B.: Die Scheu vor der Mediation. Leises Echo auf einen Versuch des Bezirksgerichts Zürich; NZZ Neue Zürcher Zeitung, CH-Zürich; 3.7.2001; S. 37

Torre, J., Dreher, H.: Joe Torre's ground rules for winners. 12 keys to managing team players, tough bosses, setbacks and success; Hyperion books, USA-New York; 1999

Transparency International, D-Berlin; Internet-Seite: www.transparency.org
Trompenaars, F.: Handbuch globales managen: Wie man kulturelle Unterschiede im Geschäftsleben versteht; Econ Verlag, D-Düsseldorf; 1993
Trompenaars, F.: The Better Business Guide to International Management; IMP; 1993
Trompenaars, F., Hampden-Turner, C.: Riding the Waves of Culture: Understanding Cultural Diversity in Business; Brealey Publishing, GB-London; 2. Auflage; 1998.
Trout, J., Rivkin, S.: Die Macht des Einfachen. Warum komplexe Konzepte scheitern und einfache Ideen überzeugen; Verlag Ueberreuter, D-Frankfurt/Main; 1999
Ullrich de Muynck, R., Ullrich, R.: Standardisierung des Selbstsicherheitstrainings für Gruppen; in: Brengelmann, J., Tunner, W. (Hrsg.): Behaviour Therapy – Verhaltenstherapie; Verlag Urban & Schwarzenberg, D- München; 1973; S. 254
United nations university: The millenium project; USA-New York; 1999; Internet-Seite: www.geocities.com/%7Eacunu/
Urech, E.: Speaking Globally. How to make presentations across international and cultural boundaries; Kogan Page, GB-London; 1997
Venuti, D.: Die innere Logik der Balkan-Konflikte. Katastrophale Folgen des Konzepts der Kulturnation; NZZ Neue Zürcher Zeitung, CH-Zürich; 6.4.2001; S. 7
Vogt, W.: Arbeiten in der Ersten und der Dritten Welt. Entwicklungsaufgaben und ein Öffnungsprozess in Südafrikas Arbeitswelt; NZZ Neue Zürcher Zeitung, CH-Zürich; 29.11.2000; S. 85
Wagner, S.: Friedenskuss, Bruderkuss, Freundschaftskuss, Elternkuss und erotischer Kuss. Von sozialen, zensurierten und unsichtbaren Küssen; NZZ Neue Zürcher Zeitung, CH-Zürich; 26.5.2001; S. 113
Wahl, K.: Den tieferen Wurzeln der Fremdenfeindlichkeit auf der Spur. Fremdenfeindlichkeit – eine interdisziplinäre Untersuchung; NZZ Neue Zürcher Zeitung, CH-Zürich; 9.9.2000; S. 101; erscheint als Buch 2001: «Fremdenfeindlichkeit»; Verlag Leske & Budrich, D-Opladen
Ward, S. V.: The garden city. Past, present and future. Studies in history, planning and the environment, Nr. 15; Verlag E & FN Spon, GB-London; 1992
Watzlawick, P.: Anleitung zum Unglücklichsein; Verlag Piper, D-München; 1999
Watzlawick, P., Beavin, J., Jackson, D.: Menschliche Kommunikation. Formen, Störungen, Paradoxien; Verlag Huber, CH-Bern; 2000; S. 50 ff.
Weaver, G.: Culture, Communication and Conflict: Readings in Intercultural Relations; Simon and Schuster; 1998
Weber, B.; Zürcher, B.: Die Schweizer sind reich und fleissig, aber nicht sonderlich produktiv. Über den Zusammenhang zwischen Arbeitsproduktivität und Wohlstand; NZZ Neue Zürcher Zeitung, CH-Zürich; 21.2.2001; S. 75
Weber, M.: Die protestantische Ethik I; Verlag Gütersloh, D-Gütersloh; 1991
Weder, H.: Über die politische Tragweite des Privaten; NZZ Neue Zürcher Zeitung, CH-Zürich; 16.9.2000; S. 1
Weggel, O.: Die Asiaten; D-München; S. 24 und 187

Wehrli, C.: Menschenrechtspolitik gegen Rassismus. Internationale Konferenzen und nationale Praxis; NZZ Neue Zürcher Zeitung, CH-Zürich; 23.3.2001; S. 16

Weiss, M.: The clustered world. How we live, what we buy and what it all means about who we are; Little, Brown & Co., USA-New York; 2000

Welge, M., Holtbrügge, D.: Internationales Management; Verlag Moderne Industrie, D-Landsberg/Lech; 1998

Wersig, G.: Fokus Mensch. Bezugspunkte postmoderner Wissenschaft: Wissen, Kommunikation, Kultur; D-Frankfurt/Main; 1993; S. 87

Wheatley, M. J.: Quantensprung der Führungskunst. Leadership and the new science – die neuen Modelle der Naturwissenschaften revolutionieren die Management-Praxis; Verlag Rowohlt, D-Reinbek; 1997

Wheatley, M. J., Kellner-Rogers, M.: A simpler way; Berrett-Koehler publishers, USA-San Franzisco; 1996

White, K.: Why good girls don't get ahead but gutsy girls do. 9 secrets every working woman must know; Warner books, USA-New York; 1996

Whitehill, A. M.: Cultural values and employee attitudes; Journal of applied Psychology, 48.1, 69–72; 1964

Wilkes, M.: Wirtschaftswunder. Erfinden neuer Märkte und Marktregeln; Frankfurter Allgemeine Buch, D-Frankfurt/Main; 1999

Winkler, B.; Dörr, S.: Fusionen überleben. Strategien für Manager; Verlag Carl Hanser, D-München; 2001

Wirth, E.: Mitarbeiter im Auslandseinsatz: Planung und Gestaltung; Verlag Gabler, D-Wiesbaden, 1992

Wisemann, R. L., Hammer, M. R., Nishida, H.: Predictors of intercultural communication competence; International Journal of Intercultural Relations, 13, 349–370; 1989

Wiswede, G.: Führungsforschung im Wandel; in: Heinrich, P., Schulz, J.: Wörterbuch der Mikropolitik; Verlag Leske & Budrich; D-Opladen; 1998; S. 18

Wolf, Joachim: Universität D-Hohenheim

Wrede-Grischkat, R.: Manieren und Karriere. Verhaltensnormen für Führungskräfte; Verlag Gabler, D-Wiesbaden; 1990

Wunderer, R.: Mitarbeiter als Mitunternehmen. Grundlagen, Förderinstrumente, Praxisbeispiele; Verlag Luchterhand, D-Neuwied; 1999

Wunderer, R., Grunwald, W.: Führungslehre Bd. 2; Verlag Springer, D-Berlin; 1980; S. 191

Wunderli, J.: Moderne Psychosomatik. Eine Einführung; Verlag Goldmann, D-München; 1970

Wurzer, J.: 30 Minuten für beruflichen Erfolg mit Emotionaler Intelligenz; Verlag Gabal, D-Offenbach; 1999

Zey, M. G.: Seizing the future. The dawn of the macroindustrial era; USA-New York; 1998

Zimbardo, P. G., Gerrig, R. J.: Psychologie; Springer Verlag; D-Berlin; 1999

Zohar, D; Marshall, I.: SQ - Spirituelle Intelligenz; Scherz-Verlag, CH-Bern; 2000

Center of Intercultural Competence

Thomas Baumer, Betriebsökonom HWV
Flurstrasse 13 • CH 8302 Kloten
Telefon ++41 1 813 89 90 • Fax ++41 1 813 89 91
E-Mail info@cicb.net • www.cicb.net

Warum ist interkulturelle Kompetenz wichtig?

Ziele erreichen
effiziente Kommunikation
motiviert sein und motivieren
Einfühlungsvermögen
Menschenkenntnis
Verständnis für andere Werte
andere Denkweisen verstehen
minimieren von Fehlentscheidungen
minimieren von Misserfolgen
minimieren von Kosten- und Zeitaufwand
Erfolgsoptimierung für alle Seiten

Wir unterstützen Sie mit …

individueller Beratung
interaktiven Kursen und Seminaren
Unternehmensanalysen
Personalauswahl und Assessments
Vorbereitung auf Auslandseinsätze
Vorbereitung auf Verhandlungen
weltweiten Kontakten
flexibel und **unkompliziert**
individuell und **professionell**